Je destine cet Exemplaire pour M. Le Marquis
de Torcy. Je tache de Ressusciter dans cet
ouvrage Le Grand projet du traité de L'union
des princes chretiens pour rendre la paix
perpetuelle en Europe. feu M. le Duc de Sully
le proposa autrefois de la part de Henri le
Grand a la Reine Elisabeth & Elle l'agréa
Comme le traité le plus avantageux que l'on put
jamais proposer pour tous les Souverains en general
et pour chaque Souverain en particulier

plaise a Dieu que Louis le Grand & que
La Reine Anne qui ont herité de la Sagesse
de leurs ancetres & de l'amour quils avoient
pour leurs peuples Soient assez hureux pour
Executer au Commencement de ce siecle ce qui
n'avoit eté que projeté au commencement du
Siecle passé et qu'une negotiation si desirable
pour tout le monde Soit Entamée & S'il se
peut achevée Sous le ministere de M. le
marquis de Torcy.
ce 1 Septemb. 1712

Charles Castel de Saint pierre

projet de

Paix Perpetuelle
Preface
Idée Generale
Du Projet

Mon dessein est de proposer des moyens de rendre la paix perpetuelle entre tous les Etats Chretiens. qu'on ne me demande point quelle capacité j'ai acquise, pour traiter un sujet si élevé, & si important. A cela je n'ay rien à répondre ; car quoique depuis plus de 23 ans j'aye fait ce que j'ay pû pour m'instruire à fond des matieres du Gouvernement politique, parce que je suis persuadé que ce sont celles qui méritent le plus l'attention d'un bon Citoyen, il se peut bien faire que par mes études je n'aye rien acquis de ce qui seroit necessaire pour estre utile à ma Patrie. Mais le Lecteur pour bien juger du prix de l'Ouvrage, a-t-il besoin d'autre chose que de l'Ouvrage même ?

A

Il y a environ quatre ans qu'après avoir achevé la premiere ébauche d'un Regle-ment utile au Commerce interieur du Royaume, inftruit par mes yeux de l'ex-trême mifere où les Peuples font reduits par les grandes Impofitions, informé par di-verfes Relations particulieres des Contribu-tions exceffives, des Fouragemens, des In-cendies, des violences, des cruautez, des meurtres que fouffrent tous les jours les malheureux Habitans des Frontieres des Etats Chrétiens; enfin touché fenfible-ment de tous les maux que la Guerre cau-fe aux Souverains d'Europe & à leurs Su-jets, je pris la refolution de pénetrer juf-qu'aux premieres fources du mal, & de chercher par mes propres reflexions fi ce mal eftoit tellement attaché à la nature des Souverainetez & des Souverains, qu'il fût abfolument fans remede, je me mis à creufer la matiere pour découvrir s'il eftoit impoffible de trouver des moyens praticab-les pour terminer *fans Guerre* tous leurs dif-ferens futurs, & pour rendre ainfi entr'eux la Paix perpetuelle.

J'avois autrefois penfé en divers temps à cette matiere comme à la plus utile de celles dont les plus grands efprits puiffent s'occuper; mais j'y avois toûjours penfé fans fuccez: les difficultez qui naiffoient l'une de l'autre, & du fond même de la nature des hommes, m'avoient toûjours rebuté: il eft vray que je n'y avois penfé que dans des lieux, où quoique j'euffe mes matinées remplies ou de lectures, ou de méditations fur des fujets de cette efpece, mon efprit eftoit un peu trop partage par les devoirs & par les amufemens, au lieu qu'eftant à la campagne aidé des forces que donnent à l'efprit le calme & le loifir de la folitude, je crûs pouvoir par une méditation opiniâtre & fuivie approfondir un fujet, qui jufques-là pouvoit bien n'avoir point efté approfondi au point qu'il méritoit de l'eftre.

Il me parut alors neceffaire de commencer par faire quelques reflexions fur la neceffité où font les Souverains d'Europe, comme les autres hommes, de vivre en paix, unis par quelque focieté permanente, pour vivre plus heureux, fur la neceffité où ils fe trouvent d'avoir des guerres entr'eux, pour la poffeffion ou pour le partage de quelques biens, & enfin fur les moyens dont ils fe font fervi jufqu'à prefent foit pour fe difpenfer d'entreprendre ces Guerres, foit pour n'y pas fuccomber quand elles ont efté entreprifes.

Je trouvay que tous ces moyens fe reduifoient à fe faire des promeffes mutuelles écrites ou dans des Traitez de Commerce, de Treve, de Paix, où l'on regle les limites du Territoire, & les autres prétentions reciproques, ou dans des Traitez de Garantie ou de Ligue offenfive & défenfive, pour établir, pour maintenir, ou pour rétablir l'Equilibre de puiffance des Maifons dominantes, Syftême qui jufques icy femble eftre le plus haut degré de prudence, auquel les Souverains d'Europe & les Miniftres ayent porté leur politique.

Je ne fus pas long-temps fans voir que tant que l'on fe contenteroit de pareils moyens, on n'auroit jamais de *fûreté fuffifante*, de l'execution des Traitez, ny de moyens fuffifans pour terminer équitablement, & fur tout *fans Guerre* les differens futurs, & que fi l'on ne pouvoit rien trouver de meilleur, les Princes Chrétiens ne devoient s'attendre qu'à une Guerre prefque continuelle interrompuë feulement par quelques Traitez de Paix, ou plûtôt par

de veritables Treves qu'operent neceſſairement la preſque-égalité de forces , la laſſi-
tude & l'épuiſement des Combattans , ou
terminée par la ruïne totale du Vaincu. Ce
ſont ces reflexions qui font le ſujet du premier Diſcours. Je les ay toutes rapportées à
deux Chefs ou à deux Propoſitions , que
je me propoſe d'y démontrer.

1°. *La conſtitution preſente de l'Europe ne*
ſçauroit jamais produire que des Guerres preſque
continuelles ; parce qu'elle ne ſçauroit jamais
procurer de ſûreté ſuffiſante de l'execution des
Traitez.

2°. *L'Equilibre de puiſſance entre la Mai-*
ſon de France & la Maiſon d'Autriche ne ſçau-
roit procurer de ſûreté ſuffiſante ny contre les
Guerres Etrangeres,ny contre les Guerres Civiles,
& ne ſçauroit par conſequent procurer de ſûreté
ſuffiſante ſoit pour la conſervation des Etats , ſoit
pour la conſervation du Commerce.

Le premier pas neceſſaire pour procurer
la guériſon d'un mal grand , invetcré , &
pour lequel ſeul on n'a juſques-là employé
que des remedes tres-inefficaces,c'eſt de tâ-
cher de pénetrer d'un côté toutes les differentes cauſes du mal , & de l'autre la diſpro-
portion de ces remedes avec le mal même.

Je cherchay enfuite fi les Souverains ne pourroient pas trouver quelque *fûreté fuffi-fante* de l'execution des promeffes mutuelles en établiffant entr'eux un Arbitrage perpetuel, je trouvay que fi les dix-huit principales Souverainetez d'Europe pour fe conferver dans leur Gouvernement prefent, pour éviter la Guerre entr'elles, & pour fe procurer tous les avantages d'un Commerce perpetuel de Nation à Nation, vouloient faire un Traité d'Union & un Congrez perpetuel à peu près fur le même modele, ou des fept Souverainetez de Hollande, ou des treize Souverainetez des Suiffes, ou des Souverainetez d'Allemagne, & de former l'Union Européenne fur ce qu'il y a de bon dans ces Unions, & fur tout dans l'*Union Germanique* compofée de plus de deux cent Souverainetez, les plus foibles auroient *fûreté fuffifante*, que la grande puiffance des plus forts ne pourroit leur nuire, que chacun garderoit exactement les promeffes reciproques, que le Commerce ne feroit jamais interrompu, & que tous les differens futurs fe termineroient *fans Guerre* par la voye des Arbitres, fûreté que l'on ne peut jamais trouver fans cela.

Voicy les dix-huit principales Souverainetez Chrétiennes, qui auroient chacune
une voix à la Diette generale d'Europe. 1.
France, 2. Espagne, 3. Angleterre, 4. Hollande, 5. Portugal, 6. Suisse & Associez, 7. Florence & Associez, 8. Gennes & Associez, 9 L'E-
tat Ecclesiastique, 10. Venise, 11. Savoye,
12. Lorraine, 13. Dannemark, 14. Curlande avec Dantsik, &c. 15. L'Empereur &
l'Empire, 16. Pologne, 17. Suede, 18. Moscovie. Je ne mets icy l'Empire que pour une
Souveraineté ; parce que ce n'est qu'un
Corps : la Hollande n'est mise de même
que pour une Souveraineté ; parce que cette Republique, quoique composée de sept
Republiques Souveraines, ne fait qu'un
Corps : j'en dis autant de la Suisse.

En examinant le Gouvernement des
Souverains d'Allemagne, je ne trouvay
pas plus de difficultez à former de nos jours
le Corps Européen, qu'on en trouva autrefois à former le Corps Germanique, à
executer en plus grand ce qui estoit déja
executé en moins grand ; au contraire je
trouvay qu'il y auroit moins d'obstacles &
plus de facilitez pour former le Corps Européen, & ce qui m'aida beaucoup à me per-

suader que ce Projet n'eſtoit point une chimere : ce fut l'avis que me donna bien-tôt
après un de mes amis, lorſque je luy mon-
tray la premiere ébauche de cet Ouvrage
dans ma Province : il me dit que Henry IV
avoit formé un Projet tout ſemblable pour
le fond, je le trouvay effectivement dans
les Memoires du Duc de Sully ſon premier Miniſtre , & dans l'Hiſtoire de ſon
Regne par Mr de Perefixe : je trouvay même que ce Projet avoit déja eſté agréé & approuvé par un grand nombre de Souverains au commencement du ſiecle paſſé : cela me donna occaſion d'en tirer quelques
conſequences pour montrer que la choſe
n'eſtoit rien moins qu'impraticable : &
voilà en gros le ſujet du ſecond Diſcours.

SUJET du deuxiéme Diſcours.

1º. *Les mêmes motifs & les mêmes moyens
qui ont ſuffi pour former autrefois une Societé
permanente de toutes les Souverainetez d'Allemagne, ſont à la portée & au pouvoir des Souverains d'aujourd'huy , & peuvent ſuffire pour
former une Societé permanente de toutes les Souverainetez Chrétiennes de l'Europe.*

2º. *L'approbation que la plûpart des Souverains d'Europe donnerent au Projet de Societé
Européenne que leur propoſa Henry le Grand,*

prouve que l'on peut esperer qu'un pareil Projet pourra estre approuvé par leurs Successeurs.

Ces modeles des Societez permanentes, l'approbation que l'on donna il y a cent ans au Projet d'Henry le Grand, suffisoient bien pour faire deux grands préjugez en faveur de la possibilité de celuy-cy : je sçavois de quel poids sont les préjugez, & que souvent ils font plus d'impression sur le commun des esprits, que les veritables raisons prises du fond même du sujet, & tirées par des consequences necessaires des premiers principes ; mais je vis bien qu'ils ne suffiroient jamais pour determiner entierement les esprits du premier ordre, que l'on trouveroit toûjours des differences, des disparitez entre la *Societé Européenne*, que je propose, & les Societez que je donne comme des especes de modeles, qu'après tout Henry IV. avoit pû se tromper en croyant possible ce qui estoit en effet impossible. Ainsi je compris qu'il falloit tout demontrer à la rigueur, & je resolus de travailler à retrouver avec le secours de la meditation ces mêmes *motifs*, qui avoient determiné les anciens Souverains d'Allemagne, & ceux du siecle passé à desirer une Paix inalterable, & à trouver des moyens encore meilleurs que les leurs pour former un Etabliſſement encore plus important.

A l'égard des *motifs ſuffiſans*, je compris que ſi l'on pouvoit propoſer un Traité qui pût rendre l'Union ſolide & inalterable, & qui donnât ainſi à tout le monde une *ſûreté ſuffiſante* de la perpetuité de la Paix, les Souverains y trouveroient moins d'inconveniens & beaucoup moins grands, un plus grand nombre d'avantages & beaucoup plus grands, que dans le Syſtême preſent de la Guerre, que pluſieurs Souverains, ſur tout les moins puiſſans commenceroient par le ſigner, & puis le preſenteroient à ſigner à d'autres & que les plus puiſſans mêmes, s'ils l'examinoient à fond & de tous côtez, trouveroient facilement qu'ils ne peuvent jamais ſe determiner à un party, ny ſigner un Traité qui leur ſoit à beaucoup près ſi avantageux que celuy-là.

A l'égard des *moyens praticables & ſuffiſans*, qui conſiſtent aux Articles d'un Traité d'Union, dans lequel on trouvât pour tout le monde une *ſûreté ſuffiſante* de la perpetuité de la Paix, je ne negligeay rien pour les inventer, & je croy les avoir trouvées.

Or comme d'un côté ceux qui ont lû les
premieres ébauches du quatriéme Discours,
conviennent qu'un Traité qui seroit composé de pareils Articles formeroit cette *sûre-*
té suffisante si recherchée par les Politiques:
& comme d'un autre la signature de ces Articles dépend uniquement *de la volonté* des
Souverains, & que tous ces Princes seront
d'autant plus portez *à vouloir* les signer, &
à en procurer l'execution, qu'ils auront vû
avec plus d'évidence la grandeur des avantages qui leur en doivent revenir; on peut
conclure qu'il ne se trouvera de leur part
dans l'execution du Projet aucune impossibilité, & que plus ils sentiront cette sûreté
& ces avantages, plus il se trouvera de facilité pour l'executer. Tout le Projet se re-
duit donc à un simple argument, que voicy.

Si la Societé Européenne que l'on propose, SUJET
peut procurer à tous les Princes Chrétiens sûreté du troi-
suffisante de la perpetuité de la Paix au dedans Discours.
& dehors de leurs Etats, il n'y a aucun d'eux
pour qui il n'y ait beaucoup plus d'avantages à si-
gner le Traité pour l'établissement de cette Socie-
té, qu'à ne le pas signer.

Or la Societé Européenne, que l'on propose, SUJET
pourra procurer à tous les Princes Chrétiens sûre- du quatriéme
Discours.

té suffisante de la perpetuité de la Paix au dedans
& au dehors de leurs Etats.

**But de
l'Ouvra-
ge.** Donc il n'y aura aucun d'eux pour qui il n'y
ait beaucoup plus d'avantages à signer le Traité
pour l'établissement de cette Societé, qu'à ne le
pas signer.

La majeure, ou la premiere proposition
contient *les motifs*, & l'on en trouvera la
preuve dans le troisiéme Discours après les
Discours préliminaires, qui m'ont paru necessaires pour disposer l'esprit du Lecteur à
sentir la force de la demonstration. La mi-
neure ou la seconde proposition contient *les
moyens*, la preuve s'en trouvera au quatriéme Discours. A l'égard de la derniere proposition, ou de la conclusion, c'est le but
que je me suis proposé dans cet Ouvrage.

Comme ce Projet peut commencer à
estre connu dans les Cours de l'Europe, ou
au milieu, ou à la fin de la Guerre, ou dans les
Conferences, ou après la conclusion d'une
**SVJET
du cin-
quiéme
Discours.** Paix, ou même au milieu d'une profonde
Paix, il a fallu montrer en abregé dans le
cinquiéme Discours que dans tous ces tems
il apporteroit & une grande facilité à la
conclusion de la Paix, & un grand desir de
la rendre perpetuelle, si elle estoit concluë.

On sçait que dans des sujets auffi éloignez des manieres de penfer ordinaires, &
qui par leur nouveauté font toûjours un peu
fufpects de vifion & de paralogifme , l'efprit ne peut pas eftre fi-tôt accoûtumé, même après plufieurs lectures , aux nouvelles
idées qu'il rencontre , & qu'on ne peut pas
avoir placé en fi peu de temps dans fa memoire tous les principes de l'ouvrage &
toutes les confequences que l'Auteur en a tirées , & que cependant faute de ce degré de
memoire & d'attention, il eft impoffible
qu'il ne refte encore au Lecteur quantité de
doutes à éclaircir & de difficultez à lever ;
c'eft ce qui m'a déterminé à ramaffer dans le
fixiéme Difcours toutes les objections que
l'on ma faites , afin de donner à l'Ouvrage
tous les éclairciffemens qui luy étoient neceffaires.

SUJET du fixié-me Dif-cours.

Enfin comme j'ay remarqué que plufieurs perfonnes étoient perfuadez que
quand les Souverains d'Europe auroient figné les uns après les autres le Traité d'U-
nion , il refteroit apparamment encore des
difficultez infurmontables dans la formation du Congrez, & dans *les moyens* de commencer & de foûtenir un pareil eftabliffe-

ment, j'ay été obligé, pour lever fur cela leurs doutes, de propofer dans le feptiéme Difcours plufieurs articles, dont les Souverains *peuvent convenir*, non pas que je croye qu'on ne puiffe facilement en propofer encore de plus utiles pour rendre l'eftabliffement plus folide en luy-même, & plus commode à tous les Membres. Je ne prétens montrer autre chofe, finon que ces prétenduës difficultez que l'on peut fe former à l'égard de l'execution de l'eftabliffement ne font rien moins qu'infurmontables, puifque les articles que je propofe font *fuffifans* pour cette execution, & que rien n'empêche les Souverains d'en convenir.

Telle eft l'analyfe, tel eft l'ordre que j'ay fuivi dans cet ouvrage ; voilà le fruit que j'ay recuëilli de mes meditations depuis plus de quatre ans ; voilà l'ufage que j'ay fait des critiques judicieufes de mes amis : or fi l'on propofa jamais un fujet digne d'eftre examiné avec attention par les plus excellens efprits, & furtout par les plus fages Miniftres & par les meilleurs Princes, on peut dire que c'eft celuy-cy, puifqu'il ne s'agit pas de moins que de procurer à tous les Souverains & à toutes les Nations de l'Europe

la plus grande félicité qu'un nouvel eſtabliſſement puiſſe jamais leur procurer.

Il eſt aiſé de comprendre que plus ce
Projet renfermera de moyens de rendre la
Paix inaltérable en Europe, plus il peut contribuer à faciliter la concluſion de celle que
l'on traite preſentement à Utrecht : car les
Alliez de la Maiſon d'Autriche deſirent la
Paix autant que nous, mais ils ne la veulent
qu'à condition qu'on leur donnera des ſeu-
retez ſuffiſantes de ſa durée. En effet à examiner l'intereſt de ces Alliez dans la Guerre
preſente, on trouvera que tout roule ſur
deux chefs principaux. Le premier, c'eſt
une ſureté ſuffiſante de la conſervation de
leurs Etats contre la grande puiſſance de la
Maiſon de France, qui peut dans la ſuite
trouver des prétextes ſpecieux & des conjonctures favorables pour faire des conqueſtes ſur eux, & introduire dans leur Pays
une Religion & un Gouvernement pour
leſquels ils ont un extrême éloignement.
L'autre chef, c'eſt une ſeureté ſuffiſante pour
la liberté du Commerce, ſoit celuy de l'A-
merique par Gadix, ſoit celuy de la Medi-
terranée ; ces deux Commerces font plus de
la moitié du revenu de l'Angleterre & de la
Hollande.

Mais quelles *seuretez suffisantes* peut-on imaginer pour le plus foible contre le plus fort ? Il n'y a sur cela que deux systêmes ; le premier est d'affoiblir, s'il se peut, *suffisamment* le plus fort, ce qui est, ou impossible, ou ruineux : c'est neanmoins celuy que suivent les Alliez dans la Guerre presente, pour arriver à leur chimere d'équilibre; le second est de fortifier *suffisamment* le plus foible, & de luy donner une force suffisamment superieure, sans rien ôter de la force du plus fort, c'est celuy que je propose par un Traité de Societé, qui donneroit au plus foible une nouvelle augmentation d'Alliez très-forts, & d'autant plus forts, qu'ils seroient beaucoup plus étroitement unis, non pour arracher au plus fort rien de ce qu'il possede, mais pour luy ôter tout pouvoir de troubler jamais les autres, soit dans leurs possessions au-dedans, soit dans leur Commerce au-dehors.

Dans la seconde ébauche le Projet embrassoit tous les Etats de la Terre ; mes amis m'ont fait remarquer que quand même dans la suite des siecles la plûpart des Souverains d'Asie & d'Afrique demanderoient à estre reçûs dans l'Union, cette vûë paroissoit

roiſſoit ſi éloignée, & embaraſſée de tant de difficultez, qu'elle jettoit ſur tout le Projet un air, une apparence d'impoſſibilité qui revoltoit tous les Lecteurs; ce qui en portoit quelques-uns à croire que reſtraint même à la ſeule Europe Chrétienne, l'execution en ſeroit encore impoſſible; je me ſuis d'autant plus volontiers rendu à leur avis, que l'Union de l'Europe ſuffit à l'Europe pour la conſerver toûjours en Paix, & qu'elle ſera aſſez puiſſante pour conſerver ſes Frontieres & ſon Commerce malgré ceux qui voudroient l'interrompre. Le Conſeil general qu'elle pourra établir dans les Indes, deviendra facilement l'Arbitre des Souverains de ce Péïs-là, & les empêchera par ſon autorité de prendre les armes : le credit de l'Union ſera d'autant plus grand parmi eux, qu'ils ſeront ſûrs qu'elle ne veut que des ſûretez pour ſon Commerce, que ce Commerce ne ſçauroit que leur eſtre très-avantageux, qu'elle ne ſonge à faire aucune Conquête, & qu'elle ne regardera jamais comme ennemis; que les ennemis de la Paix.

Si le Lecteur veut ſe mettre en état de juger ſainement de l'Ouvrage, il eſt, ce me

femble, neceffaire qu'il s'arrête à la fin de
chaque Difcours, & qu'il fe demande compte à luy-même de l'effet des preuves que
j'ay apportées pour montrer la verité de la
propofition: s'il les trouve fuffifantes, il peut
paffer outre: mais s'il ne les trouve pas telles,
cela peut venir ou de ce qu'il rencontre encore des difficultez, ou de ce qu'il n'a pas lû
certains endroits avec affez d'attention, &
rien n'eft plus ordinaire aux Lecteurs même
les plus attentifs, que de manquer quelquefois d'attention. Dans le premier cas il n'a
qu'à faire une note de fes difficultez pour
remarquer fi dans la fuite de l'Ouvrage,
& fur tout dans les réponfes aux objections,
il n'y trouvera point d'éclairciffemens fuffifans. Dans le fecond cas le feul remede,
c'eft de relire ces endroits mal entendus,
fans cela il en uferoit comme un Rappor-
teur qui voudroit rapporter & juger après
une lecture fuperficielle, & fans avoir fait
une attention fuffifante aux pieces principales du procez. J'ay tâché de mettre entre les
penfées une forte de liaifon que l'efprit peut
aifément fentir. Or ceux qui n'apportent
point affez d'attention pour appercevoir
cette liaifon, ne fçauroient fentir la force

des raisonnemens particuliers, & beaucoup moins la force d'une demonstration qui résulte de l'assemblage de ces raisonnemens.

Le titre prévient contre l'Ouvrage, je l'avoüe, mais comme je suis persuade qu'il n'est pas impossible de trouver des moyens suffisans & praticables de rendre la Paix perpetuelle entre les Chrétiens, & que je croy même que les moyens qui se sont presentez à moy, sont de cette nature, j'ay compris que si je commençois moy-même par faire semblant d'estre incertain sur la solidité de ces moyens, & de douter de la possibilité de l'execution, les Lecteurs les mieux disposez en faveur du Système en douteroient réellement eux-mêmes, & que leur doute réel iroit peut-être encore plus loin que mon doute affecté. Il n'en est pas des choses où il est question de determiner les hommes à l'action, comme des choses de pure spéculation : le Pilote qui paroît luy-même incertain du succez de son voyage n'est pas propre à determiner le Passager à s'embarquer : l'Entrepreneur qui paroît lui-même douter de la solidité d'un grand Ouvrage qu'on propose d'entreprendre, n'est nullement propre à determiner à l'entrepriſe. Ainſi j'ay mieux aimé hazarder de me donner un ridicule en prenant un ton affirmatif, & en promettant dans le titre tout ce que j'eſpere tenir dans l'Ouvrage, que de riſquer par un faux air de modeſtie & d'incertitude de faire le moindre tort au public, en empêchant les gens de bien de regarder ce Syſtême comme un Projet ſerieux & poſſible dans l'execution, lorſque je ne le propoſe moy-même que dans la vûë qu'il ſoit un jour executé.

Premier Discours

Les Moyens pratiqués jusqu'ici pour Entretenir la Paix ſont entierement Ineficaces

L'Histoire des Siecles précedens, l'experience que nous avons de ce qui s'eſt paſſé juſqu'icy devant nos yeux ne nous ont que trop fait connoître que les

Guerres s'allument très-aisément, qu'elles causent une infinité de malheurs, & qu'il est difficile de les éteindre; mais tout le monde ne sçait pas que les moyens que l'on a jusqu'icy mis en usage pour les prévenir, sont par eux-mêmes très-inefficaces, & que tels qu'ils sont présentement, ils n'ont nulle proportion avec l'effet que l'on veut bien s'en promettre ; & c'est cette disproportion ou la cause de cette inefficacité que je me propose de faire sentir dans ce Discours.

Or ces moyens se reduisent à deux ; l'un regarde les Traitez entre Souverains, ce que l'on en doit attendre ; l'autre regarde l'équilibre entre les deux Maisons les plus puissantes d'Europe ; je reduiray aussi mon Discours à deux Chefs, qui seront compris sous deux Propositions.

PREMIERE PROPOSITION A DEMONTRER.

La constitution presente de l'Europe ne sçauroit jamais produire que des Guerres presque continuelles, parce qu'elle ne sçauroit jamais procurer aucune *seureté suffisante* de l'execution des Traitez.

Les hommes peuvent vivre en paix : tant

qu'ils n'ont aucuns biens d'aucune espece à se disputer, ou à partager, ils s'apportent, ils se procurent mutuellement divers agrémens, diverses commoditez considerables par le Commerce qu'ils ont entr'eux, & ce profit les unit: mais dès qu'ils ont quelque sorte de bien à se disputer, ou à partager, chacun d'eux sur la possession du tout, ou sur le plus ou sur lemoins dans le partage, s'éloigne presque toûjours de l'équité, qui seule pourroit leur servir de regle pour la decision, & de préservatif contre la desunion: il arrive presque toûjours qu'à mesure que leursdesirs sont vifs, ils étendent chacun de leur côté leurs prétentions, & tout leur esprit n'est alors employé qu'à les leur representer comme justes. Ainsi c'est une necessité que tantôt l'interest les unisse, & que tantôt l'interest les divise.

S'ils estoient assez sages, ils verroient souvent que l'interest qui tend à les tenir unis, est bien plus grand que l'interest qui tend a les diviser. Quelques-uns à la verité en consideration des avantages du Commerce qu'ils veulent conserver, le cedent volontairement quelque chose de leurs prétentions, mais la plûpart emportez par la

violence de leurs defirs ne pefent pas affez
jufte ce qu'ils vont perdre par la ceffation
du Commerce; & au milieu du trouble que
la paffion caufe dans leur ame, on a beau
leur reprefenter ce qui leur feroit de plus
avantageux, ce qui feroit en foy de plus
équitable, le profit alors leur paroît perte,
& l'équité elle-même leur paroît injufte.

Le defir de fe dédommager d'un tort
que l'on croit avoir reçû, de fe vanger par
reprefailles, de prendre ou de reprendre ce
qu'on regarde comme le fien, la jaloufie
de puiffance, de reputation, l'envie de
mortifier, d'abaiffer un voifin, dont on
croit avoir fujet d'eftre mécontent : voilà
autant de fources de querelles qui ne peuvent pas ne point naître dans le cœur des
hommes, ils ne peuvent pas ne point produire inceffamment des démêlez, foit avec
raifon, foit avec prêtexte, foit fans raifon
& fans prétexte. Voilà donc les hommes
qui fembloient n'eftre nez que pour goûter toûjours les biens que procure la Societé, obligez pour la poffeffion & le partage
de ~~ces mêmes biens~~ *biens femblables* à rentrer fouvent dans
l'état de divifion. Il ne fuffit pas même
qu'un des Prétendans foit équitable pour

éviter le démêlé ; car quand il se mettroit
de luy-même à la raison , si l'autre ne s'y
met pas , ils ne sçauroient convenir ; en-
sorte qu'ils se trouvent tous deux dans la necessité de chercher pour obtenir leurs prétentions d'autres moyens que les conventions reciproques & volontaires.

Mais quels moyens ont-ils de terminer
leurs differens , & comment mettre des bornes à leurs prétentions ? Nous les connois-
sons tous ces moyens , il n'y en a que de
deux sortes , selon les deux sortes de conditions des Prétendans, ou la force, ou la
Loy : car ou les deux Prétendans font partie
& font membres de quelque Societé permanente, ou bien ils n'en font point partie :
s'ils n'en font point partie, leurs differens
ne peuvent estre terminez par des Loix , ny
consequemment par les Juges ou Interprettes des loix : comme ils ont le malheur d'ê-
tre privez des avantages d'un Commerce
perpetuel, & d'une Societé permanente, ils
ont aussi le malheur d'être privez de l'avantage des Loix qui distribuent à chacun ce
qui luy doit appartenir legitimement. Ainsi
ils se trouvent dans la malheureuse necessité
pour avoir ce qu'ils regardent chacun com-

me le leur, de chercher à se surprendre par la
ruse, & à se détruire par la force, c'est-
à-dire, par la Guerre.

Tel est l'état des Chefs de Familles Sauvages, qui vivent sans Loix : telle est la situation des petits Rois d'Affrique, des malheureux Caciques, ou des petits Souverains
d'Amerique : telle est même jusqu'à present
la situation de nos Souverains d'Europe :
comme ils n'ont encore aucune *Societé per-*
manente entr'eux, ils n'ont aucune Loy propre a decider *sans Guerre* leur differens ; car
quand même par les conventions de leurs
Traitez ils pourroient prévoir & decider
tous les cas qui peuvent donner naissance
à leurs differens, ces Conventions peuvent-
elles jamais estre regardées comme des
Loix inviolables, tant qu'il demeure en la
liberté de l'un ou de l'autre des Prétendans
de les violer sous des prétextes qui ne manquent jamais à celuy qui ne veut pas s'y
soûmettre, & chacun d'eux n'aura-t-il
pas la liberté de les violer selon son caprice,
tant qu'ils ne seront ny les uns, ny les autres dans la necessité de les observer ? Et qui
peut les mettre dans cette heureuse necessité, que la force superieure d'une *Societé per-*

manente, & *suffisamment puissante*, s'ils en faisoient partie; mais jusqu'à present ils n'ont
point formé entr'eux de *Societé permanente*,
& *suffisamment puissante*. Quelques-uns ont
à la verité formé des Societez par des Traitez de Ligues, d'Alliances; mais comme
ces Traitez n'ont rien de solide qu'autant
que dure la volonté des Alliez, ce ne sont
point des *Societez permanentes*. Quelques
autres ont de même commencé à former
entr'eux des *Societez permanentes*, comme les
treize Souverainetez Suisses, les sept Souverainetez des Péis - Bas; mais comme ils
n'ont pas embrassé dans leur Societé assez
d'Associez, elle n'est pas *suffisament puissante*.

Ainsi pour tout moyen d'obtenir leurs
prétentions les Souverains se trouvent reduits au sort de la Guerre; car pour la voye
des Arbitres, à quoy serviroit un Jugement
Arbitral, puisque le condamné ne pourroit
estre contraint à l'executer, & qu'il en faudroit toûjours revenir au moyen de la force
ou de la Guerre, pour l'y contraindre? Et
comme ce moyen a plusieurs inconveniens
que nous exposerons plus au long dans
la suite, nous en ferons seulement remarquer icy quelques-uns qui viennent au

sujet de ce Discours.

PREMIER INCONVENIENT.

Ce moyen de terminer un differend par la Guerre, ne le termine point réellement, tant que les deux Prétendans, ou leurs Successeurs subsistent, puisque le mauvais succez d'une Guerre n'a jamais persuadé au malheureux qu'il eût eu tort de l'entreprendre ; ainsi il n'a pas réellement abandoné ses prétentions, il n'a fait au contraire que les multiplier par les dommages qu'il a reçûs par les frais de cette Guerre qu'il a soutenuë, & par la portion du Territoire qu'il a été forcé de ceder dans le Traité qui l'a interrompuë : on peut facilement juger que pour faire revivre ses anciennes prétentions, & en faire valoir de nouvelles, il n'attend que le temps où il sera devenu plus fort, & où l'Etat ennemi sera devenu plus foible, soit par des Minoritez, soit par des dissentions domestiques, soit par quelque longue ou malheureuse Guerre étrangere ; ainsi il est visible qu'entre personnes qui ne sont point membres d'une Société suffisamment puissante & permanente établie sur de bonnes

Loix, les prétentions ne peuvent jamais estre réellement terminées que par la destruction entiere de l'un ou de l'autre des Prétendans.

En effet depuis qu'il y a des Souverains dans le monde, la Guerre n'a esté discontinuée, les prétentions n'ont point cessé, les differens n'ont point esté parfaitement terminez, que par la chute & la ruïne des Maisons Souveraines, & par le bouleversement de leurs Etats. Il n'y a qu'à ouvrir les Histoires de tous les Peuples, on n'en verra aucun dont l'Etat n'ait esté renversé plusieurs fois, on ne verra que Maisons d'illustres Souverains tombées dans l'anéantissement, & cela parce que jusqu'icy ils n'ont point eu de moyen sûr de terminer leurs differens *sans Guerre.*

Les Prétendans qui sont en *Société permanente & suffisamment puissante,* ne se trouvent pas dans une pareille necessité de se détruire entierement l'un l'autre pour obtenir leurs prétentions. S'ils ont chacun cent mille livres de rente, & que ce qui est en dispute vaille mille livres de rente, ny eux, ny leurs descendans ne sont point obligez d'avoir une Guerre perpetuelle & immor-

telle; ainſi l'un d'eux peut perdre ſa prétention ſans riſquer de perdre le reſte de ſon
bien, aucun d'eux n'a à craindre de l'autre
pour luy ou pour ſes gens, ny incendie,
ny bleſſure, ny meurtre, ny aucune violence. D'où ces Seigneurs tirent-ils un ſi
grand avantage, c'eſt qu'ils ſont tous deux
membres d'une *Societé permanente & ſuffiſamment puiſſante ?* Or on ſçait que toute
Societé ne peut ſubſiſter que par des Loix,
qui puiſſent remedier à la diviſion des membres, & les tenir unis malgré les ſujets paſ-
ſagers de diviſion : ces Loix ſont les veritables liens de la Societé : ces liens ſont forts
& durables, à proportion que les Loix ſont
commodes aux Aſſociez, équitables, clai-
res, faites pour un plus grand nombre de
cas differens & à proportion qu'elles ſont
bien obſervées, & ſur tout bien autoriſées
& bien ſoûtenuës par la force de la Societé
entiere, contre ceux qui dans les accez de
leurs paſſions, ſans ſonger à tous les biens
que leur procure la Societé, ſeroient aſſez
inſenſez pour vouloir la détruire autant
qu'il eſt en leur pouvoir, en reſiſtant aux
Jugés Interpretes vivans de ces Loix.

Les Prétendans qui ne ſont point en

Societé peuvent dire chacun de leur côté, la
Pêche de cette Mer, de cette Riviere
m'appartient toute entiere, *parce que je le
veux.* Comme il n'y a point de Loix entr'-
eux, ils n'ont pour Regle, pour Loy,
que leur volonté & leur bon plaisir ;
aussi n'ont-ils pour decider leur different,
qu'un moyen qui doit leur coûter cent fois
plus que ne vaut la chose disputée.

Deux Prétendans qui sont en Societé ne
parlent pas ainsi : chacun d'eux prétendra
la Pêche d'une Riviere, mais ils ont une
autre Regle que leur volonté, c'est la Loy:
chacun met de son côté quelque article de
la Loy, & tous deux sont dans l'heureuse
necessité pour terminer leur different, de
s'en rapporter au Jugement de ceux que
la Societé a établis Interpretes de la Loy.
Or la voye du Jugement termine absolument & pour toûjours les differens, &
anéantissant pour jamais les prétentions, ils
ne se trouvent point dans la malheureuse necessité d'anéantir leurs voisins pour se
conserver eux-mêmes : tous les Prétendans
sont conservez, eux, leurs Familles, &
leurs autres biens, au lieu que le *moyen de
la Guerre* ne peut jamais aneantir les pré-

tentions reciproques de ces hommes qui
vivent fans Loix, c'eft-à-dire, des Souverains, que par l'aneantiffement de la fortune & de la Maifon de l'un des Prétendans.
Tel eft le premier inconvenient, tel eft l'effet du défaut de Societé entre Souverains,
& d'une *Societé permanente & fuffifamment*
puiſſante.

II. INCONVENIENT.

Entre les enfans & entre tous les defcendans & les divers Succeffeurs des Souverains qui ont efté une fois en Guerre,
les prétentions ne font jamais parfaitement
anéanties: de-là vient qu'au milieu même
de la Paix ils font toûjours & avec raifon
en défiance, & obligez à une tres-grande
dépenfe pour fe tenir fur leurs gardes les uns
à l'égard des autres, & qu'il n'y a jamais entr'eux de liaifon folide & permanente pour
le Commerce.

Rien au contraire n'eft plus commun
dans une Societé permanente, que de voir
en liaifon d'amitié & d'intereft les enfans de
ceux qui ont eu des Procez l'un contre
l'autre, c'eft que ces Procez font réellement terminez, & que toutes les préten-

tions font entierement aneanties ; ainfi chacun joüit en pleine confiance de tous les
avantages du Commerce.

III. *INCONVENIENT*

Les Souverains d'Europe n'ont point de
Sûreté fuffifante de la conſervation de leurs
Souverainetez ; car quelques puiſſans qu'ils
ſoient, la diviſion ſe peut mettre dans leur
Maiſon, dans leurs États ; les Chefs peuvent tomber en minorité, en imbecillité ;
outre cela s'ils ſont foibles, ils peuvent eſtre
envahis & vaincus par des voiſins plus puiſſans ; ainſi ils n'ont aucune *Sûreté fuffifante*
pour eux & pour leur poſterité de poſſeder
tranquillement & long-temps ce qu'ils poſ-
ſedent : il n'y a pour eux encore aucune *Societé permanente* établie qui ſoit aſſez *puiſſante* pour les proteger dans les temps de foibleſſe contre les efforts des ambitieux,
qui ſont dans leur temps de force : ſi au
contraire un Seigneur dans une Societé laiſſe des enfans en minorité, la Loy pourvoit
à la ſûreté de leurs perſonnes, à la conſervation de leurs biens, & la force de la Societé
les garantit parfaitement de toute violence, & de toute uſurpation.

D'ailleurs

D'ailleurs ceux dont les differens ont
esté terminez par Jugement, font sûrs de
posseder tranquillement ce qui leur appartient; c'est que la même Loy qui regle &
qui decide ce qui appartient à l'un, ce qui
appartient à l'autre, ce que l'un & l'autre
doivent posseder separement, les garantit
& les défend par son autorité de toute invasion & de toute dépossession, & cette autorité vient de la force *toute puissante*, ou *suffi-*
samment puissante de la Societé, puissance
contre laquelle un membre voudroit inutilement se revolter: & il est d'autant plus
éloigné de resister, que la punition de la
resistance est grande & inévitable. Or cependant cette sûreté que chacun a pour soy,
& pour sa posterité de posseder tranquillement ce que l'on possede, & même ce que
l'on pourra acquerir, est un des grands
avantages que l'homme puisse avoir, & il
ne sçauroit l'avoir que dans une Societé, &
tant que cette Societé durera

IV. INCONVENIENT

Les Souverains peuvent se donner des
paroles, s'engager par des promesses mu-

C

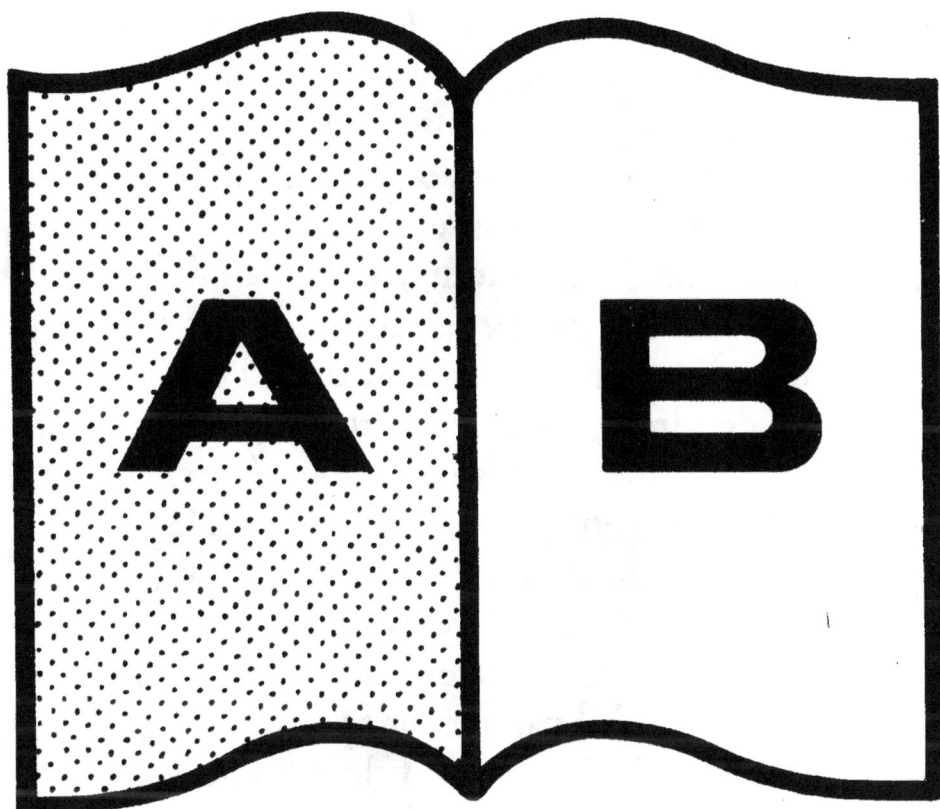

Contraste insuffisant

NF Z 43-120-14

tuelies , figner entr'eux des Traitez ; mais
il n'y a nulle *fûreté fuffifante* , que l'un ou
l'autre des Contractans ne changera pas de
volonté, ou qu'un de leurs Succeffeurs ne
voudra pas faire valoir quelque prétention
ancienne , ou nouvelle pour fe difpenfer
d'executer ce qui a efté promis , & fi l'un
d'eux change de volonté, quelle *fûreté fuffi-*
fante y a-t-il qu'il y fera contraint par une
force fuperieure ; car enfin quand il n'y a
pas de fûreté pour l'execution volontaire
d'une promeffe , il faut au moins *fûreté fuffi-*
fante , que cette promeffe fera executée par
le fecours de la force , malgré le changement de volonté de celuy qui a pris cet en-
gagement. Or où trouver cette *fûreté fuffi-*
fante , fi ce n'eft par une *force permanente fuffi-*
famment fuperieure ? Car fi le refufant croit
pouvoir la furmonter , il recommencera la
Guerre , au lieu de conferver la Paix ; mais
dans la conftitution préfente de l'Europe
peut-on trouver une force permanente &
fuffifamment fuperieure , pour ôter à
tout Souverain l'efperance de réüffir en
prenant les armes ?

S'il fe trouve de l'obfcurité dans le Traité , qui l'éclaircira , s'il s'y trouve de l'équi-

voque, qui la levera avec une *autorité suffisante*? Car alors qu'une des parties cherche
à se dispenser de s'acquitter d'un engage-
ment, l'équité elle - même auroit beau se
rendre visible, ou par les articles des Traitez, ou par le Jugement des Arbitres, tout
cela est inutile sans deux conditions essen-
tielles à l'Arbitrage. La premiere, c'est que
les Arbitres soient plus forts, que celuy qui
refuseroit d'executer ou les articles du Traité, ou leur Jugement, & que leur superiorité de forces soit assez grande pour luy ôter
toute esperance de la surmonter, & toute
tentation d'y resister. La seconde, il faut
que ces Arbitres soient *suffisamment interessez*
à poursuivre cette execution. Or c'est ce
qui est parfaitement impossible entre les
Souverains dans la constitution presente de
l'Europe, où il n'y a encore nul Congrez
general & perpetuel de leurs Deputez, nulle *Societé permanente* formée, nulle Convention pour l'établissement de Loix propres, soit pour mettre des bornes stables &
immuables aux Etats, soit pour decider &
prévenir les sujets de differens qui peuvent
survenir entr'eux, soit pour rendre le Commerce universel, libre, franc, égal, sûr,

perpetuel chez toutes les Nations, foit enfin
pour rendre cette Societé d'Arbitres fuffifa-
ment puiffante, & parfaitement inalterable.

Les Seigneurs d'un même Etat ont
au contraire l'avantage d'avoir un Commerce libre, égal, fûr, perpetuel &
univerfel dans l'étenduë du même Etat
avec leurs pareils, foit avec les plus riches,
foit avec les moins riches : & comme le
Commerce ne fe peut pas toûjours faire par
des échanges actuels, ils peuvent facilement y fuppléer par des échanges promis.
En un mot la promeffe alors, fur tout quand
elle eft écrite, quand elle eft dans un Traité, eft un équivalent de l'échange & du
payement actuel : c'eft que la Societé dont
ces Seigneurs font membres, autorife ces
promeffes, elle en eft elle-même garante,
& elle eft toûjours dans la volonté de prê-
ter fa force contre celuy, qui ayant changé de fentiment, voudroit fe difpenfer d'e-
xecuter ponctuellement ce qu'il a promis:
il faut qu'il obéïffe à la Loy qu'il s'eft im-
pofée, parce qu'il y a une Loy, une force
fuperieure qui l'y contraindroit malgré luy,
& qui le puniroit même infailliblement de
fon inutile refiftance.

Qui peut arrêter , qui peut retenir un homme emporté par le mouvement d'une passion injuste? Une seule chose, c'est un mouvement contraire causé par une passion plus forte, soit desir, soit crainte; mais comme rarement on peut faire naître subitement un plus grand desir que celuy qui l'agite, la Loy est reduite à faire naître en lui la crainte d'un mal plus fâcheux & plus terrible que le bien qu'il desire ne luy peut paroître desirable. Car enfin qu'est-ce qui determine le Citoyen à executer un Arrest, par lequel il est condamné, & qu'il croit très-injuste, si ce n'est la certitude que ses efforts seroient inutiles pour resister au pouvoir des Juges, & qu'il risqueroit encore de perdre le reste de sa fortune, & celle de sa famille, s'il vouloit opposer sa force à la force de la Societé? Ainsi la grande crainte fait taire alors les passions les plus vives & les plus impetueuses, & conduit malgré luy ce membre de la Societé vers la Paix, c'est-à-dire, vers son propre interest.

Il seroit peut-être assez mal avisé, pour souhaiter que la Societé n'eût ny la volonté, ny la force de faire executer cet Arrest, sans songer que si cela estoit, elle manqueroit

C iij

par la même raison de volonté & de force
pour faire executer plusieurs Arrests beaucoup plus importans que luy-même ou ses
Prédecesseurs ont obtenus, ou que sa Posterité obtiendra contre des Chicaneurs:
il voudroit pouvoir n'estre point contraint
à executer une clause d'un Contrat, sans
songer que par la même raison la Societé ne
pourroit, ny ne voudroit contraindre ses
Débiteurs à executer les promesses qu'ils luy
ont faites par de semblables Contrats; ainsi
ses Fermiers se pourroient dispenser de luy
payer ses fermages, ses Rentiers, de luy
payer ses rentes, & de fort riche qu'il est,
il deviendroit en un moment gueux & mi-
serable. Il ne s'apperçoit pas dans son em-
portement que cette même Loy qu'il voudroit avoir la liberté d'enfraindre & d'a-
néantir, est l'unique source de ses richesses,
& même de la sûreté de sa vie: c'est ainsi
que la Societé par sa grande force peut in-
spirer à l'Associé une crainte assez grande pour arrêter la fougue d'une grande
passion: c'est ainsi qu'une crainte salutai-
re le force à l'observation d'une Loy, qui
luy est, à tout prendre, infiniment avantageuse.

V. INCONVENIENT.

Telle est la constitution de l'Europe, que les Souverains ne sçauroient se promettre justice dans des affaires d'une mediocre importance, qu'en se determinant aux frais immenses des Armemens de Terre & de Mer; c'est qu'ils n'ont *nulle Societé permanente*, *& suffisamment puissante*: ils ne sont convenus d'aucunes Loix suffisantes, soit pour fixer les bornes du Territoire de chaque Etat, soit pour rendre le Commerce entre leurs Peuples commode, sûr, égal, universel & perpetuel: ils ne sont convenus d'aucuns Arbitres ou Interprettes des Loix de leur Societé, & tant qu'ils demeureront sans Societé, ils ne sçauroient apporter des remedes à leurs maux.

Deux Seigneurs qui ont un Procez, ne prennent point les armes, ny eux, ny leurs parens, ny leurs amis, ny leurs Domestiques, ny leurs Vassaux: ils ne mettent ny leur vie, ni leur fortune au hazard des combats: ils ne sont point obligez pour avoir justice à faire les frais d'un Armement qui leur coûteroit vingt fois plus que le sujet

du Procez; ils ne font point obligez à foûtenir pendant plufieurs années cette dépenfe ruïneufe ; mais d'où leur vient un fi
grand avantage ? C'eft qu'ils font membres
d'une *Societé permanente.*

VI. INCONVENIENT.

Dans chaque Societé ceux qui n'ont
point de Procez, ne font pas affez malheureux, pour eftre obligez d'entrer dans les
Procez de leurs voifins: mais entre les Souverains ce n'eft pas de même ; tout Souverain doit craindre qu'aucun de fes voifins
ne devienne trop puiffant par fes Conquêtes; ainfi c'eft une neceffité, quand la Guerre s'allume entre deux Souverains, qu'elle
s'allume encore peu à peu entre beaucoup
d'autres, & la caufe de cet embrafement eft
la crainte raifonnable de l'agrandiffement
d'un voifin, qui peut devenir injufte & ennemi. Or tant que les Societez particulieres de l'Europe ne feront point entre elles
une Societé generale , tant que les Etats
particuliers ne compoferont point une Affemblée perpetuelle d'Etats Generaux d'Europe, tant que tous ces membres demeu-

reront feparez, & ne formeront point le
Corps Européen, il n'y a point de *préferva=
tif fuffifant* contre ces malheurs : il faut ab=
folument uneSocieté qui prévienne tous les
differens importans , & qui puiffe termi=
ner *fans Guerre* tous les petits ; une Union,
dont la principale baze foit d'empêcher
tout agrandiffement de Territoire, en con=
fervant chacun dans fes limites actuelles ;
car pour les autres efpeces d'agrandiffemenĚ
qui peuvent arriver par la bonne police, par
la perfection des Loix , par d'utiles Etablif=
femens,par le progrez des Arts & des Scien=
ces , par l'augmentation du Commerce ;
loin qu'ils fuffent défendus, ils feroient au
contraire propofez aux Princes les plus habiles,comme une des principales recompen=
fes de leur habileté.

Les Souverains vont faire la Paix. Les
plus fages prendront toutes les garanties ,
toutes les fûretez poffibles pour la rendre
durable ; mais qu'on nous dife quelles garanties , *quelle furetez fuffifantes* ils peuvent
prendre pour cette durée : s'ils laiffent l'Europe dans la forme & dans la conftitution
où elle eft , uu Prince mécontent de cette
Paix ne peut-il pas dans deux ans recom=

mencer la Guerre? Ses voisins pourront-ils
se dispenser d'armer de leur côté, & de prendre parti dans cette Guerre? Qui l'empêchera d'armer? Car enfin qu'est-ce qui peut
engager ce Souverain à prendre les armes?
N'est-ce pas uniquement l'esperance d'ê-
tre mieux? Qu'est-ce qui peut le dissuader
de les prendre? N'est-ce pas la crainte bien
fondée d'être incomparablement pis? Mais
qui peut luy causer cette crainte? Une force
suffisamment superieure à la sienne. Mais où
trouver cette force *suffisamment superieure*,
tant que toutes les forces de l'Europe ne seront point réünies en un même Corps?

VII. *INCONVENIENT.*

Les Seigneurs ont beau avoir des procez, leur Vassaux ne laissent pas d'avoir
Commerce ensemble: mais la Guerre entre
Souverains interrompt entierrement tout
Commerce entre les Sujets les uns des autres. Ceux qui ont examiné ce que peut valoir à la France le Commerce étranger, conviennent que cela monte au moins au tiers
de la valeur de tous les revenus du Royaume en fonds de terre : or ces revenus mon-

tent à plus de quatre cens cinquante millions, y compris le Clergé; donc si la France estoit privée de tout Commerce étranger, elle perdroit chaque année plus de
cent cinquante millions.

Le Commerce étranger des Anglois
monte à deux fois plus que le revenu de
l'Angleterre en fond de terre, de sorte
que s'ils ont cent dix millions en fond de
terre, le Commerce étranger leur vaut plus
de deux cent vingt millions. A l'égard des
Hollandois, ce Commerce leur vaut encore plus à proportion, & va à quatre fois
plus que ne monte leur revenu en fond de
terre; car si celuy-cy monte à cinquante millions, leur Commerce étranger leur vaut
plus de deux cent millions. Or n'est-il pas
visible que tant qu'il n'y aura nulle *Societé*
permanente entre les Etats Chrétiens, le Commerce sera souvent interrompu entre leurs
Sujets ? Cependant quelle prodigieuse
perte ne causent point ces frequentes inter-
ruptions, & aux Souverains, & à leurs Sujets?

REFLEXION,

Sur ces Inconveniens.

Il sembleroit, à considerer d'un côté tous les maux que souffrent les Souverains, faute de se mettre en Societé les uns avec les autres, & de l'autre tous les avantages que les Associez tirent de la *Societé permanente*, dont ils sont Membres; il sembleroit (dis-je) que je voudrois conclure que la condition d'un Sujet riche & puissant seroit à tout prendre préferable à celle de son Souverain: mais il n'est pas difficile de comprendre que lorsque j'ay exposé les malheurs de l'une & les avantages de l'autre, je n'ay voulu faire sentir autre chose, sinon que sans le benefice de la Societé, ce Sujet vivroit luy-même comme un Sauvage, sans aucune sûreté, ni pour ses biens, ni pour la conservation de sa famille, ni pour sa vie même, qu'il seroit chaque jour dans le péril d'estre surpris & égorgé par celui avec qui il auroit quelque chose à disputer ou à partager, & que n'ayant plus de Loy qui assûre aucun fond, aucun meuble, aucun bien, il seroit tous les jours à luter contre la neceffité dans une inquietude perpetuelle de fa fubfiftance & de celle de fa famille, comme font les Chefs de famille des Sauvages; je n'ay voulu montrer qu'un feul point, c'eft qu'il eft infiniment plus avantageux à tout homme d'être en *Societé permanente* avec fes pareils ou prefque pareils, que de n'y pas être; & de là j'ai conclu qu'il manqueroit toûjours un bonheur infini aux Souverains Chrétiens, tant qu'ils ne feroïent point entr'eux tous *Societé permanente*, pour donner au plus foible fûreté fuffifante contre le plus fort, pour prévenir les principaux fujets de divifion entr'eux, pour avoir un moyen infail-lible d'avoir juftice *fans Guerre* fur ce qui reftera de petits differens, & pour avoir *fûreté fuffifante* de la continuation du Commerce entre toutes les Nations Chrétiennes.

Tel eft le but de la comparaifon que j'ay faite des biens que produit la *Societé permanente* en general, & des maux que caufe la *non-Societé*; ainfi bien loin de croire que la condition d'un Sujet, quoyque fort riche, foit à tout prendre préferable à celle de fon Souverain, je penfe précifément tout le contraire, & mon opinion eft fondée fur une preuve d'experience, à laquelle il n'y a point de replique: c'eſt que le Souverain eſt toûjours en liberté de deſcendre de ſa place, & de prendre celle d'un Sujet fort riche ; & cependant il ne deſcend point, il ne change point de place, au lieu que le Sujet n'eſt jamais en liberté de monter à celle de Souverain, quoyqu'il le deſirât preſque toûjours , ſi la choſe ne dépendoit que de ſon choix. Il eſt donc facile de comprendre que toute cette comparaiſon n'eſt faite que pour faire toucher au doigt que par une Société nouvelle entre pareils, les Souverains d'Europe peuvent rendre leur condition beaucoup meilleure qu'elle n'eſt preſentement, en gardant d'un côté, & augmentant tous les avantages de Souverain , & de l'autre en acquerant encore tous les nouveaux avantages que leur produira la nouvelle qualité de Membre d'une *Société permanente*, avantages immenſes dont ils ne peuvent jamais joüir que par la formation de cette Société.

REFLEXIONS.

Sur le peu de solidité des Traitez de Ligues &
de Garanties entre ceux qui n'ont point de
Sociçté permanente suffisamment puis-
sante.

J'ay montré qu'il n'y auroit jamais aucune *sûreté suffisante* pour l'execution des Traitez de Paix & de Commerce en Europe ,
tant que le Refusant ne pourroit point estre
contraint par une force suffisante à les executer, & que l'on ne trouveroit point cette
force suffisante , tant qu'il ne s'établiroit
point de *Sociçté permanente* entre *tous* les Etats
Chrétiens.

Les Politiques , en faveur surtout des
Princes moins puissans, ont encore imaginé les Traitez de Ligue défensive & offensive , pour se mettre à couvert des efforts des
plus puissans : ces mêmes Politiques , pour
rendre les Traitez de Paix plus solides contre l'humeur inquiete des Princes ambitieux , ont encore imaginé , en faveur des
Princes pacifiques , de faire entrer dans ces
Traitez de Paix , plusieurs Souverains seu-

lement, comme Garants de l'execution des promesses reciproques. Il est certain que rien ne seroit plus propre à la fin que se proposent ces Politiques, si ces Ligues, si ces promesses de Garanties n'étoient pas, par la nature de ceux qui les font très-sujetes, à n'avoir aucun effet, mais par malheur rien n'est plus ordinaire que de voir quelqu'un des Alliez, des Garants, ou cesser de *vouloir* l'execution du Traité, lorsqu'il le peut, ou cesser de le *pouvoir*, lorsqu'il le veut.

On change de volonté, parce que l'interêt, ou veritable, ou apparent qui a fait signer le Traité, a changé luy-même. J'appelle un interêt veritable, celuy que les plus sages suivent ordinairement pour augmenter leurs richesses, leur reputation & leur pouvoir, pour affermir & agrandir, ou leur Maison, ou leur Etat. J'appelle interêt apparent, un interêt passager peu solide, qui vient ou de quelque passion passagere, ou de quelque esperance frivole & mal fondée ; l'ambition dereglée suffit même pour faire recevoir à l'imagination les esperances les plus vaines & les vûës les plus fausses ; alors les plus legers sujets de se plaindre, les prétentions les plus éloignées servent de

prétextes

prétextes suffifans pour ne plus tenir les pro=
meffes ; d'ailleurs les Contractans ne font
pas immortels : un d'eux meurt : il arrive un
Succeffeur qui a des vûës toutes differentes , & qui ne fe croit pas toûjours obligé
de remplir les engagemens de fon Prédecef=
feur. Voilà comment les Alliez fe divifent;
voilà ce qui fait que les Princes ceffent de
vouloir executer ce qu'ils ont promis, quand
ils le peuvent. L'hiftoire eft remplis de pa=
reils exemples.

Comme quelques Souverains ceffent de
vouloir executer leurs promeffes , lorfqu'ils
le pourroient , il arrive fouvent qu'ils ceffent de le *pouvoir*, lorfqu'ils le voudroient :
ils fe trouvent engagez dans des Gueres civiles qui les épuifent, & ils font obligez d'entrer dans une Guerre étrangere, imprevûë
& ruineufe ; voilà des fources très-ordinai-
res de la ceffation du *pouvoir*.

Il me femble donc que le Lecteur eft
prefentement en état de juger que *tant que
la conftitution de l'Europe demeurera telle qu'elle
eft, il eft impoffible de prévenir les differens entre
les Souverains, qu'il eft impoffible qu'ils les ter-
minent fans Guerre , qu'il eft impoffible de trouver une fûreté fuffifante pour l'execution des pro-*

D

meßes reciproques, ſoit celles qui ſe ſont faites par leurs Traitez paßez, ſoit celles qui ſe feront par leurs Traitez à venir, & qu'il eſt par conſéquent abſolument impoſſible que les Traitez produiſent jamais une ſûreté ſuffiſante pour la durée de la Paix, & c'eſt la premiere propoſition que je m'étois propoſé de démontrer dans ce Diſcours.

SECONDE PROPOSITION

A DEMONTRER.

L'Equilibre de puiſſance entre la Maiſon de France & la Maiſon d'Autriche ne ſçauroit procurer de *ſûreté ſuffiſante,* ſoit pour la conſervation des Etats, ſoit pour la continuation du Commerce.

Je pouvois me contenter de prouver la verité de cette propoſition par des preuves directes; il ſemble même que je devois attendre à la fin de l'Ouvrage à comparer le Syſtême de l'Equilibre au Syſtême de la Société permanente de l'Europe; & il eſt vray que l'on ne ſent gueres toute la force de la comparaiſon, que lorſque les choſes comparées ſont bien connuës: mais j'ai crû que le Lecteur pouvoit bien me faire credit de quelques heures, achever de lire l'Ouvrage, & revenir enfuite, s'il le juge à propos, à relire cette comparaifon; & d'ailleurs comme j'ay à luy faire fentir en cet endroit la foibleffe & l'inutilité du Syftême de l'Equilibre, j'ay compris que cette oppofition des deux Syftêmes, quoyqu'imparfaite, ne laifferoit pas de faire fon effet, & de faire valoir les preuves directes.

Je trouve cinq avantages infiniment confiderables dans le Syftême de la Societe Européenne.

1o. C'eft un préfervatif fûr contre le malheur des Guerres étrangeres, au lieu que l'Equilibre n'eft rien moins qu'un préfervatif.

2o. C'eft un préfervatif fûr contre le malheur des Guerres civiles des Etats qui entreront dans l'Union, au lieu que l'Equilibre n'en garantit point du tout.

3o. On trouve dans l'Union une fûreté parfaite pour la confervation de chaque Etat, au lieu que l'Equilibre n'opere qu'une fûreté très-imparfaite.

4o. On y trouve une fûreté parfaite de la continuation du Commerce, au lieu que

l'Equilibre ne peut qu'en caufer l'interrup=
tion.

50. Il eſt plus difficile & de plus de dépen=
ſe d'établir l'Equilibre, & de le maintenir
quelques années, que d'établir la *Societé per-*
manente, & de la maintenir à perpetuité.

PREMIER AVANTAGE.

A l'égard des Guerres civiles.

L'Equibre par ſa nature eſt une ſituation, où ce qui eſt en balance eſt très - facile à être mis & à être conſervé en mouvement ; la moindre cauſe interieure ou ex-
terieure ſuffit pour luy donner un mouvement nouveau, ou pour faire continuer celuy qu'il avoit déja ; ainſi l'Equilibre des
deux Maiſons peut bien permettre quelque
ceſſation de mouvement, quelques Treves ;
mais loin de pouvoir produire un repos ſolide, une Paix inalterable, il donne à tout
Souverain ambitieux, impatient, inquiet
la facilité de recommencer la Guerre, &
même de la faire durer plus long-temps,
quand elle ſera recommencée, puiſque
d'un côté ce Souverain peut être excité à cet-

te entreprife par des efperances flateufes,&
ne peut jamais en être détourné par une très
grande crainte, puifqu'on fuppofe qu'étant
en Equilibre de puiffance, il y a à peu près
autant de raifons d'efperer, que de fujets
de craindre; & d'un autre côté ne fçait-on
pas que ce qui fait durer plug-temps le com-
bat, c'eft l'Equilibre qui fe garde plus long-
temps entre les forces des Combattans.

Si l'évidence du raifonnement ne fuffit
pas, que l'on confulte l'experience, que l'on
voye ce qui eft arrivé depuis deux cens ans
dans le Syftême de l'Equilibre, qu'on life
l'hiftoire de l'Europe? Qu'eft-ce qu'a ope-
ré ce malheureux Syftême, finon des Guerres prefque perpetuelles? Combien peu a
duré la *Treve* de Vervins? Je ne fçaurois appeller d'un autre nom une Paix qui ne peut
pas durer. Combien de temps au contraire
a duré la Guerre depuis la fin de cette Treve jufqu'à prefent? Tel eft l'effet de cet
Equilibre fi defiré. Or le paffé ne nous in-
ftruit-il pas que d'une caufe femblable, on
ne doit attendre pour l'avenir que de femblables effets? Et qui ne voit pas que dans
le Syftême de l'Equilibre on ne trouve de
fûreté que les armes à la main : Et qu'ainfi

l'on ne peut jamais joüir de sa liberté,
qu'aux dépens de son repos.

Dans l'Union de l'Europe au contraire il
n'y aura plus deux partis en Equilibre de forces, & comme entre les Souverains unis il
n'y aura plus qu'un même but, qui est de
conserver toûjours le tresor de la Paix, il n'y
aura plus qu'un même parti, toutes les forces seront réünies & dirigées vers ce but; de
sorte qu'il ne pourra plus venir à l'esprit
d'un Prince aucun desir de troubler ce repos, puisqu'ils seroit mis au Ban de l'Europe, & qu'il ne pourroit pas s'empêcher
d'être dépossedé pour toûjours dès la premiere Campagne.

Qu'on fasse attention que depuis l'U-
nion des Allemans, il n'y a point eu entr'eux
de Guerres, ou qu'il n'y en a point eu qui
ayent duré ou qui ayent eu quelque suite, si
ce n'est lorsque quelques-uns de ses membres ont fait des Unions particulieres avec
des Souverains étrangers, d'où vient cela?
C'est que les plus temeraires, les plus in-
quiets sont retenus par la crainte du Ban de
l'Empire, & qu'aucun d'eux ne peut esperer de se soûtenir seul une seule Campagne
contre tous, sans être entierement déposse-

dé; auſſi aucun d'eux ne s'allie avec un Souverain étranger, que dans l'eſperance que
cette Alliance le mettra à couvert de la peine du Ban, & que par le premier Traité de
Paix qui interviendra, il conſervera non-
ſeulement ſa Souveraineté en entier, mais
qu'il obtiendra encore juſtice ſur les prétentions qui luy ont fait prendre les armes.
Qu'eſt-ce qui reſulte de cette conſideration?
Une démonſtration ſenſible, que ſi ces
membres du Corps Germanique n'euſſent
point eu de Voiſins puiſſans qui n'euſſent
fait partie de ce Corps, il n'y auroit jamais
eu de Guerre entr'eux, c'eſt-à-dire, que ſi
cette Union, au lieu de ſe borner à l'Allemagne, eût embraſſé tous les Souverains
de l'Europe, il n'y auroit jamais eu de Guerre, ni en Allemagne, ni dans le reſte de
l'Europe.

SECOND AVANTAGE.

A l'égard des Guerres civiles.

Il eſt certain que tout ce qu'eſperent les
Princes d'Europe qui ſont moins puiſſans,
de l'effet de l'Equilibre, c'eſt la conſervation

D iiij

de leurs Etats contre l'ambition de l'une ou de l'autre des deux grandes Puiſſances, & qu'ils n'attendent pas du Syſtême de l'Equilibre qu'il les garantiſſe des Séditions, des Revolces & des Guerres civiles.

Nous voyons au contraire qu'un des plus importans effets de l'Union Européenne, ce ſera de préſerver infailliblement, tant les Etats moins puiſſans, que les plus puiſſans, de toute Sédition, de toute Revolte, & ſurtout de toute Guerre civile; c'eſt que dès que tout le monde ſçait que, hors le parti du Souverain, le premier parti qui prendra les armes, ſera declaré ennemi de l'Union, & infailliblement vaincu & puni rigoureuſement par les forces ſuffiſamment puiſſantes des Souverains unis, la Sédition, la Revolte ne ſçauroit avoir des Chefs dignes de confiance; ainſi, ou elle ne commencera pas, ou elle ſe diſſipera d'elle-même.

L'Equilibre ne ſçauroit donc garantir de la Guerre civile, qui, au jugement des plus ſages, eſt de tous les maux d'un Etat le mal le plus terrible & le plus funeſte; & en effet que l'on conſulte l'experience même, qu'on liſe dans l'hiſtoire ce qui eſt arrivé dans l'Europe depuis deux cens ans, & l'on

verra un grand nombre de Guerres civiles
en Allemagne, en France, en Flandres, en
Angleterre. Ne font-elles pas toutes nées au
milieu du Syftême de l'Equilibre, & fe-
roient-elles jamais nées, fi *l'Union Européenne* que je propofe, eût efté dès-lors formée.

TROISIE'ME AVANTAGE.

*Chaque Etat a plus de fûreté pour fa confervation
dans le Syftême de l'Union.*

L'Eqnilibre, quand il feroit établi, n'a
rien de fort folide; ainfi ce feroit toûjours un
garant fort incertain de la confervation des
Etats.

1°. Nous venons de voir que l'Equilibre ne garantit point des Guerres, ni civiles, ni eftrangeres : l'Europe fera donc
toûjous fujette aux évenemens de la Guerre: or qui ne fçait que tout ce qui dépend du
fort des armes, du fuccez des batailles, n'eft
rien que de fort incertain ? & que par confé-
quent les Etats demeurent toûjours expo-
fez aux plus fâcheufes revolutions.

2°. Après l'établiffement de cet Equili-

bre qui aura coûté la vie à une infinité
d'hommes, & des sommes immenses aux
Anglois, aux Hollandois, aux Portugais &
aux autres Alliez de la Maison d'Autriche,
où est l'impossibilité qu'une Maison devienne en moins de cinquante ans la moitié
plus foible que l'autre par les minoritez, par
les regences, par les Guerres civiles, par les
mauvaises Loix, tandis que l'autre se forti-
fiera par les voyes contraires, ce qui est déja
arrivé ne peut-il pas encore arriver ? Qu'on
se souvienne de la formidable puissance de
la Maison d'Autriche sous Charles-Quint,
& surtout de la Branche d'Espagne dans les
premieres années du Regne de Philippe second son fils ? Il n'y a personne qui ne sçache que cette seule Branche estoit alors plus
puissante que la Maison de France ; & qui
de nous ignore que cinquante ou soixante
ans après sa mort cette mesme Branche affoiblie par un mauvais Gouvernement n'a-
voit pas la quatriéme partie des forces de la
Maison de France qui s'estoit fortifiée par
un Gouvernement fort different ?

Si dans cent ans la Maison de France
tomboit par des minoritez & des divisions intestines dans un affoiblissement semblable,

ne faudroit-il pas alors que les Anglois & les Hollandois prissent les armes pour faire des conquêtes sur la Maison d'Autriche, en faveur de la Maison de France? Rien n'est donc plus inconstant & plus difficile à maintenir que cet Equilibre.

A l'heure qu'il est que l'Empereur reste seul de sa Maison, & qu'il n'a point d'enfans de l'Imperatrice qui est aussi jeune que luy, il est incertain si cette Maison ne finira pas avant trente ans, avant vingt ans: en ce cas tout l'édifice de l'Equilibre ne tombera-t-il pas en ruine? Cet édifice qui a tant coûté & pour lequel les Alliez se proposent de faire encore tant de dépense: n'est-ce pas là encore une source d'incertitude?

4°. L'Equilibre des deux Maisons ne peut se conserver que par l'Equilibre de leurs Alliez: or qui peut avoir certitude qu'une Maison ne pourra jamais avoir des Alliez plus puissans que l'autre? Il n'y a donc à tout cela que beaucoup d'incertitude, & par consequent la sûreté est très petite, bien-loin d'estre *suffisante*.

5°. Si une Maison devient plus forte & l'autre plus foible, & si leurs Voisins sont alors en Guerre, qui empêchera la plus forte d'accabler la plus foible.

6°. On fuppofe qu'un Prince moins puiffant ne fçauroit jamais eftre gagné par des avantages prefens & fpecieux, qu'il ne fçauroit fe laiffer conduire par la jaloufie ou par la vangeance pour fe lier contre fon vrai intereft avec le plus fort. On fuppofe que les paffions ne puiffent pas luy faire faire des fautes groffieres dans la conduite; il eft vrai que cela n'eft pas ordinaire, mais enfin ils en font quelquefois de telles. Or ces fautes peuvent eftre decifives pour rompre cet Equilibre; ainfi voilà encore une fource d'incertitude.

7°. Il y a une autre fource perpetuelle d'*Inéquilibre* entre les Souverainetez égales, c'eft l'inégalité des genies des Souverains; c'eft proprement dans les plus grandes places que l'on voit avec plus d'évidence la verité du Proverbe *tant vaut l'homme, tant vaut fa terre.* Je n'ai, pour faire fentir cette grande difference, qu'à oppofer un Roy d'Efpagne à un autre Roy d'Epagne; le Roy Charles premier, c'eft-à-dire, l'Empereur Charles-Quint au Roi Charles fecond le bis-ayeul à l'arriere-petit-fils. Il eft vray que Charles-Quint avoit la Hollande de plus que n'avoit

Charles fecond; mais qu'eft-ce que c'eftoit
que la Hollande du tems de Charles-Quint,
en comparaifon du Portugal & de fes Places dans les Indes & des Philipines que
Charles fecond avoit de plus que Charles
Quint ? L'Amerique même du temps de
Charles fecond eftoit beaucoup plus étenduë & produifoit beaucoup plus d'or. Charles fecond eût-il jamais pû furmonter toutes
les difficultez que Charles-Quint trouva à
fe mettre la Couronne Imperiale fur la tête:
cependant avec des Etats égaux , quelle
prodigieufe inégalité entre la puiffance de
l'un & la puiffance de l'autre ! Or quand les
Alliez feroient parvenus à former une égalité , un Equilibre entre deux Souverainetez , quel moyen peuvent-ils jamais avoir
pour rendre égaux les genies des Souverains qui doivent dans la fuite gouverner
ces Etats égaux ? Cependant fans ce moyen
qui eft impoffible , n'eft-il pas auffi impoffible qu'ils ayent jamais aucune fûreté de
conferver cet Equilibre feulement pendant
un demi-fiecle ? Or jufqu'à quand féduits
par de vaines apparences prendront-ils pour
une réalité précieufe une chimere qui leur
coûte déja tant d'hommes & tant de richef-

ſes , & qui leur en doit encore tant coûter.

Quand on aura donc rabattu ſur la ſûreté que l'on peut attendre du Syſtême de l'Equilibre toutes les choſes incertaines , ſur leſquelles ſon effet eſt fondé, on trouvera que non-ſeulement il ne garantit point du tout des Guerres , ſoit civiles, ſoit eſtrangeres; mais que même à l'égard de la conſervation des Etats en leur entier , il n'a rien d'aſſez ſolide pour donner une *ſûreté ſuffiſante* à ceux qui peuvent avoir la moindre prévoyance de l'avenir.

Au contraire le Syſtême de l'Union generale de l'Europe n'a aucun de ces défauts; ſa ſolidité ne dépend point des hazards de la Guerre , puiſque la Guerre y devient impoſſible. On n'a point à y craindre l'affoibliſſement d'une Maiſon , ou de toute autre puiſſance, puiſque cet affoibliſſement n'affoiblit point l'Union , & que d'ailleurs ordinairement les autres membres ſe fortifient de ce dont un des membres s'affoiblit. Que la Maiſon d'Autriche vienne à finir , ſes Etats ne finiſſent pas, & de quelque maniere qu'ils ſoient gouvernez dans la ſuite, leurs forces reſtent , elle ſubſiſtent pour la ſûreté de l'Union.

QUATRIÈME AVANTAGE.

A l'égard de la continuation du Commerce.

On vient de voir que loin que l'Equilibre soit un préservatif contre les Guerres, s'il est parfait, il ne fait qu'en augmenter le nombre & la durée, & s'il est imparfait, les Princes moins puissans qui suivent ce Système, en ont moins de sûreté pour la conservation de leurs Etats en leur entier, & par-dessus il en résulte que les Guerres civiles & étrangeres n'en sçauroient estre, ni moins frequentes, ni moins durables; ainsi ce Système ne remedie point à l'interruption du Commerce, soit interieur, soit étranger.

Au contraire dans le Système de l'Union, où toutes sortes de Guerres sont impossibles, ou de très peu de durée, le Commerce soit interieur, soit étranger, ne sçauroit estre presque jamais interrompu.

CINQUIÈME AVANTAGE.

Le Systême de l'Equilibre est de plus de dépen-
se ; il est même plus difficile à établir & à
maintenir, que le Systême de l'Union Eu-
ropéenne.

Nous avons vû que le Systême de l'U-
nion est infiniment au-dessus du Systême
de l'Equilibre, puisqu'il garantit des Guerres étrangeres & des Guerres civiles, qu'il
donne incomparablement plus de sûreté
pour la conservation des Etats en leur entier, & qu'il procure la continuation inaltérable du Commerce interieur & étranger;
mais quand l'Equilibre procureroit les mêmes avantages, il seroit encore bien moins
souhaitable, si, pour l'établir, le maintenir
& le rétablir, quand il est détruit, il faut
courir plus de hazards, & faire une dépense incomparablement plus grande, que
pour établir & maintenir l'Union.
Or il n'y a qu'à faire reflexion sur toutes les dépenses qu'a faites l'Europe en differentes Guerres depuis deux cens ans, soit
pour maintenir, soit pour rétablir cette vaine

ne idole, à laquelle les Nations facrifient fi
aveuglement, fi inutilement, & depuis fi
long temps tant d'hommes & tant de richeffes; & l'on verra que ces feules richeffes
valent quatre fois plus que ne vaut en capi-
tal le revenu de toute efpece de l'Europe
entiere, de forte que fi au lieu de fe contenter du Syftême de l'Equilibre, on eût établi
la Societé Européenne il y a deux cens ans,
l'Europe feroit quatre fois plus riche, qu'elle n'eft, elle ne feroit pas divifée en tant de
Religions differentes, & les Arts & les Sciences auroient été portez incomparablement
plus loin qu'ils ne font.

Que fi l'Union ne s'établit pas, qu'on
faffe attention à ce qu'il en coûtera encore d'icy à deux cens ans, foit pour maintenir, foit pour rétablir cet Equilibre. Et
qui doute que fi les Anglois, les Hollandois & les autres Alliez parvenoient à conquerir préfentement l'Efpagne pour la
Maifon d'Autriche, ils ne fuffent peut-être obligez dans cent cinquante ans de
faire les mêmes dépenfes pour la reconque-
rir en faveur de la Maifon de France, fi
elle fe trouvoit trop affoiblie par plufieurs
divifions, & par plufieurs minoritez fucceffives.

E

Qu'en coûtera-t-il au contraire pour établir & pour maintenir l'Union? Presque rien pour l'établir, si ce n'est la restitution de quelques Conquêtes injustes & mal assûrées, presque rien pour la maintenir, en comparaison des dépenses de la Guerre.

Il demeure donc pour constant, ce me semble, que *l'Equilibre entre la Maison de France & la Maison d'Autriche ne procure aucune sûreté suffisante ny contre les Guerres civiles, ny contre les Guerres étrangeres, & ne donne par consequent aucune sûreté suffisante ny pour la conservation des Etats, ny pour la continuation du Commerce* : & c'est la proposition que je m'étois proposé de demontrer.

CONCLUSION DU DISCOURS.

La premiere idée qui vient à un Souverain moins puissant pour ne pas succomber sous les efforts d'un voisin beaucoup plus puissant, c'est d'interesser d'autres Puissances dans sa querelle : & quand il trouve des Souverains prudens, il n'a pas de peine à leur persuader qu'ils ont un grand interest d'empêcher qu'il ne soit accablé par le plus fort, puisque ce plus fort devenu plus puiſſant par ſes Conquêtes, ſeroit bien-tôt beaucoup plus redoutable à chacun d'eux. Voilà le fondement de la plûpart des Traitez de Ligues particulieres que font les moins puiſſans pour leur propre conſervation contre les plus forts.

Il eſt impoſſible que lorſque les Souverains d'Allemagne ont commencé à joüir de leurs nouvelles Souverainetez, les plus forts n'ayent pas pluſieurs fois tenté d'accabler les plus foibles, & que les plus foibles, pour n'être pas accablez, n'ayent eu autant de fois recours à des Traitez de Ligues avec leurs voiſins pour leur conſervation mutuelle.

Cette idée eſt donc bonne, elle ſeroit même excellente, ſi au lieu de la borner à une Société particuliere de trois ou quatre Souverains, & pour un temps limité, les Alliez viſoient à la rendre *permanente & ſuffiſamment puiſſante*, c'eſt-à-dire, compoſée de tous les Princes Chrétiens.

Quand il s'éleve deux Souverains très-puiſſans parmi des voiſins beaucoup moins puiſſans, alors ceux-cy outre leurs Ligues particulieres, commencent naturellement à deſirer de tenir ces deux Puiſſances divi-

fées, & de conserver une sorte d'Equilibre entr'elles: ils sentent facilement combien leur liberté tient à la liberté de chacune de ces Maisons plus puissantes, &
qu'ils n'ont plus nulle sûreté pour leur
conservation, si d'un côté chacune de ces
Maisons n'est conservée dans sa puissance,
& si de l'autre l'on n'a soin de les tenir di-
visées entr'elles ; telle est la seconde idée
qui vient à l'esprit, tel est le second pas de
la politique pour éviter un second danger
d'être assujetti par l'une de ces deux Puissances, il est même impossible que dans
ces premiers temps de la naissance des Souverainetez d'Allemagne, les plus foibles
n'ayent fondé toute la sûreté de leur conservation sur ces deux idées d'Alliance &
d'Equilibre ; mais il est impossible aussi
qu'ils n'ayent vû dans la suite que si ces
deux moyens suffisoient pour les garantir
durant quelque tems de l'invasion de la part
des plus forts d'entr'eux, ils ne les garan-
tissoient nullement d'être souvent en Guerre les uns contre les autres, tantôt pour défendre leurs Alliez, tantôt pour se défendre
eux-mêmes.

Ce n'est donc pas une idée nouvelle que

l'idée de conferver l'Equilibre entre les plus forts : elle eft fimple, elle eft naturelle, c'eft une des premieres qui vient à l'efprit ; auffi tel a efté le progrez de la politique en Allemagne. Les Souverains virent bien que cet Equilibre fi difficile & à établir, & à conferver, operoit à la verité une *fûreté paſſagere* contre l'ambition & l'injuftice des plus puiſſans; mais le fage auteur de l'Union Germanique en reflechiſſant fur les fources des malheurs de la Nation n'eut pas de peine à voir que ce remede, loin de diminuer le nombre de ces Guerres également ruineuſes pour les plus foibles, comme pour les plus forts, ne faifoit autre chofe que les faire durer plus long-temps, & ne donnoit pas même de *fûreté permanente* de la durée des Etats ; ce fut alors que ce grand genie eut occafion de s'élever jufqu'à la troifiéme idée, pour éviter le malheur des Guerres frequentes & prefque perpetuelles ; ce fut alors qu'il reprefenta aux Souverains qu'ils gagneroient tous infiniment à ne fe plus contenter de cet Equilibre, qui ne donne aucune autre voye que la *Guerre* pour terminer les differens futurs, mais de vifer à une Union generale & permanente des

Souverains de la Nation, & de faire qu'ils fuſſent perpetuellement repreſentez par leurs Députez dans les Diettes, afin d'avoir une ſûreté permanente de terminer *ſans Guerre*, par conciliation, ou par arbitrage les differens futurs, en impoſant une peine très-conſiderable, comme eſt celle du Ban, ou de la perte de ſes Etats, à celuy qui refuſeroit d'executer le Jugement du Corps Germanique, & qui voudroit déſormais ſoûtenir ſes droits *par la force* contre tout le Corps.

Il n'eſt donc pas étonnant que pour leur conſervation, les Princes moins puiſſans en Europe ayent mis d'abord en uſage les deux premiers moyens, dont les Princes moins puiſſans en Allemagne ſe ſervirent autrefois pour la leur, c'eſt-à-dire, les Traitez & le maintien de l'Equilibre: mais il ſeroit fort étonnant que les Souverains d'Europe connoiſſant ſurtout depuis deux cens ans par une experience pareille à celle qu'avoient eu les Souverains d'Allemagne, que les Ligues particulieres & le maintien de l'Equilibre ſont des moyens très-inſuffiſans pour la ſûreté des Etats, & qu'ils ſont des moyens tout-à-fait inutiles pour empêcher la Guer-

re, ils ne portaſſent pas leurs vûës politiques
auſſi loin que les anciens Princes Allemans,
il ſeroit étonnant qu'après avoir veu clairement que comme il n'y avoit, pour éviter un
ſi grand mal en Allemagne, d'autre moyen,
que l'*Union permanente* de l'Allemagne entiere perpetuellement repreſentée par des
Deputez de chaque Souverain dans une
Ville libre d'Allemagne, ils ne viſſent pas
qu'il n'y a, pour éviter un ſi grand mal en
Europe, qu'un ſeul moyen qui eſt l'*Union
permanente* de l'Europe entiere perpetuellement repreſentée par des Députez de chaque Prince dans une Ville libre d'Europe;
nous allons encore plus éclaircir cette idée
dans le Diſcours ſuivant. Je me ſuis borné
dans celuy-cy à montrer que *les moyens dont
on s'eſt ſervi juſqu'à preſent pour conſerver la
Paix ſont entierement inefficaces*; c'eſt au Lecteur à juger ſi je ſuis parvenu au but que je
m'étois propoſé.

Second Discours

Deux Préjugés

En faveur du

Projet

Je ne me propose dans ce discours que de mettre dans tout leur jour deux puissans préjugez en faveur du Projet de la Société Européenne. Le premier est tiré de la formation & de la durée de la *So-cieté Germanique*. Le second est tiré du Plan même de la *Société Européenne* imaginé par Henry le Grand, & agréé de son temps par la plus grande partie des Potentats d'Europe.

PREMIERE PROPOSITION

A DEMONTRER.

Les mêmes *motifs* & les mêmes *moyens* qui ont suffi pour former autrefois une *Societè permanente* de toutes les Souveraine-tez d'Allemagne, sont ègalement en nô-tre pouvoir, & peuvent suffire pour for-mer une *Société permanente* de toutes les Souverainetez Chrétiennes.

Je crois avoir suffisamment prouvé deux choses dans le Discours précedent; 1o. que dans la constitution presente de l'Europe les Traitez entre Souverains n'ont aucune *sû-reté suffisante* de leur execution. 2o. Qu'il est impossible que le Systéme de l'Equilibre rende la paix durable en Europe; qu'ainsi les malheurs de la Guerre se renouvelle-ront incessamment & dureront tant qu'il n'y aura pas entre les Souverainetez Chré-tiennes une *Societé permanente* qui leur don-ne sûreté suffisante de l'execution des pro-messes faites dans les Traitez, & qui soit l'arbitre des prétentions qui n'ont point esté ou prévûës ou reglées par ces mêmes Traitez.

La premiere chose que demande presentement le Lecteur, c'est de sçavoir s'il est absolument impossible, ou s'il n'est effectivement que difficile de former peu à peu une Societé si desirable; il ne faut, pour s'en éclaircir, que pénetrer dans les motifs & dans les moyens qui ont formé l'Union Helvetique, l'Union Belgique & particulierement l'Union Germanique, & l'on verra que ces mêmes motifs & ces mêmes moyens suffisent pour former une Societé encore plus grande,& qui pourra toûjours croître, jusqu'à ce qu'elle embrasse toute la Chrétienté. Je me propose d'examiner ces motifs & ces moyens à fond dans les discours suivans : je me contenteray de montrer dans celuy - cy que l'on ne trouvera pas plus de difficultez à former presentement, l'*Union Européenne*, que l'on en trouva autrefois à former l'*Union Germanique*, & que l'Union Européenne produiroit d'aussi grands avantages à proportion aux Souverains d'Europe & à leurs Sujets, que l'Union Germanique en a produit & en pourroit produire aux Souverains d'Allemagne & àtous les Allemans.

Je sçai que les argumens que l'on tire des comparaisons ne suffisent pas toûjours pour convaincre, mais on m'avoüera aussi qu'ils servent du moins à disposer l'esprit à se laisser toucher aux preuves directes, & c'est cette disposition d'esprit du Lecteur où je me borne dans ce Discours, afin que les preuves du Discours suivant puissent faire sur luy l'effet naturel que font de bonnes preuves sur de bons esprits.

Je m'attacheray particulierement à examiner l'Union Germanique; 1°. parce que c'est un modele plus en grand. 2°. Parce qu'il y a eu plus de difficultez à la former. 3°. Parce qu'il y a plus de convenance.

Dans le neuviéme siecle, sur la fin du Regne de Loüis le Débonnaire fils de Charlemagne, ensuite sous le Regne de ceux de ses Descendans qui gouvernerent l'Empire d'Allemagne, à mesure qu'ils perdoient de leur autorité, on voyoit les Duchez, les Comtez & les autres Gouvernemens immediats se donner aux Ducs, aux Comtes pour toute leur vie; quelques-uns obtenoient des survivances pour leurs enfans;

enfin il arriva des Regnes fi foibles, que ces
Gouvernemens devinrent peu à peu hereditaires, & comme ces Gouverneurs avoient
tout droit & tout pouvoir fur les armes &
fur la Juftice, leurs Gouvernemens devinrent autant de Souverainetez, les unes plus
grandes, les autres plus petites, qui ne te-
noient plus à l'Empereur que par de très-le-
gers Tributs, par les actes de foy & hom-
mages ; & par les Ceremonies des invefti-
tures que l'heritier du Souverain Feudataire
défunt prenoit de l'Empereur, & que l'Empereur ne pouvoit pas ordinairement luy refufer. Ils eftoient feulement obligez, à caufe de ces Fiefs Imperiaux, d'entretenir &
de mener des troupes à l'Empereur à proportion de la grandeur de ces Fiefs, & feulement lorfque l'Empire eftoit en Guerre.
Un grand nombre d'Archevêques, d'Evê-
ques & d'autres Ecclefiaftiques conferve-
rent de même à leurs Succeffeurs le droit de
la Juftice & des armes; enfin long-temps
après plufieurs Villes confiderables fe déta-
cherent des Gouvernemens particuliers, &
obtinrent de fe gouverner elles-mêmes en
Republiques fous la protection de l'Empereur & de l'Empire.

Ainfi du débris de la puiſſance & de la
Souveraineté Imperiale, ſe forma une multitude prodigieuſe de petites Puiſſances particulieres & de petites Souverainetez ſubal-
ternes; il en reſte encore en Allemagne plus
de deux cens : mais il y en avoit alors beaucoup davantage, parce que cet Empire étoit
alors beaucoup plus étendu qu'il n'eſt aujourd'huy , & parce que pluſieurs Souverains ont uni par differens droits & ſous differens prétextes pluſieurs Souverainetez
aux leurs. Tel eſtoit à peu près l'état de l'Empire , lorſqu'il paſſa des Princes deſcendus
de Charlemagne , à d'autres Princes de
Maiſons differentes , lorſqu'il ceſſa d'éſtre
hereditaire, en devenant électif.

Il étoit bien difficile, ou plûtôt il étoit abſolument impoſſible qu'un ſi grand nombre
de Souverains auſſi voiſins, auſſi ambitieux,
auſſi jaloux de leurs droits , n'euſſent ſouvent des démêlez enſemble , ſoit pour des
ſucceſſions , ſoit pour l'execution de quelque promeſſe, ſoit pour leurs limites , ſoit
enfin pour le Commerce de leurs Sujets: ils
n'avoient encore que la voye des armes
pour obtenir leurs prétentions, auſſi vit-on
alors en Allemagne, tantôt une Contrée,

tantôt une autre, tantôt toutes les Contrées
enfemble defolées, & par les Guerres du dehors, & par les Guerres du dedans qui font
les plus cruelles, & qu'on ne pouvoit alors
empêcher de renaître inceffamment l'une
de l'autre ; il arrivoit même affez ordinairement que l'Empereur, ou ne pouvoit y
remedier, faute de force, ou qu'il ne vouloit pas, faute de bonne volonté, foit par
jaloufie, foit par la confideration de quelques interefts particuliers, & comme c'eft
l'époque de la plus grande foibleffe des Empereurs, c'eft auffi l'époque de la plus grande indépendance des Souverains feudatai-
res : indépendance qui entretenoit leurs divifions, & qui fût toûjours très-malheu-
fe pour la Nation, tant qu'ils ne s'aviferent
point du feul moyen qui pouvoit la garantir des malheurs de la Guerre.

Il eftoit naturel, dans ces calamitez publiques, que chacun cherchât, felon l'étenduë de fon efprit, quelque préfervatif propre à les faires éviter, ou du moins quelque
remede propre à les faire finir. Ce fut alors
que l'on vit naiftre le plan de l'Union Germanique, pour ne faire de tous les membres de l'Empire qu'un même corps, afin

d'y conferver la Paix, le Commerce, & l'a-
bondance, & de donner à chaque Souverain fûreté pour la confervation de fes
Etats & pour l'execution des Traitez. Je ne
fçay pas fi ce Projet tomba d'abord dans
l'efprit d'un Prince ou d'un Particulier. Je
ne fçai pas non plus jufqu'où l'Auteur le
porta d'abord; mais toûjours comme ce fût
alors que l'Union commença à fe former,
elle ne fe forma pas fans Projet, & ce fût
dans ce temps-là que parut ce chef-d'œuvre
de politique fi digne d'un bon Prince, d'un
bon Citoyen, & qui eftoit fi neceffaire au
falut de fa Patrie.

Or quel que foit ce fage Inventeur, on
croira facilement que plufieurs de ceux qui
lûrent fon Projet, prévenus contre la nouveauté d'une pareille Société, firent moins
d'attention aux puiffans motifs qui pouvoient faire conclure un pareil Traité,
qu'aux difficultez de l'execution, ils virent un grand nombre de Souverains qui
avoient une infinité de prétentions, d'interefts directement oppofez, & fans approfondir davantage, ils jugerent que ces difficultez feroient toûjours infurmontables ;
ainfi ils regarderent ce deffein comme une

vision de Paix & de tranquillité qui estoit à
la verité belle dans la speculation, mais inutile dans la pratique ; ainsi ils ne firent nul
scrupule de décrediter comme chimerique
un Projet dont eux-même & leurs neveux
devoient un jour tirer de si grands avantages. Il faudroit (disoient-ils) pour esperer
quelque execution de ce Projet, que les
Souverains Allemans fussent tous sages,
raisonnables, équitables, sans passions, instruits par eux - mêmes de leurs affaires,
moins occupés de leur propre bonheur, que
du bonheur de leurs Sujets : en un mot il
faudroit qu'ils fussent tels qu'ils devroient
estre, & non pas tels qu'ils sont en effet: or
s'ils estoient tous tels qu'ils devroient estre,
ils n'auroient pas besoin, pour vivre toûjours en Paix, d'autre Loy, que celle de la
raison, & alors le Projet deviendroit entierement inutile.

Quelques autres Lecteurs moins prévenus trouvant ce Projet de la derniere importance, jugerent qu'il falloit faire une
égale attention, & aux motifs qui pouvoient faire desirer à chacun des Souverains
cette Union generale de l'Allemagne, &
aux difficultez de l'execution; ils virent qu'à

mesure que l'on faisoit attention à la grandeur des motifs, les difficultez s'évanoüissoient d'elles-mêmes, puisque ces motifs estoient les grands avantages que chaque Souverain devoit tirer de la *Societé permanente*, & que les grandes difficultez ne venoient que des esperances ou des prétentions, c'est-à-dire, des avantages que chacun d'eux pouvoit se promettre de la non-Societé : or la comparaison de ces deux sortes d'avantages faisoit disparoistre ces obstacles qui avoient paru d'abord entierement insurmontables ; ils jugerent même qu'il n'étoit pas difficile de faire agréer cette Union à quatre ou cinq Souverains, & que le Traité étant proposé de proche en proche, tantôt à l'un, tantôt à l'autre, le nombre des Conféderez pourroit s'augmenter peu à peu, & d'autant plus facilement, que la foiblesse de quelques Etats, la minorité des Souverains puissans, les divisions intestines de ces puissans Etats, les desavantages dans des Guerres étrangeres, seroient dans la suite des siecles autant de conjonctures favorables à l'agrandissement d'une Societé, où aucun membre ne pouvoit jamais rien perdre du sien, & où il pouvoit beaucoup

gagner par la durée des Maisons Souveraines, par le retranchement de la dépense de
la Guerre, par les richesses & l'opulence que
produit un Commerce plus sûr, plus étendu & plus durable, ils disoient, pour appuyer leur sentiment, que pour donner leur
consentement à cette Société, Il n'étoit point
necessaire que les Souverains fussent sans
passions, qu'ils eussent atteint à un si haut
degré de sagesse, de raison, d'équité, de bonté pour leurs Peuples, qu'il suffisoit qu'ils
fussent mediocrement habiles, qu'ils fussent assez interessez pour craindre les grandes dépenses, & pour desirer de devenir
beaucoup plus riches, qu'ils aimassent assez
leur Maison, pour en craindre la ruine, &
pour en desirer la durée, qu'il suffisoit que
les moins puissans eussent assez de bon sens,
pour craindre d'estre envahis par les plus
puissans, qu'il suffisoit que ceux-cy instruits
par la multitude des évenemens de l'histoire, fussent assez prévoyans, pour craindre
qu'après leur mort il ne s'élevât des Séditions, des Revoltes, des Guerres civiles, des
divisions dans la Maison Souveraine, des
conspirations de Sujets puissans durant des
minoritez : or pour tout cela il n'est point

neceſſaire que les Souverains ſoient, ni ſans paſſions, ni ſi raiſonnables, ni tels qu'ils devroient eſtre : en un mot il ſuffit qu'ils ſoient préciſément tels qu'ils ſont : or c'eſt (diſoient-ils) en les ſuppoſant tels qu'ils ſont en effet, qu'ils ont beſoin de former la Societé Germanique, pour augmenter conſiderablement leur propre bonheur.

Si je raconte ainſi les divers jugemens que l'on fit & les differens diſcours que l'on tint alors ſur ce Projet de l'Union Germanique, ce n'eſt pas ſur la foy des Memoires des Contemporains qui peuvent tromper & eſtre trompez, c'eſt ſur la foy des Memoires de la nature même, qui ſont beaucoup plus ſûrs, c'eſt qu'il eſt impoſſible qu'un Projet de cette eſpece ne rencontre deux ſortes de Lecteurs gens d'eſprit, les uns vifs, éloquens, un peu ſuperficiels, fort déciſifs, qui haïſſent la peine de l'examen, qui aiment à juger des ouvrages ſur le titre, & comme on dit, ſur l'étiquette du ſac, guidez ſeulement par leurs premieres préventions. Les autres en plus petit nombre qui n'ont, ni une memoire ſi heureuſe, ni une imagination ſi féconde, mais qui accoûtumez à ſuſpendre leur jugement juſqu'après l'examen, marchent plus lentement, pour marcher avec plus de sûreté ; ceux-cy font encore au doute, lorsque les autres sont à la décision ; la nouveauté ne les rebute, ni ne les séduit : ils pesent chaque *pour* & chaque *contre* : ils assemblent tous les *pour* & tous les *contre* avec le plus d'exactitude qu'ils peuvent : ils balancent long-temps le total des uns contre le total des autres, & ensuite ils jugent. Cette allure ne plaît pas aux premiers ; elle est trop lente, & au lieu de cent jugemens bien décisifs qu'ils font en huit jours, à peine en feroient-ils deux ; aussi comme le hazard a beaucoup de part à leurs préventions & par conséquent à leurs opinions, & que par la crainte de la honte d'avoir mal jugé, & par le desir de la gloire d'avoir mieux jugé que les autres, tout leur esprit est employé dans la suite à soûtenir le parti qu'ils ont pris imprudemment ; ils ne sont plus en état, ni d'appercevoir leur erreur, ni de se repentir de leur imprudence, ni même de se tenir une autrefois en garde contre la précipitation de leurs jugemens.

Or que pouvoient faire ces differentes sortes d'esprits à l'égard du Projet de l'U-

nion Germanique , si ce n'est des prédictions fort differentes? Les uns soûtinrent
qu'il étoit impraticable, & qu'il ne s'executeroit jamais. Les autres jugerent qu'il étoit
praticable, & que selon les apparences il
s'executeroit un jour : or que fais-je en pei-
gnant les effets de la nature de ce temps - là ,
je ne fais que peindre des effets semblables
de la même nature , à l'égard d'un semblable Ouvrage, pour ce temps-cy ; & plaise
à Dieu que , malgré les differens jugemens,
les diverses prédictions de ce temps-cy ,
l'Ouvrage nouveau ait dans nôtre siecle le
même sort pour le bonheur de l'Europe ,
que l'Ouvrage ancien eût autrefois pour le
bonheur de l'Allemagne, les mauvais Pro-
phétes se consoleront facilement de s'estre
trompez, & les bons auront double joye,&
du succez du Projet , & de l'accomplisse-
ment de leur prédiction.

Si l'Auteur du Systême de la Societé Allemande ne se rebuta point , ni par ces discours vagues & generaux, ni par les premieres oppositions qui se rencontrerent dans
l'execution, c'est qu'il voyoit clairement
que tous les interests qui portoient les Princes à un état de division ne pouvoient ja-

mais peser la centiéme partie des interests
qui les portoient tous à l'Union, & à former une Société permanente : or on peut
bien d'abord par prévention s'éloigner
d'un Traité avantageux, mais on y revient
toûjours, quand il est presenté de temps en
temps, de plusieurs côtez, par differentes
mains, lorsqu'on a devant soy l'exemple
des autres, lorsque les Ministres les plus
sages & les plus desinteressez sont consultez
& surtout quand les avantages du bon parti sont si grands & mis dans un certain point
d'évidence, qu'il n'y a, pour ainsi dire, qu'à
prendre le jetton.

Quoiqu'il en soit, il faut bien que les
Souverains d'Allemagne qui signerent les
premiers le Traité de l'Union Germanique,
reconnussent alors avec évidence qu'à tout
conter, ils ne pouvoient jamais signer un
Traité si avantageux pour eux, pour leurs
Maisons, pour leurs Successeurs & pour
leurs Sujets. Il faut bien que ceux qui suivi-
rent l'exemple des premiers fissent le même
jugement, puisqu'enfin on commença à signer le Traité qui fut le fondement de ce
grand establissement; & c'est de-là que je
conclus que rien n'empêche qu'il ne s'en

forme un semblable encore plus grand, si l'on montre que ce sera cette grandeur même qui y aportera le plus de facilité.

Il est à propos, avant que de passer outre, de remarquer que l'Union Germanique avoit deux défauts considerables qui la détruisoient insensiblement au-dedans, & qui l'empêchoient de s'accroître au-dehors, & que cependant elle ne laisse pas de subsister jusqu'à present, languissante à la verité, mais pourtant dans un état propre à montrer ce qu'elle a esté, & ce qu'elle pourroit estre ; mais ce qui fait à nôtre sujet, elle montre encore ce que l'on pourroit attendre d'une Societé semblable qui seroit exempte de ces deux défauts.

Le premier, c'est que les membres, pour se conserver une entiere liberté de donner leurs suffrages & de faire des propositions utiles au bien de l'Union, devoient former dès-lors les Cercles, & convenir que le Député de chaque Cercle seroit tour à tour President de la Chambre Imperiale de la Diette ou de ce Conseil representatif de la Nation qui dura quelque temps du Regne de Maximilien & de Charles-Quint sous le nom de Regence dans les intervalles qui se

rencontroient

rencontroient entre les differentes Diettes ?
au lieu de cela, c'est toûjours le Député de
l'Empereur qui y preside : or on sçait
qu'on ne délibere dans les Assemblées, que
sur ce que propose le President, & comme
les interêts de l'Empereur sont souvent fort
differens & même fort opposez aux interêts
de l'Empire, il n'arrive que trop souvent
que ce qu'il fait proposer, regarde bien plus
son interest particulier, que l'interest du
Corps , & qu'il a grand soin d'éloigner les
déliberations qui, en augmentant la liberté & l'utilité des membres , iroient à diminuer tant soit peu de l'autorité du Chef.

Le second, c'est qu'ils ne devroient jamais, en élisant l'Empereur , luy donner ,
ni le pouvoir de commander les Armées de
l'Empire par luy-même ou par son Lieute-
nant , ni le pouvoir de nommer à tous les
Emplois de l'Armée , ni le pouvoir de lever
sur les membres les contingents pour les ne-
cessitez du Corps ; ils devoient se garder le
droit de se choisir leur General brave , ha-
bille, experimenté , de Maison non-souve-
raine , revocable toutes fois & quantes ; ils
devoient se reserver le droit de nommer
des Commissaires pour lever les contin-

G

gens;ils devoient se reserver la nomination
des principaux Officiers.

Ces deux défauts ont produit à cette
Union, à cette espece de Republique deux
inconveniens trés-grands, & dont la grandeur n'a pû estre bien aperçûë, que par la
suite des siecles. Le premier inconvenient,
c'est que la liberté des membres est dimi-
nuée à proportion que l'autorité de l'Empereur est augmentée, & cette autorité s'est
si fort accrûë, que sous l'Empire de Charles-Quint, le Corps Germanique auroit esté
presque aneanti, si François premier ne fût
venu au secours de sa liberté expirante; &
n'avons-nous pas vû cette même liberté fort
affoiblie avant le Traité de Munster, & resta-
blie dans ce Traité par le secours du Roy?
Et que deviendroit encore ce même Traité, si le Roy, comme garant, n'en soûte-
noit continuellement l'execution? Les jalousies & les divisions des membres donneroient bien-tôt la facilité à l'Empereur de
les subjuguer tous les uns après les autres.

L'affoiblissement de la liberté du Corps
Germanique est encore devenu fort sensible par l'état où se trouve presentement
l'autorité de la Chambre Imperiale qui a

esté si long-temps à Spire , & qui est présentement à Vetzelar. C'estoit , pour ainsi dire , le centre de l'Union ; chaque Souverain y avoit son Député ; les démêlez entre Souverains , les démêlez pour le Commerce entre les Sujets de divers Souverains , y estoient , ou conciliez par des Mediateurs , ou jugez à la pluralité des voix par ces Députez , comme Arbitres éclairez , équitables & parfaitement autorisez. L'autorité de cette Chambre jointe avec l'autorité de la Diette qui se tenoit tous les ans dans quelque Ville libre , faisoient toute la force de l'Union ; il étoit de l'interest des Empereurs de les affoiblir , pour se fortifier de ce qu'ils leur ôteroient ; ils ont commencé par les séparer , en les mettant en deux Villes differentes , & ils n'ont point eu de repos , jusqu'à ce qu'ils ayent établi la Chambre Aulique , dont ils nomment tous les Juges , & jusqu'à ce qu'ils ayent donné à cette Chambre le même pouvoir qu'à la Chambre Imperiale ; ils ont même ôté à la Chambre Imperiale le droit de decider les affaires importantes , si ce n'est avec le consentement de l'Empereur ; les Diettes sont devenuës plus rares par la multiplication des difficultez & par la dépenſe. Ainſi l'Empereur devient, pour ainſi dire, l'unique Juge des differens des autres Souverains ; ainſi on peut dire que ce ſeul défaut a conduit inſenſiblement la Republique Germanique ſur le penchant de ſa ruine.

L'autre inconvenient eſt encore beaucoup plus conſiderable ; car enfin le plus grand de tous les inconveniens qui puiſſe arriver à une Republique, c'eſt de pouvoir eſtre affoiblie par divers accidens, ſans pouvoir s'accroître par aucune conjonćture favorable. Or ſi la Republique des Souverains d'Allemagne n'eût eu que des Preſidens alternatifs pris d'entre les Députez de chaque membre, s'il n'y avoit point eu de Chef perpetuel pour la Juſtice & pour les Armes, qui doute que la plûpart des Souverainetez voiſines, ſelon les differentes ſituations de leurs affaires, n'euſſent l'une après l'autre demandé depuis cent cinquante ans à entrer dans cette Republique? Eſt-ce que les Suiſſes n'y ſeroient pas rentrez comme un nouveau Cercle ? Eſt-ce que Geneve, eſt-ce que la plûpart des Princes & des Etats d'Italie n'y ſeroient pas entrez ? Eſt-ce que la Republique d'Hollande n'au-

roit pas demandé à y entrer en plusieurs occasions? L'Angleterre de même au milieu
de ses divisions sous Charles premier, n'y
seroit-elle pas entrée? La France elle-même n'a-t-elle pas dans le seiziéme siecle souf-
fert de terribles secousses? N'a-t-elle pas été
à deux doigts d'un bouleversement total?
Or si pour sortir de tous ses embarras, Henry III n'eût eu qu'à entrer dans une Societé
qui l'eût garanti de toute crainte, & qui lui
eût tendu les bras, eût-il balancé? La Pologne en diverses occasions, & particulierement sous Casimir. Le Danemark & la
Suede en plusieurs fâcheuses situations. Le
Portugal surtout au commencement de la
revolution, il y a soixante-dix ans. Or si
l'Union Germanique eût esté constituée de
maniere qu'elle eût pu profiter depuis cinq
ou six siecles de tous les grands évenemens
des Etats de l'Europe, elle fût devenuë insensiblement avec le temps cette même
Union Européenne que je propose aujour-
d'huy. Mais quand ces Etats, quand ces
Souverains ont vû qu'ils ne pouvoient entrer dans l'Union Germanique, sans se
donner l'Empereur pour Maistre, ou du
moins pour Superieur perpetuel, cette seu

le confideration les a toûjours empêché de fouhaiter d'eftre membres de cette Republique. De-là vient que cette Union n'a jamais pû s'accroître, & que par divers accidens qui ne font pas de mon fujet, elle a perdu plufieurs membres & beaucoup de territoire.

Je conviens que le fage Alleman qui propofa le Projet de l'Union Germanique, eft très-excufable en ce qu'il fut aparamment contraint de fuivre quelque chofe du plan de l'Empire, & de bâtir une efpece de Republique fur quelques-uns des fondemens d'une ancienne Monarchie. Il ne luy eftoit peut-être pas permis de bâtir tout à neuf, & l'on croyoit fans doute alors avoir beaucoup fait, que d'avoir rendu l'Empire électif, d'avoir élevé quelques digues contre les ufurpations des Empereurs. Or il faut convenir qu'il étoit bien difficile de prévoir qu'au bout de plufieurs fiecles, un grand nombre de petites ufurpations du Chef fur les membres feroient un fi grand changement dans la conftitution de la Republique, que les fondemens de fa liberté en demeuroient eftoient prefqu'entierement fapez; & après tout il étoit bien difficile, en retenant

quelque chofe de ce vieux édifice Monarchique, de faire de tous ces Etats un Etat
plus Republicain, que celuy du Corps Germanique : mais il faut convenir auffi qu'il
luy arriva comme à un Architecte, qui gâ-
te fon nouveau Bâtiment, pour conferver
quelque chofe de l'ancien: or la faute, quoique très-excufable par rapport à l'Auteur,
n'en eft pas moins confiderable par rapport
à l'Ouvrage.

Les Hollandois dans la conftitution de
leur Redublique de fept Etats Souverains
n'ont jamais eu de Prefident perpetuel des
Etats Generaux; mais ils ont eu quelque
temps un Prince pour Starhouder ou General, & pour General perperuel ; il y a même
une de ces Souverainetez qui a un Stathou-
der ou General hereditaire, & c'eft un Prince. Quoyqu'il en foit les Hollandois ont
évité ce défaut effentiel depuis la mort du
Roy Guillaume : à l'ègard des treize Souverainetez Suiffes, ils ont l'avantage de
n'avoir jamais tombé dans une faute auffi
effentielle pour une Republique de Souverains.

L'exemple de l'Union Belgique & de
l'Union Helvetique, qui fubfiftent fans

Chef perpetuel, prouve que l'on peut s'en passer, comme l'Union Germanique prouve de son côté que des Souverains héreditaires très-puissans peuvent trouver leur interest à former & à maintenir une *Societé permanente* avec des Princes beaucoup moins puissans, avec des Republiques, avec des Souverains Electifs Ecclesiastiques & Seculiers, & avec des Etats de Religion très-opposée : nous allons entrer plus en détail dans toutes les *paritez* & dans toutes les *disparitez* qui peuvent être de quelque consequence entre l'Union Européenne, dont je propose l'établissement, & l'Union Germanique, qui est depuis long-temps toute établie.

Il y a trois sources principales de ressemblances & de differences. La premiere vient des motifs qui ont pû determiner les Allemans à l'Union. La seconde vient des obstacles & des difficultez qu'ils ont pû rencontrer dans cette formation. La troisiéme vient des moyens qu'ils pouvoient avoir, pour réüssir dans leur dessein. Il faut donc examiner 1°. si ceux qui ont commencé l'Union Germanique, avoient plus de motifs, & de plus puissans, que ceux qui

peuvent commencer l'Union Européenne.
2°. S'ils avoient de moindres obſtacles, &
en moindre nombre. 3°. S'ils avoient alors
des moyens que nous n'ayons pas preſentement.

COMPARAISON DES MOTIFS.

1°. Un de leur motifs, ſurtout des Souve
rains moins-puiſſans, étoit de conſerver
tout leur Territoire, & tous leurs droits contre les efforts des plus puiſſans, & ils cher-
choient cet avantage dans l'Union Germanique.

Or qui peut dire que les plus foibles de
ce temps-là euſſent plus de crainte de l'in-
vaſion, que n'en ont les plus foibles de ce
temps-cy?

Au contraire qui ne voit que ce deſir eſt
le même dans nos Souverains d'aujour-
d'huy, & qu'ils ont de plus que les anciens
une eſperance bien mieux fondée de leur
conſervation, puiſque l'Union Européenne leur donneroit ſur cela ſûreté ſuffiſante,
c'eſt-à-dire ſûreté parfaite, avantage que
n'ont jamais pû ſe promettre les Membres
de l'Union Germanique? Ainſi de ce côté-

là le motif des Souverains d'aujourd'huy
doit être beaucoup plus fort, que le motif
des Souverains de ce temps-là. On ne peut
pas dire non plus qu'il y eût alors deux
Maisons puissantes qui fussent plus redoutables aux autres Souverains de ce temps-là,
que la Maison de France & la Maison
d'Autriche ne sont redoutables aujour-
d'huy aux Souverains de ce temps-cy. Ainsi en supposant l'égalité de proportion entre les deux temps, je croi que je ne suppose rien que de raisonnable.

2°. Un des motifs des Souverains de ce
temps-là estoit d'avoir dans la force & dans
la protection de l'Union Germanique un
préservatif sûr contre les conspirations,
contre les divisions domestiques, contre
les Revoltes, & en un mot contre les Guerres civiles, & de conserver ainsi toûjours
le Commerce interieur chacun entre ses
propres Sujets.

Or qui peut dire que les Souverains de ce
temps-là eussent plus de crainte des Guerres civiles, & plus de désir de conserver le
Commerce interieur de leurs Etats, que les
Souverains de ce temps cy.

Au contraire nous avons comme eux de

triftes experiences de ces terribles maux, &
nous avons de plus qu'eux les hiftoires de
leurs propres malheurs & de femblables
malheurs qui font arrivez depuis dans l'Europe, furtout par les troubles de Religion,
& à l'égard du Commerce interieur, nous
avons encore plus de fujet qu'eux d'en defirer la confervation; 1. Parce qu'avec le
temps il s'eft beaucoup augmenté depuis
cinq ou fix fiecles par le *perfectionnement* des
Arts, & par toutes les facilitez qu'on a trouvées, foit pour les échanges en papier, foit
pour les voitures, foit pour les fûretez. 2°.
Parce que les hommes font devenus plus
éclairez fur tout, & par confequent fur leurs
interefts; ainfi les Souverains d'aujourd'huy
perdroient beaucoup davantage que les
Souverains de ce temps-là, en perdant ce
Commerce interieur, & ils voyent encore plus clair ce qu'ils perdroient, que ne le
pouvoient voir ces anciens Allemans: mais
ce qui met une prodigieufe difference dans
le motif, c'eft que les Souverains de ce tems-
là ne pouvoient pas fe promettre une fûreté entiere contre les Guerres civiles, puifque
plufieurs de leurs Affociez pouvoient fe détacher *impunément* de l'Union, par le fe-

cours des voifins puiffans, & favorifer enfuite les Revoltes chez leurs Affociez, au lieu
que dans l'Union de la Chrétienté aucun
Souverain ne pourra plus s'en détacher *impunément*, puifqu'il n'aura aucun voifin
qui ne foit membre de l'Union : or il eft vifible que cette grande augmentation de fûreté eft une grande augmentation de motif.

30. Les Souverains de ce temps-là avoient
un grand intereft pour la confervation de
leur Maifon fur le Trône, de procurer une
grande protection aux enfans mineurs
qu'ils pourroient laiffer eux & leurs defcendans dans la fuite des fiecles, & d'éloigner ainfi toutes fortes de Confpirateurs &
d'Ufurpateurs; & ils pouvoient efperer pareille protection de la Societé Germanique.

Or qui peut dire que nos Souverains
d'aujourd'huy n'ayent pas le même intereft pour la durée de leur Maifon, ou qu'ils
y foient moins fenfibles que les Souverains
de ce temps-là, & qui peut dire qu'ils ne
puiffent efperer une pareille protection de
la Societé Européenne ?

Au contraire comme il eft impoffible
que les Souverains d'aujourd'hui ne voyent

que la protection de la Societé Européenne sera beaucoup plus puissante & beaucoup plus durable que la protection de la
Societé Germanique, il est impossible aussi qu'ils ne desirent plus fortement la *Societé Européenne*, que ceux-là ne desiroient la
Societé Germanique. Ainsi de ce côté-là le
motif est encore plus grand , le ressort plus
fort pour commencer & pour achever l'entreprise.

4°. Un autre motif des Souverains de ce
temps-là étoit de trouver dans cette Societé
une garantie, *une sûreté suffisante* de l'execution parfaite des promesses reciproques des
Traitez qu'ils avoient faits , ou qu'ils feroient dans la suite entr'eux, garantie, sûreté qu'ils ne pouvoient jamais esperer ,
s'ils ne devenoient Membres d'une Societé
permanente.

Or qui peut dire que les Souverains
d'aujourd'huy desirent moins une pareille
garantie, une pareille sûreté pour l'execution de promesses reciproques des Traitez?

Au contraire comme il est évident que
la sûreté d'execution que peut procurer
l'Union Germanique, n'est pas parfaitement suffisante, & que celle que procurera

l'Union Européenne, sera parfaitement suffisante, il est évident que celle-cy sera bien plus desirable, & par conséquent bien plus desirée par les Souverains d'aujourd'huy, que la garantie de l'Union Germanique n'étoit desirée par les Souverains de ce temps-là.

5°. Un des motifs les plus forts pour determiner les Souverains à prendre des mesures solides afin d'éviter la Guerre à venir, ce sont les grands maux que cause la Guerre presente, les prodigieuses dépenses, les chagrins fâcheux des mauvais succez presens, les cruelles inquiétudes sur les évenemens futurs, la diminution des revenus, la desolation des Frontieres, la perte de quantité de bons Sujets, le cry perçant & perpetuel des Peuples, qui demandent la fin de leurs malheurs.

Or qui peut dire que les Princes Allemans furent en ce temps-là plus sensibles à ce motif, pour les determiner à signer le Traité d'Union Germanique, que ne le seront en ce temps-cy nos Souverains Européens, pour les determiner à signer le Traité d'Union Européenne?

Au contraire comme les mesures qu'ils

pouvoient prendre pour terminer *fans Guerre* leurs differens futurs , n'étoient pas à beaucoup près auffi folides, que celles que l'on propofe pour l'Union Européenne, il eft évident que ce plus de folidité rend cette Union beaucoup plus defirable, & qu'elle fera par confequent beaucoup plus defirée des Souverains d'aujourd'huy, que l'Union Germanique ne fût alors defirée par les Souverains de ce temps-là, & d'ailleurs je doute que ces Souverains fuffent alors auffi las de la Guerre, auffi épuifez que les Souverains d'Europe le font aujourd'huy.

6°. Un autre motif enfin qu'eurent les Souverains de ce temps-là , ce fut de maintenir le Commerce avec les Etrangers, qui étoit une fource de grandes richeffes & de grandes commoditez.

Or qui peut dire que les Souverains d'aujourd'huy n'ayent pas un auffi grand defir de s'affûrer la continuation du Commerce étranger par l'établiffement d'une Societé permanente.

Au contraire comme les Souverains d'aujourd'huy ont un bien plus grand Commerce étranger, & que la plûpart font beaucoup plus avantageufement fituez pour le

Commerce Maritime, & que la Navigation est trente fois plus grande & plus facile qu'elle n'étoit en ce temps-là, il est visible que l'interest des Souverains d'aujour-
d'huy doit être un motif trente fois plus
fort pour maintenir le Commerce étranger par l'établissement de la Société Européenne, que n'étoit l'interest ou le motif
des Souverains d'Allemagne pour l'établissement de la Societé Germanique. Or non
seulement l'augmentation du Commerce
doit augmenter le motif, mais l'établissement d'une Societé qui le doit conserver est
d'autant plus desirable, qu'il procure une
plus grande sûreté pour le conserver sans
interruption : or il n'y a personne qui ne
voye avec évidence que si la Societé Européenne étoit formée, elle procureroit presentement pour le maintien de cette espece
de Commerce cent fois plus de sûreté que
n'en pouvoit donner alors la Societé Germanique ; ainsi de ce côté-là le motif de
de nos Souverains doit estre incomparablement plus fort que n'estoit le motif des Souverains de ce temps-là.

Lors de la formation du Corps Germanique les membres ne pouvoient pas s'attendre

tendre qu'aucun d'eux ne se détacheroit jamais de l'Union , parce qu'en se séparant, il
pouvoit estre secouru par des Puissances é-
trangeres ; ils ne pouvoient pas non plus se
promettre que leur corps ne seroit jamais ,
ni attaqué , ni vaincu ou affoibli par ces
Puissances; ainsi ils n'avoient aucune *sûreté
suffisante*, ni pour leur propre conservation,
ni pour la conservation du Commerce , au
lieu que le Corps Européen sera si grand , si
puissant, qu'il n'aura jamais à craindre, ni
qu'un voisin fomente la division , ni qu'il
facilite le détachement d'aucun de ses membres, ni qu'il soit jamais assez puissant, pour
oser entreprendre de nuire à aucun: or comme cette grande Puissance operera non-seulement une plus grande sûreté , mais encore une *sûreté suffisante* & parfaite , que chaque
Etat sera conservé en son entier, qu'il n'y
aura jamais aucune sorte de Guerre , & que
le Commerce , soit interieur , soit exte-
rieur , ne sera jamais interrompu ; les motifs qui doivent servir de nos jours à former
le *Corps Européen* seront incomparablement
plus puissans que ceux qui formerent autrefois le *Corps Germanique*.

Voilà pourtant tous les motifs generaux

que ces Souverains pouvoient avoir pour figner le Traité de l'établiſſement de la Societé Germanique ; que l'on m'en indique
d'autres : je n'en imagine point qui ne ſe ra-
portent à ceux-là. Or on vient de voir que
ces divers motifs, que ces divers intereſts
ſont auſſi grands du côté des Souverains
d'aujourd'huy, mais meſme qu'ils ſont incomparablement plus grands, & qu'ils doivent leur paroiſtre tels; ainſi du côté des motifs, il y a *parité*, & il n'y a aucune *diſparité*
qui affoibliſſe la preuve : au contraire il y a
beaucoup de *diſparitez* toutes très-avanta-
geuſes qui fortifient extrémement l'argument pris de la comparaiſon.

A l'égard des motifs particuliers que pouvoient avoir chacun des deux cens Souverains qui ſignerent le Projet pour l'eſtablif-
ſement de l'Union Germanique, qu'on
nous les diſe, & l'on verra que parmi nos
dix-huit Souverains, ces meſmes motifs
pourront faire les mêmes effets.

Il y a une diſparité (m'a-t-on dit.) La
crainte des voiſins puiſſans réunit autrefois
les Souverains Allemans en un Corps, au
lieu que cette crainte n'eſt pas preſentement en pareil degré en Europe, qu'elle

eſtoit alors en Allemagne : mais il eſt aiſé de faire diſparoiſtre cette diſparité.

1°. Eſt-ce que ce n'eſt pas la crainte qui a donné tant d'Alliez à la Maiſon d'Autri-che contre la Maiſon de France, & n'eſt ce pas cette meſme crainte qui eſt le plus puiſ-ſant lien de cette Alliance.

2°. Il faut bien que ce degré de crainte ſoit encore plus grand aujourd'huy en Eu-rope, qu'il n'eſtoit autrefois en Allemagne, puiſque cette crainte n'obligeoit pas alors l'Union d'Allemagne à attaquer les plus puiſſans des voiſins ; elle ſe tenoit en paix, & ſeulement ſur ſes gardes : mais elle n'armoit pas ; & ne faiſoit pas les frais d'attaquer : el-le ne commençoit pas la Guerre. Or dans l'Union preſente des Alliez cette crainte eſt ſi vive, qu'elle ne leur permet pas de de-meurer en Paix ; les Alliez commencent la Guerre, & ce qui n'avoit point encore eu d'exemple juſqu'icy, ils veulent faire des conqueſtes, non pour s'agrandir, mais uni-quement pour ſe conſerver, non pour aſ-ſouvir leur ambition, mais pour ſe délivrer de la crainte ; ainſi il eſt certain que la crain-te que l'on a en Europe de la puiſſance de la Maiſon de France ſera encore un reſ-

fort plus fort pour porter les Souverains
d'Europe à former l'Union Européenné,
que n'eſtoit la crainte des voiſins puiſſans
pour porter les Souverains d'Allemagne à
former l'Union Germanique.

3°. Cette crainte qu'avoient les Souverains d'Allemagne de leurs voiſins puiſſans
n'eſtoit pas alors ſi grande qu'on ſe l'imagine, parce que dans le temps de l'Union Germanique les voiſins de l'Allemagne n'e-
ſtoient pas ſi puiſſans que ceux qu'elle a aujourd'huy. Cette union ſe fit il y a plus de
cinq cens ans. Or qu'on examine la puiſſance des voiſins de l'Allemagne de cetems-
là. La France eſtoit partagée elle-méme entre dix ou douze Souverains qui relevoient
à la verité du Roy de France qui eſtoit comme leur Empereur, mais ils faiſoient ſouvent la Guerre ſans ſon conſentement, & la
luy faiſoient quelquefois à luy-même. Le
Roy d'Angleterre poſſedoit la Norman-
die, la Guyenne, une partie du Poitou.
D'un autre côté la Bretagne, la Marche, le
Languedoc, la Provence, le Dauphiné,
la Bourgogne, la Champagne eſtoient autant de Souverainetez ſeparées. En Italie,
c'eſtoit à peu près la même choſe. Voilà le

côté du Couchant, & le côté du Midy. La Mer bornoit l'Allemagne du côté du Nord, & les Suédois en ce temps-là n'estoient, ni réunis en un Peuple, ni n'avoient assez de force pour se faire redouter. Au Levant, c'e-toit la Pologne, la Hongrie. Or la partie la plus peuplée de la Pologne faisoit partie du Corps Germanique, & les Princes de Hongrie ne pouvoient pas estre fort redou-tables aux Comtes d'Autriche, ni aux Ducs ou aux Rois de Boheme. L'Empire d'Orient estoit déja si affoibli par les Divisions & par les Guerres d'Asie, qu'il avoit plus besoin d'estre soûtenu contre les Sarasins, qu'il n'estoit redoutable aux Allemans. Donc la crainte de l'invasion n'a pas eu plus de part à la formation de l'Union Germanique, qu'-elle en peut avoir à la formation de l'Union Européenne.

COMPARAISON

des obstacles.

Il est certain d'un costé que tous les obsta-cles dans une affaire où il ne s'agit que d'un Traité, consistent aux vûes, aux conside-

rations , en un mot aux motifs que chacune des Parties peut avoir à refuſer d'entrer
dans un pareil Traité. Or il ne s'agit icy que
d'un Traité ; ainſi tous les obſtacles ſe rédui-
ſent aux difficultez d'obtenir le conſentement des Souverains.

D'un autre côté il n'eſt pas moins certain
que dans les affaires où il ne s'agit pour le
ſuccez , que du conſentement des Parties,
ce conſentement eſt d'autant moins difficile à obtenir, que les vûës , les conſiderations, en un mot les motifs pour le donner ſont en plus grand nombre & plus
grands. Or nous venons de voir que les motifs ou les intereſts des Princes d'aujour-
d'huy ſont incomparablement plus grands
en eux-meſmes pour former l'*Union Européenne* , que n'eſtoient ceux des Princes de
ce temps-là , pour former l'*Union Germanique*. Il eſt donc aiſé de conclure en general
que les obſtacles qui peuvent venir de la
volonté des Souverains d'aujourd'huy, doivent être beaucoup moindres que les obſtacles qui pouvoient venir de la volonté des
Souverains de ce tems-là : mais examinons-
les en détail.

1°. L'obſtacle le plus apparent , c'eſt la

multitude des Parties qui doivent ſigner le Traité, mais il faut faire une diſtinction eſſentielle par rapport à deux ſortes deTraitez: les uns ne peuvent ſe faire, que toutes les Parties ne ſignent en même temps, ſoit en perſonne, ſoit par Procureur: alors un ſeul refuſant, un ſeul qui ſera abſent, & qui n'aura pas envoyé ſon Procureur, ſuffit pour empêcher les autres de traiter: mais il y a d'autres Traitez qui ſe commencent d'abord par un petit nombre, deux, trois, quatre, & dans leſquels on laiſſe place pour tous ceux qui y voudront entrer, & qui voudront les ſigner dans la ſuite à differens temps les uns des autres. Parmi ceux-cy ſont beaucoup de Traitez de Societé, où celuy qui ſigne entre dans toutes les loix ou obligations de la Societé pour entrer dans le droit d'en partager tous les avantages: or le Traité de l'Union Germanique eſtoit de cette eſpece, & celuy de l'Union Européenne que je propoſe, n'a rien de ce côté-là de different.

Or qui peut dire qu'il y eut moins de difficultez, moins d'obſtacles à faire ſigner le Traité Germanique à deux cens Souverains à divers temps, à diverſes repriſes,

les uns après les autres, qu'il n'y en aura
à faire figner le Traité Européen aux 18 ou
aux 24 Souverains d'Europe à diverfes re-
prifes, les uns après les autres, fi toutes chofes font égales d'ailleurs : or d'un côté nous
avons vû que le Traité Européen feroit même beaucoup plus avantageux aux dix-huit,
que le Traité Germaniqne ne l'eftoit aux
deux cens , & de l'autre nous allons voir
que les autres chofes font tout au moins
égales; donc jufqu'icy non feulement il y
a *parité* dans l'argument, mais il y a *difparité*, & une *difparité* avantageufe, en ce que
toutes chofes égales , il faut plus de temps
pour faire figner deux cens perfonnes, que
pour en faire figner 18 ou 24 ; mais à dire
le vray, des obftacles qui fe peuvent aifément & infailliblement furmonter par le
delay de quelques mois, de quelques années de plus pour un établiffement immortel, ne font pas des obftacles dignes de grande attention.

Apparemment que le Projet de Traité
de l'Union Germanique eut le bonheur de
commencer à plaire à quelqu'un des Souverains de cette Nation : celuy-cy le propofa, & en fit agréer le plan en gros à un au-

tre: ceux-cy le proposerent bien-tôt à quelques-uns des plus habiles & des plus sages
& n'eurent pas de peine à le leur faire approuver: enfin ce plan rendu public, un
grand nombre de Souverains après l'avoir
examiné chacun dans leur Conseil, con-
vinrent de faire assembler leurs Députez
pour le rectifier & pour convenir des principaux articles: il fut rectifié, les articles furent redigez & arrêtez, & à la fin tous luy
donnerent en divers temps leur consentement. Qu'on me dise une autre maniere
dont la chose se passa, il n'importe, c'est
cette maniere-là même dont on peut se
servir pour obtenir peu à peu, & de proche
en proche pareil consentement des Souverains d'Europe pour le Traité de l'Union
Européenne, avec cette difference que l'on
n'aura à faire qu'à 18, qu'à 24 personnes, au
lieu que l'on eut alors à faire à plus de deux
cens.

20. Ce qui peut éloigner les Parties de
consentir à un Traité, c'est la grandeur de
leurs prétentions, quand elles sont opposées: or qui peut dire que les prétentions
que les Souverains d'Allemagne avoient
les uns contre les autres, estoient moins

grandes alors, que celles que les Souverains d'Europe ont presentement les uns contre les autres? Cette grandeur d'interest ne doit-elle pas se mesurer par la proportion de la puissance & des richesses des Parties qui ont à traiter, & qui ne sçait que quatre Villages, un petit Péage peuvent estre aussi important à un petit Prince, à une petite Republique, que quatre grandes Villes, ou une grosse Doüanne pour une grande Republique, ou pour un Prince fort puissant? Ainsi de ce côté-là égalité d'obstacles; cependant malgré la grandeur des interests opposez, l'Union Germanique s'établit: qu'on nous dise quels motifs leur firent surmonter ces grands obstacles; car enfin ils furent surmontez, & l'on verra que rien n'empêche que nous ne nous servions de pareils motifs pour lever pareilles difficultez.

3°. Ce n'est pas seulement le nombre des Prétendans, ce n'est pas seulement la grandeur des prétentions opposées, qui forment des obstacles aux Traitez, c'est la multitude de ces prétentions: or qui peut dire que deux cens petits Souverains, qui ont certainement entr'eux autant de choses à se

demander, à se disputer, à partager, que
de plus puissans, n'ayent pas aussi une plus
grande multitude de prétentions les uns
contre les autres, que s'ils n'estoient que
18, que 24? N'est-il donc pas évident que de
ce côté-là non-seulement l'obstacle n'estoit
pas moins grand pour le Traité de l'Union
Germanique, qu'il l'est pour l'Union Européenne, mais que réellement il estoit
huit fois plus grand? Et cependant
l'Union Germanique s'est formée, & sans
doute parce que les Membres qui y entre-
rent, trouverent qu'à tout prendre il y
avoit pour eux un plus grand avantage à
signer le Traité, qu'à ne le pas signer.

4°. Ce qui pouvoit faire un obstacle
considerable à l'établissement de la *Societé
permanente* d'Allemagne, c'est qu'il y avoit
en ce Païs-là des Souverains dix fois, quinze
fois, vingt fois plus puissans que que quelques autres de leur voisinage; car les plus
puissans avoient beaucoup plus à esperer de
conquerir, qu'ils n'avoient à craindre
qu'on ne fît des Conquestes sur eux: or
par l'Union ils s'interdisoient à eux-mêmes
toute liberté de s'agrandir par les armes,
cependant malgré cet obstacle l'Union se

forma. Il faut donc bien que les plus puiſſantes Maiſons jugeaſſent alors qu'à tout prendre ils ſe procureroient de beaucoup plus
grans avantages par leur conſentement au
Traité, que par leur refus. Or les plus puiſſans de nos Souverains ne le ſont pas plus à
l'égard des moins puiſſans, que l'eſtoient
les plus puiſſans des Allemans à l'égard des
moins puiſſans de cette Nation. Ainſi cet
obſtacle eſt égal pour les deux Societez, &
n'eſt pas inſurmontable, puiſqu'il a eſté ſur-
monté, & aparamment par la grandeur des
avantages que chacun attendoit de l'U-
nion.

Qu'on nous les indique ces grands avantages, & l'on verra que nos Souverains
d'Europe pourront les attendre avec autant de raiſon de l'Union Européenne, que
les Souverains d'Allemagne pouvoient les
attendre de l'Union Germanique, & qu'on
ne diſe point qu'il eſt impoſſible de retrouver quels pouvoient eſtre ces grands avantages que les Princes de ce temps-là enviſa-
geoient dans cette Union; car enfin nous
ne ſommes pas de nature differente : il n'y a
donc qu'à étudier, qu'à interroger cette
meſme nature, elle nous les dictera preſen-

tement, comme elle les leur dicta alors, &
c'est ce que devroient faire les esprits excellens, s'ils sont bons citoyens, ou du moins
encourager par leurs discours ceux qui se
dévoüent à cette importante recherche.

5°. Ce sera (dit-on) un furieux obstacle
pour l'Union Européenne, que d'establir
qu'aucun des membres ne pourra s'agrandir en territoire, & que chacun dans ses démêlez sera obligé bon gré, mal gré de s'en
raporter à la décision que les autres Souverains en donneront par leurs Députez. Je
montreray dans le Discours suivant que ce
Reglement ne doit point du tout estre regardé comme un obstacle. Je montreray au
contraire que comme on ne peut garder, ni
la liberté d'agrandir son territoire, ni le pouvoir de se faire justice par les armes, sans se li-
vrer à de très-grands inconveniens, & sans
s'exposer manifestement aux plus grands
malheurs. Loin que la voye de l'arbitrage
soit un obstacle à la formation d'une Societé permanente, le desir d'éviter ces grands
malheurs devient un motif puissant pour la
former; mais enfin je le suppose obstacle &
grand obstacle, qu'on en exagere mesme
la grandeur, j'y consens. Il est constant du

moins qu'il n'eſtoit pas moins grand pour les Souverains d'Allemagne , qu'il l'eſt aujourd'hui pour les Souverains d'Europe: cependant ils paſſerent par-deſſus. Qu'on me diſe ce qui les engagea à ſurmonter un pareil obſtacle , & l'on verra que c'eſt cela même qui peut engager les Souverains d'aujourd'huy à n'y pas faire la moindre attention.

Voilà les plus grands obſtacles qui ſe preſenterent , lorſqu'il fut queſtion de former l'Union Germanique. Or qui eſt celui d'entre les Frondeurs du Projet Européen, qui, s'il eût eſté de ce temps-là , n'eût pas également frondé comme chimerique , comme impraticable le Projet Germanique: car je le défie de nous dire des raiſons pour traiter l'Européen d'impoſſible , qui ne ſoient communes au Germanique. Cependant à la honte des Frondeurs de ce temps-là qui avoient du moins autant de raiſon que les Frondeurs de ce temps-cy , ce Projet qui leur paroiſſoit une pure viſion eſt devenu une pure réalité, ce Projet impraticable a eſté mis en pratique, ce Corps compoſé de tant de membres ſubſiſte encore aujourd'huy , malgré ſes défauts, & a conſervé près de deux cens Souverainetez depuis sept ou huit cens ans, en se conservant luy-même.

On m'a fait deux difficultez. La premiere, c'est qu'en Allemagne on ne parloit qu'une langue, au lieu qu'en Europe on en parle plusieurs. A cela je répons que si les Traitez ne pouvoient se faire entre Souverains, à moins qu'eux & leurs Sujets ne parlassent la même langue, il ne s'en feroit jamais. Cependant il s'en fait tous les jours. D'où vient cela? C'est que l'on ne traite que par Députez, & il suffit que les Députez des Souverains sçachent une langue commune aux Députez avec qui ils ont à negocier. On negocie même souvent, & l'on traite avec le secours des Interprétes, sans que les Députez entendent la langue l'un de l'autre.

La seconde difficulté, c'est que l'Allemagne est bien moins étenduë que n'est l'Europe, & qu'ainsi le Commerce que les Souverains estoient obligez d'avoir avec leurs Députez aux Diettes, estoit plus facile que ne sera le Commerce des Souverains d'Europe avec leurs Députez aux Assemblées dans la Ville du Congrez. Mais 1°. si

l'on fait reflexion que depuis fix cens ans les
chemins ont été rendus beaucoup meilleurs
& plus courts, tant par les Pavez, que par
les Ponts & par les défrichemens des Forêts,
& que l'on a eftabli des Poftes qui donnent
au Commerce une grande facilité, il fera aifé de voir que les anciens Souverains d'Allemagne privez de ces facilitez avoient autant de difficulté dans le Commerce avec
leurs Députez, que les Souverains d'aujour-
d'huy en auront avec les leurs, quoyque
plus éloignez. 2°. Ne peut-on pas rendre
les chemins encore meilleurs, & faire fervir les Poftes encore mieux qu'on ne fait
prefentement? 3°. Quand les Souverains
feront une fois convenus de leurs limites &
des articles du Commerce, quand ils auront eftabli des Chambres de Commerce
pour terminer les differens des Sujets de differens Princes, ils n'auront que très-peu de
differens;ils n'en auront plus même aucuns
qui foient, ni fort importans, ni fort pref-
fez, & qui demandent par confequent que
leurs Députez reçoivent des inftructions fi
précifes & des réponfes fi promptes. Ainfi
de côté-là on ne trouvera pas plus de difficulté à l'execution & au maintien de l'établissement

bliſſement Européen, qu'il y en avoit, il y
ſix cens ans, pour l'execution & le maintien de l'Etabliſſement Germanique.
Voyons preſentement s'ils employerent
des moyens pour faire leur Etabliſſement,
que nous ne puiſſions pas employer pour
faire le nôtre, & ſi nous ne pouvons pas même en trouver quelques-uns qu'ils n'a-
voient pas, & en employer même de plus
commodes que ceux qu'ils avoient.

COMPARAISON DES MOYENS.

1. Le premier moyen dont les Souverains Allemans ſe ſervirent, fut de convenir que chacun ſe contenteroit de ce dont il
eſtoit en actuelle poſſeſſion, ſuivant les termes des derniers Traitez de Paix. Cette convention n'eſtoit proprement qu'une renonciation reciproque à toutes pretentions au-
delà de ce qui avoit eſté reglé par les Traitez
paſſez. Il falloit bien, dans la vûë qu'on avoit
de maintenir la Paix, commencer par établir un point fixe, & poſer des bornes immuables & inconteſtables. Or qu'on cherche bien, & l'on trouvera qu'il n'eſt pas
poſſible de trouver d'autre point fixe pour

I

le territoire, que la poſſeſſion actuelle & les termes des derniers Traitez.

Or qui empêche les Souverains d'aujourd'huy de voir la neceſſité qu'il y a que chacun ſe contente de ce qu'il poſſede actuellement, ſi chacun veut éviter les malheurs de la Guerre, & ſe procurer les avantages d'une Paix perpetuelle; pourquoy donc nos Princes ne pourroient-ils pas ſe ſervir du meſme moyen? Dira-t-on qu'ils ne le voudront pas? Mais qu'on nous diſe donc pourquoy les Souverains Allemans le voulurent, & l'on verra que les meſmes raiſons qui purent alors perſuader les uns, pourront également perſuader preſentement les autres.

2. Comme il pouvoit y avoir de l'obſcurité & de l'équivoque dans les Traitez qu'il pouvoit tous les jours ſurvenir des ſujets de de diſputes entre les membres, & qu'il y avoit toûjours quelque choſe à perfectionner dans les Reglemens du Commerce, ils jugerent à propos pour ſecond moyen de convenir d'envoyer & d'entretenir toûjours dans une Ville libre & neutre chacun leurs Députez, avec pouvoir de concilier ces differens, ſinon de les juger, comme ar-

bitres fur l'inftruction chacun de leur Maî=
tre, foit à la pluralité; foit aux trois quarts
des voix.

Or qui empefche les Souverains d'au=
jourd'huy de faire une femblable conven=
tion, comme un moyen certain de terminer
fans Guerre leurs differens futurs? Qui les empefche mefme de perfectionner cette convention, comme nous le marquerons dans
la fuite. Dira-t-on que les nôtres ne le voudront pas? Mais qu'on nous dife donc pourquoy les autres le voulurent? Que l'on nous
montre une *difparité* raifonnable.

3°. Il feroit inutile de convenir que cha=
cun s'en tiendroit aux Traitez, & que cha=
cun executeroit ponctuellement les Jugemens des Arbitres, fi chacun pouvoit fe dif=
penfer *impunément* de les executer. Un
Etranger charmé autrefois de la belle police qu'il voyoit obferver à Athenes, loüoit
Solon d'avoir, par fes bonnes Loix, procuré
à fa patrie de fi grands avantages: *Remar-*
quez; luy dit Solon, *que les Loix ne font bon-*
nes, que lorfque le Légiflateur eft parvenu à fai-
re en forte que l'équité & la force ne fe quittent
jamais. Il falloit donc pour troifiéme moyen
convenir d'une punition très-grande, & s'il

se pouvoit, inévitable contre celuy qui, en refusant d'executer les Traitez & les Jugemens des Arbitres, voudroit rompre l'Union. Ainsi l'Union Germanique, en suivant les conseils du Solon Alleman, convint que le Refusant seroit mis au Ban de l'Empire, regardé de tous les membres comme leur ennemi, & qu'il seroit, s'il étoit possible, dépoüillé de ses Etats. Or icy la punition, ou plûtôt la menace est grande à la verité ; mais malheureusement pour la Societé Germanique, elle n'est pas inévitable, à cause de la protection & du secours que le Refusant peut recevoir des Puissances étrangeres.

Or qui empêchera les membres de la Societé Européenne de mettre le Refusant au Ban de l'Europe, avec cette difference infinie, que celuy qui seroit mis au Ban de l'Europe, ne pouvant être protegé & secouru par aucune Puissance égale à l'Europe, seroit infailliblement puni ? Ainsi l'infaillibilité d'une très-grande punition le retiendroit sûremeut dans son devoir & dans son vray interêt, & comme dans la Societé Européenne la force ne quitteroit jamais l'équité, on ne verroit jamais la Paix & l'abondance abandonner les membres de cette Societé.

Ainſi loin que nous demeurions dans la parité du côté des moyens, il eſt évident que l'Union Européenne aura même de ce côté-là un avantage infini ſur l'Union Germanique.

4o. C'eſt un des moyens neceſſaires pour former & pour maintenir un Etabliſſement, une Societé, que de prendre des meſures , pour ſubvenir à ſes beſoins. L'Union Germanique ne manqua pas , pour quatriéme moyen, d'établir ſur ſes membres des contingens proportionnez à leurs richeſſes : or qui empêche l'Union Européenne de ſe ſervir d'un moyen ſemblable?

Tels ſont les principaux moyens dont l'Union Germanique s'eſt ſervie, pour s'établir & pour ſe conſerver : or y a-t-il quelque obſtacle invincible qui empêche les Souverains d'aujourd'huy d'employer les mêmes moyens? Ne peuvent ils pas même en employer d'autres & de meilleurs, comme on verra dans la ſuite?

Nous avons même deux avantages que les anciens Allemans n'avoient point. Le premier, c'eſt qu'ils n'avoient devant les yeux aucun modele subsistant d'une *So-ciété permanente entre Souverains* toûjours representée par des Deputez à un Congrez perpetuel. Il est vray qu'ils pouvoient avoir quelque idée de l'Assemblée des Amphic-tions qui étoit, il y a deux mille ans, com-posée de Députez des Republiques Gréques, pour concilier leurs differens; mais cette So-ciété ne subsistoit plus alors, au lieu que nous avons des modeles subsistans *de Socie-tez permanentes entre differentes Souverainetez.* Nous avons même pour nous instruire, l'experience de leurs défauts, & certaine-ment c'est un grand moyen de plus. Ainsi de ce côté-là nous avons plus de facilitez qu'ils n'en avoient. Le second avantage, c'est que comme tous les Arts & toutes les Sciences se sont perfectionnées depuis ce temps-là, il n'est pas possible que l'Art de ne-gocier & la Science de la Politique ne se soient aussi perfectionnez. Ainsi nous de-vons trouver de ce côté-là des facilitez à traiter qu'ils n'avoient pas. Cependant ils fi-rent leur Traité ensemble; ils firent leur Eta-blissement: & cet Etablissement subsiste en-core, malgré ses grands défauts.

CONCLUSION.

J'ay montré du côté des motifs que les Souverains Allemans n'en avoient pas de plus forts pour signer le Traité de l'Union Germanique, que les Souverains d'aujourd'huy n'en ont, pour signer le Traité d'Union Européenne, & qu'au contraire les motifs de nos Princes sont incomparablement plus forts, que ceux des Souverains Allemans. J'ay montré du côté des obstacles que nous n'en avions pas plus qu'eux, & même que nous en avions de moindres. J'ai montré du côté des moyens, que nos Souverains ont tous ceux qu'avoient ces Princes Allemans, & qu'ils en ont encore plus & de plus efficaces. Il ne me reste donc qu'à conclure que *puisque la Societé Germanique s'est formée malgré les prédictions des anciens Frondeurs, la Societé Européenne pourra se former encore plus facilement malgré les prédictions des Frondeurs modernes;* & c'est la proposition que je m'étois proposé de démontrer dans ce Discours : je passe à la seconde.

SECONDE PROPOSITION

L'approbation que la plûpart des Souverains d'Europe donnerent au Projet de Societé Européenne, que leur propofa Henry le Grand, prouve que l'on peut efperer qu'un pareil Projet pourra être approuvé par leurs Succeffeurs.

Heureufement pour le fuccez de ce Projet, je n'en fuis pas l'Auteur; c'eft Henry le Grand qui en eft le premier Inventeur; c'eft le Solon Européen à qui Dieu a infpiré le premier les moyens de faire defirer aux Souverains d'Europe, d'établir entr'eux une Police équitable : & fi en cherchant un préfervatif contre les maux que nous caufe la Guerre, je fuis parvenu à force de méditation, à me rencontrer dans un Plan tout femblable dans le fond à celuy de cette excellent Prince, cette rencontre ne diminuë en rien la gloire de l'invention qui luy eft dûë; mais d'un côté je me fers de fon Deffein, comme de guide, pour m'affûrer moy-même que je ne me fuis pas égaré dans le mien, & de l'autre, je m'en fers comme de bouclier, pour me mettre à

couvert contre les insultes de ceux qui, soit
par petitesse d'esprit, soit par inattention,
voudroient me traiter de Visionnaire. J'ay
alors l'avantage de n'avoir point à me défendre moy-même, & de n'avoir qu'à défendre d'extravagance en Politique, un
Prince reconnu de tout le monde, pour
très-sensé dans le Gouvernement de son
Etat. Je n'ay point à faire valoir mes idées.
Je n'ay qu'à justifier les siennes. Ainsi je ne
prétens point avoir rien créé de nouveau. Je
ne fais que ressusciter le plus beau & le plus
glorieux Projet qui puisse jamais venir dans
l'esprit du meilleur de tous les Princes. Je ne
fais que demander aux Souverains de ce siecle quelles raisons pouroient les empêcher
de rentrer dans les mêmes vûës que leurs
Prédecesseurs avoient si fort goutées dans
le siecle précedent. J'ay donc deux choses à
faire ; la premiere, c'est de montrer ce qu'a
pensé Henry le Grand, & ce qu'ont pensé
les autres Potentats de l'Europe de son tems
sur le Systême de la *Societé Européenne perma-*
nente, pour rendre la Paix perpetuelle entre les
Chrétiens. La seconde, de montrer que
leur approbation nous doit servir de préjugé raisonnable, pour esperer pareille ap-

probation de la part des Souverains qui gouvernent presentement l'Europe.

HISTOIRE DU FAIT.

Immediatement après la Paix de Vervins qui fut concluë en 1598. entre la France & l'Espagne, Henry qui avoit vû son Etat & sa Maison portez sur le bord du Précipice, tant par les Guerres civiles, que par les Guerres étrangeres, & que l'Europe entiere s'étoit ressentie de cet embrazement general, jugea que rien n'étoit plus digne de son attention, que d'imaginer les moyens les plus propres pour rendre entre les Chrétiens la Paix durable &, s'il se pouvoit, perpetuelle. Il voyoit même que les Reglemens & que les Etablissemens les plus utiles qu'il meditoit de faire, pour rendre ses Peuples heureux, dépendoient uniquement de la durée de la Paix, parce que la Guerre occupe necessairement tout l'esprit, toutes les forces & toutes les richesses des Souverains.

Il jugea, par ce qui se passe dans le Corps Germanique, en fait de Religion, que l'on peut conserver la Paix dans une Societé de Souverains, malgré la difference & l'op-

Memoire de Sully in fol tom. 2 pag. 4.

pofition des Religions; mais il regarda
comme une des principales fources de toutes les Guerres, la grande inégalité qui étoit
entre les Puiffances de l'Europe; il voyoit
que la facilité qu'avoit le plus fort d'oppri-
mer le plus foible, & de s'enrichir de fes dépoüilles, feroit toûjours un grand obftacle
au maintien de la Paix. Pour remedier à cet
inconvenient, il propofoit que l'on tachât
d'égaler ces Puiffances : or cela ne fe pouvoit pas, fans ôter quelques Provinces à la
Maifon d'Autriche, pour en fortifier quelques Etats trop foibles ; mais il ne fongeoit
pas qu'il étoit fort incertain de faire agréer
ce moyen à tous les Potentats, & qu'il en
coûteroit beaucoup de fang & de richeffes,
pour le mettre en ufage. Ainfi je fuis per-
fuadé qu'il n'auroit pas choifi un pareil remede, s'il eût fait reflexion que la Societé
Européenne remedieroit facilement à cette
inégalité de Puiffance, fans rien ôter à perfonne; & quel'onyremedieroit fans dépenfe
& fans effufion de fang, qu'il n'y avoit pour
cela qu'à fe fervir des mêmes moyens qu'-
employe la Societé Germanique, pour em-
pécher toute forte d'ufurpation du plus fort
fur le plus foible. Car enfin il eft certain

qu'il y a dans le Corps Germanique des
membres qui font vingt fois, trente fois
plus puiſſans que d'autres qui font dans leur
voiſinage, & que les plus foibles ne laiſſent
pas de poſſeder en Paix la Souveraineté de
leurs Ancêtres depuis ſix cens ans.

Il croyoit que la principale ſource des
Guerres étoit le défaut & la privation d'un
Arbitrage perpetuel, pour terminer ſans
Guerre les differens des Souverains, ſoit ſur
les limites, ſoit ſur l'execution des Traitez
paſſez, ſoit ſur les injures & les dommages,
ſoit ſur le Commerce, ſoit enfin ſur toutes
les autres eſpeces de prétentions reciproques; & à dire le vray, cette privation d'*Arbitrage permanent ſuffiſamment intereſſé à vouloir executer ſes déciſions, & ſuffiſamment puiſſant pour les faire executer*, eſt la ſeule & veritable ſource de toutes les Guerres. Il ſentit
Ibid. la neceſſité de cet *Arbitrage permanent*, & apparemment qu'il en avoit pris le premier
modele dans la Societé Germanique, &
qu'il avoit encore plus perfectionné ce
point eſſentiel, qu'il n'eſt en Allemagne.

Le Duc de Sully dit qu'il y avoit ſur *l'Union Européenne* beaucoup de Memoires tous
Pag. 22. faits; mais malheureuſement ils ne ſont pas

venus jufqu'à nous; de forte que nous man-
quons & des *motifs* avec lefquels il fit approuver fon Projet par tous les Souverains
Chrétiens à qui il le communiqua , & des
moyens qu'il avoit jugé les plus propres à le
mettre en execution , & c'eft pour reparer
en quelque forte cette grande perte, que j'ai
taché de me mettre fur les voyes pour les retrouver.

Ce qui eft important à nôtre Sujet , il
avoit fenti que pour maintenir la Paix, il fa-
loit que chacun bornât toutes fes prétentions à ce qu'il poffedoit actuellement ; il
ne manquoit , ni de droits legitimes , ni de
prétentions bien fondéesfur plufieurs terri-
toires que poffedoient les autres Souverains;
il ne manquoit point de pouvoir pour fe
faire juftice par les armes : cependant en
confideration des grands avantages que lui
& fes Sujets devoient tirer de la Societé des
Etats Chrétiens, pour rendre la Paix per- Pag. 4
petuelle , il avoit declaré qu'il borneroit
pour toûjours fon territoire à ce qu'il poffedoit actuellement, & qu'il confentoit que
que l'on y pofât,comme aux Frontieres des
autres Etats, des bornes immuables.

Le Projet étoit de faire de tous lesEtats Pag.141.

Chrétiens une feule Republique ; & de la
faire fubfifter toûjours pacifique en elle-
même ; & entre toutes les Dominations
dont elle feroit compofée , & l'on devoit
convenir quel contingent payeroit chaque
Domination , ce que le Duc de Sully appel-
Pag. 4 le *cotifation proportionnelle*:

Le Projet fut agréé par la Reine d'Angleterre dès 1601. Ce Projet eft rapporté un
peu plus en détail & dans un plus grand
arangement dans l'hiftoire de Henry le
Grand compofeé par feu M. de Perefixé
Precepteur du Roy, Archevêque de Paris,
qui dit tenir tout du Duc de Sully. On dit
que le fameux Mezeray de l'Academie
Françoife, avoit aidé à M. de Perefixe, pour
l'arangement des faits de cette hiftoire , &
pour le Style de la narration. On trouve le
plan de ce grand Projet à la fin de cette hif-
Pag. 5. toire pag. 561. & fuivantes de l'Edition in
61. 12. d'Amfterdam de 1661. chez Antoine
Michiels. Voicy les chofes qui m'ont paru
les plus confiderables , par rapport à nôtre
fujet , dans le recit qu'en fait l'Hiftorien.
Henry étoit fort fâché (dit-il) que quelques affaires particulieres retardaffent l'execution *du grand deffein* qu'il avoit pour le ref-

pos perpetuel de la Chrétienté.

Il promettoit aux Princes Chrétiens, que si la Republique Chrétienne faisoit des conquêtes sur le Turc, d'y contribuer de son contingent, & cependant de les laisser toutes entieres à partager entre les autres Souverains Chrétiens: il étoit content de ce qu'il possedoit. Pag. 563.

Son Projet fut communiqué au Roy de Pologne, & aux Seigneurs de Boheme, de Hongrie & de Transilvanie. Pag. 564.

Il y eut même sur cela un Traité fait avec le Pape, qui approuvoit & loüoit son entreprise, & desiroit y contribuer de sa part tout ce qui luy seroit possible. Pag. 564.

Il desiroit réünir si parfaitement toute la Chrétienté, qu'elle ne fût qu'un Corps qui eût esté & fût appellé la Republique Chrétienne. Pag. 565.

Pour regler tous les differens qui fussent nez entre les Confederez, & les vuider sans voye de fait, on eût établi un ordre & forme de proceder par un Conseil General composé de soixante personnes, quatre de la part de chacune des quinze Dominations, lequel on eût placé dans quelque Ville au milieu de l'Europe, comme Metz, Nancy, Cologne, ou autre, où on en eût encore fait trois autres en trois differens en- Pag. 567.

droits chacun de vingt hommes, lesquels tous trois eussent eu rapport au Conseil General qu'on eût pû appeller le Senat de la République Chrétienne: il esperoit former ce Corps en moins de trois ans.

Pag.569. Du côté d'Italie, le Pape les Venitiens, & le Duc de Savoye estoient bien informez du dessein du Roy, & devoient l'y assister de toutes leurs forces.... Du côté d'Allemagne, quatre Electeurs, Palatin, Brandebourg, Cologne & Mayencee le sçavoient aussi, & devoient le favoriser.

Pag 570 Le Duc de Baviere, qui n'estoit pas encore alors Electeur, y avoit aussi donné les mains.

Pag.575. Le Roy avoit resolu de renoncer à toute prétention, & de ne rien retenir de tout ce qu'il conquêteroit sur la Maison d'Autriche...afin qu'il fût reçû par tout comme le Liberateur des Nations, & comme celuy qui apportoit la Paix & la Liberté.

Pag.576. Il prenoit ses mesures, faisoit ses préparatifs pour parvenir à cette fin avec tous les soins imaginables depuis huit ou neuf ans, c'est-à-dire, depuis l'approbation qu'Elizabeth avoit donné à son Projet dès 1601.

Voilà le Plan de son dessein, lequel sans mentir

mentir estoit si grand, qu'on peut dire qu'il avoit
esté conçû par une intelligence plus qu'humaine :
mais quelque haut qu'il fût, il n'estoit point au-
dessus de ses forces : il n'y a que Dieu qui sçache
quel en eût esté le succez : on peut dire néanmoins,
jugeant selon les apparences, qu'il devoit estre
heureux, car il ne paroissoit aucun Prince ou
Etat dans toute la Chrétienté, qui ne dût le
favoriser, hors la Maison d'Autriche.

PREUVES DE LA VERITÉ

des faits.

Tels sont les principaux faits. Or sur
quoy tombera le doute? Sera-ce sur les ci-
tations? Chacun est le maître de les veri-
fier. Sera-ce sur le recit qu'en fait le Duc
de Sully en plusieurs endroits de ses Memoires? En quoy son témoignage peut-il
estre suspect? 1°. Peut-il avoir interest à
tromper ses Lecteurs dans cet article? Mais
cette pensée ne peut pas luy estre venuë sans
l'envie de se déshonnorer ; car il fait luy-
même imprimer son Ouvrage, & il est
distribué de son vivant : il cite pour témoins du Projet de l'Union Européenne,

K

toutes les Nations de l'Europe à qui ce Projet avoit esté communiqué. Or un fait de cette nature, s'il avoit esté faux, auroit-il pû l'imprimer luy-même à la face de toute l'Europe, sans avoir envie de passer pour un imposteur, ou au moins pour un visionnaire?

2°. Peut-on dire qu'il a esté trompé en nous racontant ces faits? Mais cette pensée ne peut pas venir à l'esprit du Lecteur; car enfin s'il s'agissoit de quelque affaire, qu'il ne pût sçavoir que par le témoignage d'autruy, il est vray qu'il auroit pû estre trompé, mais c'est une affaire qui a passé par ses mains, qu'il a negociée continuellement, comme premier Ministre de son Maître, pendant neuf ou dix ans, sur laquelle il a esté envoyé en Ambassade en Angleterre. Or on a beau supposer qu'un homme peut manquer de memoire, on ne peut jamais supposer qu'il en manque à ce point, que le Lecteur puisse imaginer que toute cette negociation ne soit qu'un songe de M. de Sully. Or quand on le supposeroit aussi extravagant dans un certain intervale, au moins ce ne devroit pas estre dans le temps même qu'il fait imprimer un Ouvrage, où il y a tant de chofes fages & fenfées de fa part.

Le Lecteur trouvera peut-être mauvais que je me fois arrêté à prouver la verité d'un fait que perfonne ne me peut contefter ; mais j'ay l'experience du contraire; un homme d'efprit fe fentant pouffé à bout par les conféquences que j'en tirois, s'eft crû obligé d'en venir jufqu'à nier la verité du fait : & d'ailleurs il me femble qu'il ne faut rien negliger pour la mettre dans tout fon jour : une page de plus n'eft rien pour le Lecteur, & elle fait quelquefois beaucoup pour la folidité de l'Ouvrage.

CONSEQUENCES

que l'on peut tirer du fait.

Rien ne paroît plus naturel, que de croire qu'un Projet de Traité qui a efté approuvé comme très-avantageux par dix-huit ou dix-neuf Souverains d'Europe, il y a cent ans, peut encore eftre approuvé par leurs Succeffeurs, fi les mêmes raifons d'approbation fubfiftent, & s'il n'y a point de raifons fuffifantes pour les en détourner.

Or je foûtiens que depuis ce temps-là il
n'eft point né de nouveau motif fuffifant
pour detourner aujourd'huy aucun de leurs
Succeffeurs ; ainfi la preuve fubfifte en fon
entier, nous allons examiner *les paritez* &
les difparitez, & nous verrons ce qui en
refultera.

Il ne faut point revenir à dire que les
hommes ne font point affez fages pour
prendre un parti fi raifonnable, qu'ils font
trop livrez à leurs paffions, pour écouter la
raifon, que leurs interefts font trop oppofez, qu'ils font trop fujets à la jaloufie, à la
vangeance, à l'ambition, à l'injuftice : il
ne s'agit pas de ces lieux communs tant re-
batus, qui ne concluent rien, parce qu'ils
concluent trop : ils iroient à conclure que
les hommes ne pourroient jamais parvenir
à faire entr'eux aucune forte de Traité,
aucune forte de Societé permanente, ce
qui eft démenti par l'experience.

Mais au fait prefent, eft-ce que les Souverains contemporains d'Henry IV. n'é-
toient pas des hommes comme les Souverains d'aujourd'huy ? Eft-ce qu'ils eftoient
plus exempts de paffions, que ceux d'aujourd'huy ? Eft-ce qu'ils n'avoient pas leurs

jalousies, leur ambition, leurs interests opposez comme ceux d'aujourd'huy? Cependant malgré ces raisons generales ils approuvoient ce Traité d'Union Européenne,
pourquoy donc ces mêmes raisons generales empêcheroient - elles les Souverains
d'aujourd'huy d'approuver ce même Traité? La nature est-elle si fort changée depuis cent ans?

Pour le Traité en question, nous n'a-
vons pas à faire aux hommes en general,
nous n'avons à faire qu'à ceux qui doivent
l'approuver. Or qui estoient les Souverains
qui l'avoient déja approuvé il y a cent ans?
Le Pape, Venise, le Duc de Savoye, le
Grand Duc, Gennes, & tous les autres
Princes d'Italie, les Suisses, plusieurs Electeurs, la Pologne, l'Angleterre, la Hollande, & sur tout le Roy de France. Or
nous allons voir que ceux qui gouvernent
aujourd'uy les mêmes Souverainetez, ont
ou les mêmes motifs, ou des motifs équiva-
lens pour l'approuver.

Il y a une distinction à faire. Il est
vrai que les Souverains qui devoient profiter des Conquêtes que l'Union se proposoit
de faire sur la Maison d'Autriche, estoient

plus intereſſez que les autres à ſigner le Traité, mais cela ne prouve pas qu'ils ne l'euſſent point ſigné ſans cette condition : nous avons même une preuve évidente que ſans eſperance de s'agrandir, ils l'euſſent ſigné, puiſqu'ils euſſent eu les mêmes motifs que d'autres Souverains qui l'avoient ſigné ſans aucune eſperance d'agrandiſſement, & ſeulement par la ſeule conſideration d'eſtre en ſûreté pour toûjours & de joüir de tous les avantages d'une Paix perpetuelle, & au-dedans & au‑dehors. Ces Souverains qui avoient approuvé ce Traité ſans eſperance d'agrandiſſement, eſtoient Gennes, Florence, & les Petits Souverains d'Italie, l'Angleterre, la France, & les Electeurs.

Une choſe diminuoit même beaucoup dans les premiers le deſir de s'agrandir, c'eſt qu'ils prévoyoient la grande dépenſe neceſſaire pour y parvenir, & l'incertitude du ſuccez de la Guerre & de leurs prétenduës Conquêtes, & il eût pû facilement arriver qu'ils auroient acheté trop cher un pareil agrandiſſement.

A l'égard des Souverains qui devoient contribuer aux dépenſes de la Guerre commune ſans eſperance de s'agrandir, & ſeu-

lement pour agrandir les autres: cette difpo-
fition d'efprit prouve qu'il falloit bien que
les motifs qui les portoient au Traité d'U-
nion Européenne fuffent bien puiffans,
puifqu'ils approuvoient ce Traité malgré
la grande dépenfe où il devoit les engager
pour faire le profit de leurs Alliez, & voilà
une *difparité* effentielle qui eft fort favorable à mon raifonnement: car dans le Traité que je propofe, il n'y a point de Conquêtes à faire par un Souverain pour en
enrichir un autre; il n'a point fur cela de
dépenfe à faire, ni de rifque à courre: chacun demeure comme il eft: donc fi la France, l'Angleterre, les petits Princes d'Italie,
la plûpart des Electeurs approuvoient alors
ce Traité malgré les grandes rifques & les
grandes dépenfes d'une Guerre future, à
plus forte raifon les mêmes Potentats difpenfez de ces rifques & de ces dépenfes,
doivent l'approuver avec beaucoup plus de
facilité. Ils avoient alors de grands obftacles
de plus que nos Souverains d'aujourd'huy
n'ont pas; cependant ils avoient déja paffé
pardeffus: il faut donc bien qu'ils euffent
de grands motifs, c'eft-à-dire, qu'ils trou-
vaffent de grands avantages dans les effets

K iiij

que devoit produire cette même *Societé permanente* que je propose de nouveau à tous les Souverains Chrétiens.

Qu'on ne vienne donc plus nous dire que les Souverains ne renonceront jamais à leurs prétentions contre leurs voisins ; les dix-huit ou dix-neuf Souverains qui avoient agréé le projet, ne renonçoient-ils pas aux leurs sur tous les Etats voisins ?

Qu'on ne nous dise donc plus qu'il sera impossible d'amener les Souverains à renoncer à tout agrandissement de Territoire par voye de Conquêtes ; les Souverains de France & d'Angleterre, & les autres Souverains n'y renonçoient-ils pas ? Et pourquoy y eussent-ils renoncé, s'ils n'eussent vû que sans cette renonciation ils ne pouvoient jamais avoir une Paix perpetuelle ? Il falloit donc bien qu'ils vissent dans la perpetuité de la Paix des avantages réels, certains, & d'une valeur beaucoup plus grande, que la veritable valeur de leurs esperances & de leurs prétentions.

Qu'on ne nous dise donc plus en general, qu'il y a des obstacles insurmontables, & de veritables impossibilitez pour executer un pareil projet. A-t-il besoin d'autre

chofe pour eftre executé, que de la volonté des Souverains ? Il ne s'agit que d'un
Traité, d'une Convention ; ainfi qui peut
mieux fçavoir qu'eux-mêmes s'il eft impoffible, puifque perfonne ne peut mieux fçavoir qu'eux, s'ils veulent l'approuver, s'ils
veulent y confentir ? Or toutes ces préten-
tenduës impoffibilitez difparurent dès-lors,
ces obftacles infurmontables furent fur-
montez, puifqu'enfin dès-lors le Projet
fut approuvé de tous ceux à qui il fut propofé.

Qu'on ne nous dife donc plus qu'il ne fera jamais poffible d'amener les Souverains à
confentir que leurs differens fururs foient
reglez & terminez par les autres Souverains
leurs pareils, comme Arbitres permanents
& perpetuels dans la Dierte generale de
l'Europe. Qu'on ne nous dife donc plus
qu'il n'eft pas poffible de les amener à re-
connoître d'autres Juges, que Dieu & leur
Epée. Qu'on ne nous dife donc plus que ce
feroit fe donner des Maîtres qu'ils n'avoient
point, que ce feroit fe mettre en Curatelle,
fe donner des Entraves, & cefler d'eftre indépendans, puifque voilà dix-huit ou dix-
neuf Souverains grands & petits, puifque

voilà de puissantes Republiques, & sur tout deux Souverains très-sages, très-puissans, très-jaloux de leur indépendance, qui consentoient à établir un Arbitrage permanent & perpetuel, & à executer ponctuellement les Decisions des Arbitres.

Que ces personnes qui voyent si clairement une impossibilité parfaite à obtenir des Souverains, & sur tout des plus puissans un consentement pour ces renonciations & pour l'établissement de l'Arbitrage, répondent à ces faits: il n'est donc plus parfaitement impossible que des Souverains même très-puissans donnent un pareil consentement, puisqu'en voilà qui l'ont donné: la chose s'est faite; donc chose pareille n'est pas parfaitement impossible en pareilles circonstances. Or il faut que ces Messieurs se reduisent à la fâcheuse extrémité de nier le fait, ou qu'ils nous disent comment la chose s'est pû faire, qu'ils nous disent les motifs qui ont pû arracher de ces Souverains du siecle passé un consentement impossible: ce consentement est-il ou un miracle de sagesse, ou un miracle d'extravagance, dont l'on ne puisse jamais esperer d'imitation? Quelques soient ces mo-

tifs, qu'ils nous les difent, & nous verrons
s'il eſt parfaitement impoſſible que les Souverains d'aujourd'huy puiſſent jamais eſtre
determinez à un pareil conſentement par
de pareils motifs.

Quoiqu'il en ſoit, il faut bien que ces
Princes cruſſent ne rien perdre de leur veritable indépendance, & gagner beaucoup à
renoncer à terminer leurs differens par la
force & par l'épée, en choiſiſſant la voye
de l'Arbitrage : il faut bien qu'ils n'ayent
pas ſenti ny les uns, ny les autres qu'ils ſe
donnoient des Entraves, qu'ils ſe mettoient
en Curatelle : ou bien s'ils ont crû perdre
quelque choſe, il faut bien qu'ils cruſſent
que cette perte ne meritoit pas d'attention
en comparaiſon des grands avantages qu'ils
devoient tous retirer d'un Traité qui donne
les moyens de terminer tous leurs differens
futurs ſans aucune Guerre.

Si cette diminution d'indépendance eſt
réelle, comment ſe fait-elle ſentir à des Lecteurs non Souverains, ſans ſe faire ſentir
à dix-neuf Souverains, qui ſont les ſeuls
intereſſez au Projet ſur ce qui regarde l'indépendance? Que l'on nous explique ce fait,
& s'ils l'ont ſenti, qu'on nous diſe pour-

quoy ils n'y ont pas fait d'attention, pourquoy ils ont paffé pardeffus, fans daigner
s'y arrêter ; ils ont eu fans doute des raifons : je les ay cherchées ces raifons, & à
force de mediter je croy les avoir trouvées,
& ce font celles qui font le fujet du Difcours fuivant ; je me contente dans celuy-
cy de tirer de la conduite des Souverains
du fiecle précedent une apparence très-
vrayfemblable que fi le même Projet tout
éclairci eft propofé aux Souverains de ce
fiecle-cy, il ne fera pas impoffible qu'ils
rentrent dans les mêmes fentimens de leurs
Prédeceffeurs.

Il ne me refte plus qu'à faire une reflexion fur le Projet d'Henry le Grand à l'é-
gard de la Maifon d'Autriche, c'eft que fi
avant que de commencer la Guerre pour la
dépoüiller, & pour enrichir de fes dépoüilles
les Hollandois, les Suiffes, les Venitiens,
le Duc de Savoye & le Pape, on eût propofé à cette Maifon d'entrer dans l'Union,
& de donner les mains à tous les articles
qui devoient empêcher toute Guerre à l'a-
venir & tout agrandiffement de Territoire,
elle y eût volontiers donné les mains pour
fe delivrer de la crainte des forces des autres

Souverains de l'Union Chrétienne, & que
si elle y eût donné les mains, tous les autres
Souverains auroient abandonné le dessein
d'une grande & longue Guerre, par une raison invincible; c'est qu'en supposant leur
Union bien établie, bien affermie, ils auroient toûjours esté en état d'armer, si cet-
Maison vouloit troubler le repos universel,
& de la reduire au même pied qu'Henry le
Grand proposoit, qui estoit de l'affoiblir
de la Flandres pour les Hollandois, du Mi-
lanez pour le Duc de Savoye, de Naples
pour le Pape, de la Sicile pour Venise, de
la Bohême pour les Bohémiens, de la Hongrie pour les Hongrois, du Tirol & du
Trentin pour les Suisses: mais l'Union entiere estant incomparablement plus puissante que cette Maison, elle n'en auroit jamais rien eu à craindre, & selon les apparences l'Union Européenne se fût formée
dès-lors sur le même plan que je la propose
aujourd'huy; & comme la Maison de France n'est pas aujourd'huy plus puissante,
que l'estoit alors la Maison d'Autriche,
les mêmes motifs qui eussent fait agréer
l'Union alors, peuvent la faire agréer aujourd'huy.

CONCLUSION.

Il me semble que le Lecteur est presentement en état de juger que *l'approbation que la plûpart des Souverains d'Europe donnerent au Projet de Societé Européenne de Henry le Grand, prouve que l'on peut esperer qu'un semblable Projet pourra estre approuvé par leurs Successeurs durant le Regne de Loüis le Grand son petit-fils*; & c'est la proposition que je m'étois proposé de démontrer.

Nous avons tâché de montrer la possibilité du projet, en prouvant que l'Union Européenne n'avoit, ni de moindres motifs, ni en moindre nombre, qu'elle n'avoit, ni un plus grand nombre d'obstacles, ni plus grands, qu'elle n'avoit, ni de moindres moyens, ni en moindre nombre, pour se former de nôtre temps, qu'en avoit l'Union Germanique, pour se former, il y a six ou sept cens ans : nous avous montré au contraire que les disparitez sont très-grandes, en faveur de l'Union Européenne.

Nous venons de montrer la maniere dont les Souverains regarderent le Plan de Henry le Grand au commencement de l'autre siecle. Voilà, ce me semble, deux préjugez très raisonnables & très-forts sur la possibilité d'un Projet tout semblable ; ils nous font voir clairement qu'il est possible de trouver des motifs assez puissans, pour mettre les Souverains en mouvement sur la plus importante affaire d'Europe, qu'il est possible de trouver des moyens convenables, pour parvenir à ce chef-d'œuvre de Politique humaine. Or ces *motifs* & ces *moyens* que j'ay démontrez dans ce Discours, comme possibles à trouver, puisqu'ils ont esté trouvez, je prétens les montrer dans les Discours suivans, comme tous retrouvez.

Au reste j'espere que quand même il n'y auroit jamais eu de modelle d'Union permanente entre Souverains, ni chez les Grecs, ni chez les Allemans, ni chez les Suisses, ni chez les Hollandois ; que quand même le Projet de l'Union d'Europe n'auroit encore jamais esté, ni inventé, ni proposé, ni agréé, les *motifs* de former cette même Union, paroistront dans le reste de ce Memoire, si puissans, & les *moyens*, si faciles, qu'ils suffiroient, pour déterminer nos Souverains à former cette Union, & à

envoyer leurs Députez à un Congrez ; afin
de convenir des articles d'un Traité si defirable pour tout le monde.

Troisieme Discours

Proposition a Demontrer

Si la Société Européenne que l'on ~~propose peut~~ peut procurer à tous les Souverains Chrétiens *seureté* suffisante de la perpetuité de la Paix au-dedans & au-dehors de leurs Etats, il n'y a aucun d'eux pour qui il n'y ait beaucoup plus d'avantages à signer le Traité pour l'establissement de cette Société, qu'à ne le pas signer.

Il me semble que j'ay démontré dans le premier Discours que, ni les Traitez, ni l'Equilibre n'estoient point des préservatifs suffisans pour garantir l'Europe des malheurs de la Guerre ; qu'ainsi les Souverains Chrétiens demeureront toûjours agitez par des Guerres perpetuelles , qui ne peuvent être interrompuës , que par deux fortes d'évenemens. L'un, par des Traitez de Paix , ou plûtôt par des Tréves affez courtes , & qui n'auront jamais aucune *fureté fuffifante* de leur obfervation. L'autre , par quelque bouleverfement de quelque Maifon Souveraine, qui tombera de tems en tems, & qui dans fa ruïne , ne fera que préceder de quelques fiecles toutes celles qui regnent aujourd'huy.

J'ay montré de même dans le fecond Difcours par des modeles fubfiftans , que l'on pouvoit employer un préfervatif fuffifant contre la Guerre: c'eft l'établiffement d'une *Societé permanente*, compofée de tous les Souverains Chrétiens , reprefentée dans un Congrez perpetuel par leur Députez, pour regler *fans Guerre* aux trois quarts des voix , leurs differens à venir, & les conditions du Commerce. Par tout ce qui s'eft déja pratiqué en grand , j'ay montré ce que nous pouvions nous-même mettre en pratique en plus grand. Je vas prefentement aprofondir quels furent les motifs qui purent déterminer les anciens Souverains à former leurs Societez, & qui par confequent peu-

vent déterminer les nôtres à former la So‐
cieté Européenne.

Ces motifs font les *avantages* que nos Sou‐
verains en doivent tirer;ainfi pour démon‐
trer la propofition qui fait le fujet de ceDif‐
cours, il fufira de comparer les avantages
des Souverains Chrétiens dans la fituation
prefente du Syftême de la Guerre prefque
perpetuelle, avec les avantages qu'ils au‐
roient dans la conftitution du Syftême de
la Paix inalterable. Car fi, en parcourant
tous les avantages de l'un & de l'autre Sy‐
ftême, & en les oppofant les uns aux au‐
tres, je montre clairement que les avanta‐
ges font beaucoup plus grands & en plus
grand nombre dans le Syftême de la Paix,
la feule comparaifon formera une parfaite
démonftration de la propofition.

En parlant des avantages des Souverains,
je ne borne pas ces avantages à leur perfon‐
ne qui dure peu ; j'ay particulierement
égard aux avantages de leur Maifon, qui
peut durer autant de fiecles, qu'ils peuvent
eux-mêmes durer d'années.

Je montreray d'abord les avantages du
Syftême de la Paix fur le Syftême de la Guer‐
re,par rapport aux Souverains en general,&

L ij

fur tout par rapportaux plus puiſſans. Je fe-
ray enſuite quelques reflexions ſur l'intereſt
particulier que les moins puiſſans & les Etats
Republicains peuvent avoir à donner la
préference au Syſtême de la Paix, & comme je commence la preuve par la conſideration des avantages des plus puiſſans, c'eſt-
à-dire, par ce qui paroiſt de plus difficile,
le reſte en paroiſtra au Lecteur beaucoup
plus aiſé.

PREMIER AVANTAGE.

Fondement de l'eſperance de l'agrandiſſement, comparé avec le fondement
de la crainte du bouleverſement.

La premiere difference qui ſe preſente
entre ces deux Syſtêmes, eſt fondée ſur l'im-
mutabilité perpetuelle des Etats & des Maiſons Souveraines, qui ſera l'effet naturel
de l'un, & ſur les revolutions & les bouleverſemens de ces mêmes Etats & de ces
mêmes Maiſons, qui ſont les effets naturels
de l'autre.

Dans le Syſtême de la Guerre; le Souverain le plus puiſſant de l'Europe peut eſ-

perer d'un côté que le Territoire de son Etat
s'agrandira du double, & même du reste de
l'Europe, & qu'il augmentera ainsi de beaucoup le revenu de sa Maison, soit par ses propres Conquestes, soit par celles de ses Descendans, parce que la Guerre met tout en
branle, parce que rien n'y est stable, & que
ce qui paroist de plus ferme, peut estre facilement renversé en peu d'années, selon
les differentes conjonctures; mais par la même raison il peut craindre de l'autre pour sa
Maison des évenemens malheureux, & qu'-
au lieu de doubler son revenu & d'agrandir
son Territoire, l'un & l'autre ne soient un
jour fort diminuez, & ne soient même entierement perdus pour cette Maison, ou
par les Conquestes de quelque Chef d'une
Ligue puissante, ou par la Revolte de quelques Provinces.

Dans le Système de la Paix, au contraire, comme chacun est censé avoir mis des
bornes à son Territoire par des Traitez précedens, & surtout par la *possession actuelle*, &
comme ces Traitez deviennent *infaillibles
dans leur execution*, à cause de la *garantie suffisante* de l'Union des Souverains, ces bornes une fois establies seront immuables ; il

n'y aura nulles Revoltes de Provinces à ap-
prehender ; ainſi comme aucun Souverain
n'aura plus à craindre que les bornes de ſon
Territoire ſoient jamais reſſerrées , il n'aura
plus à eſperer que ces mêmes bornes ſoient
jamais reculées.

Il reſte donc à examiner ſi le Souverain
le plus puiſſant d'Europe a plus de ſujet
d'eſperer un agrandiſſement conſiderable
de Territoire & de revenu pour ſa Maiſon
dans le Syſtême de la Guerre, qu'il n'a de
ſujet d'en craindre l'affoibliſſement & le
bouleverſement entier : je parle icy *de ſa
Maiſon*, parce que je veux embraſſer pluſieurs generations & pluſieurs ſiecles; & effectivement un Prince auroit-il beaucoup
fait pour ſa Maiſon, d'avoir conquis durant
ſon Regne deux ou trois Provinces, ſi par
la meſme voye qu'il a tenuë, c'eſt-à-dire, par
le Syſtême de la Guerre ſon petit-fils devoit
en perdre quatre ou cinq ? Auroit-il beaucoup fait d'avoir agrandi ſon Etat du double , ſi ſon arriere-petit-fils devoit par les
meſmes moyens le perdre tout entier.

S'il avoit plus de fondement d'eſperer un
agrandiſſement du double, que de fondement de craindre le bouleverſement total

de sa Maison, il perdroit ce surplus de fondement d'esperance, en entrant dans le Systême de l'Union, puisque l'Union conservant chaque Etat en son entier, empêcheroit qu'aucun ne pût esperer de s'accroître du côté du Territoire, & alors il ne faudroit pas qu'il en signât le Traité, à moins que la perte de ce plus de fondement d'esperance ne fut recompensée par quelque équivalent d'une autre nature Mais s'il a effectivement plus de fondement de craindre la perte totale de sa Maison, qu'il n'a sujet d'esperer l'agrandissement du double du Territoire, il gagnera, en signant un Traité qui luy ôte pour jamais à luy & à sa posterité tout sujet de crainte. Ainsi pour l'engager à entrer dans le Systême de la Paix, il n'a pas besoin d'autre motif, que cette exemption de crainte. Il est vray que si le bien à esperer estoit égal au mal qui est à craindre, & que les fondemens de l'esperance & de la crainte fussent égaux, alors il faudroit, pour faire pancher la balance, quelque motif étranger de plus, comme la dépense de la Guerre. Mais nous alons voir que, pour déterminer le Prince le plus puissant à entrer dans le Systême de la Paix, s'il est prudent & avisé, & s'il aime les interests de sa Maison, il n'a pas besoin de motifs étrangers, & l'on verra ensuite que ces motifs étrangers sont en si grand nombre, & si puissans, qu'il faudroit le supposer privé des lumieres du sens commun, pour demeurer dans le Systême de la Guerre.

Si ce Prince a des esperances que sa Maison agrandira son Territoire du double aux dépens de ses voisins, ces mesmes voisins liguez ont pareilles esperances d'agrandir autant le leur à ses dépens. Si les esperances de ce Prince doivent fonder la crainte de ses voisins, les esperances de ses voisins doivent fonder la sienne. S'il prétend avoir des droits sur leurs Etats, ils prétendent en avoir sur les siens. S'il se confie à ses forces, à ses alliances, ils se confient aux leurs. S'il espere profiter d'une Regence, d'une Minorité, d'une Guerre civile, d'une rupture de Ligue, ils ont pour eux dans la mesme durée des siecles, les mêmes conjonctures à esperer. S'il est animé par l'ambition, par la jalousie, par la vangeance, ces mesmes passions sont-elles moins prestes à les animer? S'il est plus fort que quatre Liguez, il sera plus foible que cinq, que six; ainsi jusques-là tout est égal.

Je confondray dans la suite du Difcours le terme de *prétentions* avec le terme d'*efperances*, parce que la plûpart des Princes efperent conquerir le Territoire fur lequel ils prétendent avoir droit, & ne manquent jamais de prétendre avoir droit fur le Territoire qu'ils efperent conquerir.

S'il n'y avoit en Europe que deux Maifons Souveraines, & qu'elles fuffent également puiffantes, il eft certain qu'elles auroient également à craindre & à efperer dans le cours de plufieurs fiecles des differentes minoritez & de differens évenemens de la Guerre. Ainfi il eft vifible qu'en fe cedant mutuellement leurs efperances d'agrandiffement de Territoire, leurs prétentions, leurs droits fur les Provinces l'une de l'autre, elles fe cederoient chofes entierement égales, & fi elles pouvoient fe donner mutuellement *fûreté fuffifante* que leur Convention feroit executée *fans Guerre* feulement pendant cent cinquante ans, elles auroient toutes deux en pur profit ce qui refulteroit de cette ceffion mutuelle de tout agrandiffement de Territoire. Or les deux feuls articles de la continuation du Com-

merce & du retranchement de la dépenſe
des Troupes, pourroient facilement enrichir du double en revenu chacun de leurs
Etats & chacune de ces deux Maiſons, comme nous le démontrerons dans la ſuite ; &
que pourroient-elles eſperer de plus l'une
ou l'autre par le ſuccez d'une Guerre de cent
cinquante ans, que de doubler la valeur de
leur Etat & le revenu de leur Maiſon? Or
dans le Syſtême de la Guerre, chaque Maiſon riſque de perdre tout, pour avoir le double par la ruïne de l'autre, au lieu que dans
le Syſtême de la Paix, ni l'une, ni l'autre ne
riſque rien, pour avoir ce meſme revenu
double, & elle n'eſt point pour cela obligée
de ruïner la Maiſon voiſine.

La ſituation de la Guerre eſt une ſituation où il entre beaucoup de hazard. Combien de Batailles déciſives ont eſté perduës
par un pur hazard? Combien de morts arrivées par un pur hazard; Combien de Séditions ont eu des ſuites fâcheuſes par un
pur hazard ? Or il me ſemble que ſi un de
ces Princes, à forces égales, veut hazarder
la moitié de l'Europe contre l'autre moitié,
il hazarde plus qu'il ne peut gagner, puiſqu'il hazarde le *neceſſaire* qu'il poſſede, con-

tre un *superflu* égal qu'il veut posseder, mais dont il peut bien plus facilement se passer, que de son *necessaire*. Or si d'un côté il a autant de sujet de craindre de perdre son Etat, que d'esperance de conquerir celuy de son voisin, & que ce qu'il risque de perdre vaille mieux pour luy-mesme, que ce qu'il risque de gagner, il est visible qu'il a plus sujet de craindre, que d'esperer, non du côté du hazard que l'on suppose égal, mais du côté des choses hazardées qui, quoyqu'égales en elles-mesmes, sont inégales par rapport aux effets qu'elles peuvent produire pour le bonheur ou le malheur de celuy qui hazarde. . . Voilà donc déja du côté de l'agrandissement ou de la perte du Territoire, non-seulement une égalité dans les deux Systêmes, mais encore un avantage sensible pour le Systême de la Paix perpetuelle, à ne considerer pas mesme l'exemption de la dépense & des maux que cause la Guerre.

Que l'on suppose presentement que l'Europe soit partagée, non entre deux Maisons, mais entre trois également puissantes, la demonstration ne change point, elle n'en devient même que plus forte; ces trois Maisons auront pareil interest que les deux précedentes, de s'abandonner mutuellement leurs esperances pour l'agrandissement de Territoire, afin d'acquerir sûreté parfaite que ce Territoire ne sera jamais ny perdu, ny diminué, soit durant leur Regne, soit durant les Regnes de leurs neveux les plus reculez : & il est facile de demontrer, & on le verra dans la suite que si elles se pouvoient donner mutuellement *sûreté suffisante* de demeurer en Paix seulement cent cinquante ans de suite, & de terminer durant ce temps-là leurs differens *sans Guerre*, chacune d'elles doubleroit son revenu, & celuy de ces Sujets, sans fonder cette augmentation sur la ruïne l'une de l'autre.

Mais dans le Systême de la Guerre ces trois Maisons Souveraines sont dans une necessité indispensable de hazarder chacune tout le sien pour enlever tout ce qui appartient aux deux autres dans le cours de quelques siecles avec cette diference des hazards ordinaires, c'est que celuy-cy n'est pas volontaire, il est forcé ; les plus sages seront obligez de hazarder malgré eux toute leur fortune, ils seront toûjours dans la necessité ou de ruïner les autres, ou d'eftre ruïnez par les autres.

Au contraire dans le Syftême de la Paix perpetuelle, comme il n'y auroit aucune Guerre, aucun des Chefs de ces trois Maifons ne feroit forcé de hazarder fon Etat, pour en gagner un autre, & chacun auroit l'avantage de pouvoir, par d'autres efpeces d'agrandiffemens, recüeillir les fruits de fon œconomie & de fon habileté.

Suppofons que les Chefs de ces trois Maifons, après avoir demeuré cent cinquante ans dans le Syftême de la Paix, foient prefts à rentrer dans le Syftême de la Guerre, & que chaque Prince efpere qu'à la longue, en profitant des hazards, il fubjuguera les deux autres, pour devenir feul Maiftre de l'Europe, c'eft comme fi on fuppofoit que trois Joüeurs qui auroient chacun un million pour tout bien, faifoient partie de ne point quitter le jeu, qu'un des trois n'eût les trois millions en fa puiffance, & qu'il n'eût abî- mé les deux autres. Il eft certain que celuy qui vivoit avec un million, peut bien plus facilement fe paffer des deux autres millions extraordinaires, que de fon propre million qui foûtient fa dépenfe ordinaire.

Or cependant à fortune égale, à pati égal ,
il y a trois à parier contre un, qu'il perdra
tout , & qu'il ne gagnera pas tout, & ce
qu'il peut gagner, quoyque trois fois auſſi
grand en ſoy, que ce qu'il peut perdre , ne
peut jamais eſtre trois fois auſſi grand par
rapport à luy. On croira peut-eſtre que ce
raiſonnement eſt le meſme que celuy que je
viens de faire ſur le hazard de gagner le double ; mais il y a d'autant plus de difference ,
que le triple n'eſt pas ſi neceſſaire que le
double au bonheur du Joüeur ; c'eſt que la
ſenſibilité pour le gain ne croiſt pas dans
le Joüeur en meſme proportion que le gain
meſme , & il n'y a perſonne qui ne ſçache
que celuy qui a centuplé ſa fortune , n'eſt
pas cent fois plus heureux qu'il n'eſtoit luy-
meſme, lorſqu'il ne l'avoit encore que dou-
blée. Ainſi plus un Joüeur qui joüe *tout ſon*
neceſſaire , a d'adverſaires à craindre , plus
le jeu eſt inégal pour luy , c'eſt-à-dire que
réellement il a d'autant plus de déſavanta-
ge , qu'il hazarde tout ſon bien contre un
plus grand nombre de Joüeurs , pour avoir
le leur.

Or ſi en ſuppoſant qu'il n'y a en Europe
que deux Maiſons Souveraines également

puiſſantes, il demeure démontré que ſi elles pouvoient ſe donner *ſûreté ſuffiſante* de
conſerver entr'elles une Paix inaltérable, il
y auroit pour elles un avantage preſqu'infini à entrer dans le Syſtême de la Paix. Il demeure démontré à plus forte raiſon qu'en
ſuppoſant l'Europe entiere partagée en
trois Maiſons également puiſſantes, ſi elles
pouvoient ſe donner *ſûreté ſuffiſante* de conſerver entr'elles une Paix inaltérable, qu'il
y auroit pour chacune des trois un avantage
encore plus grand de quitter le Syſtême de
la Guerre, pour entrer dans le Syſtême de la
Paix.

Mais voicy une conſideration qui va faire encore plus pancher la balance en faveur
du Syſtême de la Paix, c'eſt qu'un de ces
trois Souverains égaux en puiſſance, ne
peut deſirer de demeurer dans le Syſtême de
la Guerre, que pour avoir l'eſperance que
ſa Maiſon détruira à la longue les deux autres, & s'élevera un jour ſur leurs ruïnes. Or
nous alons voir qu'elle ne ſçauroit ruïner
les deux autres, ſans ſe ruïner elle-meſme.
Ainſi le hazard devient encore plus dèſa-
vantageux, puiſqu'en premier lieu il y a
trois à parier contre un, qu'il perdra tout,

& en second lieu, c'est que si sa Maison par-
vient à gagner tout, elle se trouvera neces-
fairement dans un peril évident & continuel, ou plûtôt dans une certitude de perdre en moins de cinquante ans, non-seulement tout ce qu'elle aura gagné, mais encore de perdre tout ce qu'elle possedoit, avant
que s'exposer à tous les hazards de la Guerre : developons ce mystere.

Je suppose donc que dans deux cens ans
en 1912. par le succez des Batailles dans le
Système de la Guerre, la Maison de France, par exemple, soit devenuë la Maistresse
de l'Europe entiere, que l'Espagne, l'Italie,
la Grece, la Hongrie, la Pologne, la Moscovie, l'Allemagne, la Suede, le Danemark, la Hollande, l'Angleterre ne soient
plus regardées que comme des Provinces
de son Empire. Auguste & ses Successeurs,
Constantin, Theodose, Justinien & leurs
Successeurs ont eu un Empire encore plus
étendu ; mais que l'on fasse attention à la
durée des Maisons Imperiales & aux fune-
stes catastrophes des Empereurs, la chose
en vaut bien la peine ; que l'on ne se borne
pas aux faits, que l'on fasse attention aux
causes de tant de Maisons Imperiales bou-
versées

leverſées de tant de meurtres, de tant d'em-
poiſonnemens commis contre la perſonne
des Empereurs & de leurs parens , & l'on
verra d'un coſté que les Maiſons Imperiales
n'ont pas duré ſur le Trône cinquante ans ,
l'une portant l'autre , & de l'autre on verra
que les cauſes de cette deſtruction ſont neceſſaires & telles que l'on ne peut jamais y
apporter aucun remede. Ainſi il y auroit à
parier ſimple contre ſimple ; que ſi la Maiſon de France eſtoit parvenuë à l'Empire
de l'Europe en 1912. cette Maiſon ſeroit dé-
tronée & entierement aneantie cinquante
après,& le double contre le ſimple , qu'elle
ſeroit aneantie cent ans après.

Or une Maiſon qui, par le ſecours de ſes
differentes branches, peut durer plus de
trois mille ans, plus de ſix mille ans,& meſme juſqu'à la fin des ſiecles ſur le premier
Trône de l'Europe, ne pert-elle pas beaucoup à ne durer que cinquante, que cent
ans ſur le Trône de l'Europe entiere ? Y a-
t-il de la proportion?

Mais voyons quelle eſt la cauſe de la ruïne des Maiſons Imperiales, & ſi l'on ne
peut trouver de préſervatif ſuffiſant contre
un pareil malheur. Cette cauſe, c'eſt l'am-

M

bition, c'eſt un deſir violent de s'agrandir : or il eſt impoſſible d'empeſcher que ce deſir ne naiſſe & ne devienne très violent dans tous les ſiecles, dans toutes les Cours, & dans un grand nombre de Courtiſans ; il ne peut meſme jamais eſtre retenu , que par une crainte plus forte que le deſir, comme ſeroit celle de ſe perdre infailliblement ſoy-même & ſa famille.

Or entre les ſujets de crainte que peut avoir un Conſpirateur qui veut ſe mettre une Couronne ſur la teſte, on peut dire que le principal eſt la crainte des Souverains voiſins qui, ſoit comme parens, ſoit comme alliez, ſoit comme amis, ou ſimplement comme Souverains, ſont intereſſez à proteger les malheureux reſtes d'une Famille Royale échapez d'une conſpiration, & à pourſuivre vivement la punition du Conſpirateur. Mais cette crainte ne ſçauroit plus naiſtre dans l'eſprit des ambitieux , s'il n'y a plus de Souverains voiſins. Or dans la ſuppoſition de l'Europe ſoûmiſe à un ſeul, ce Souverain n'auroit plus en Europe de voiſins qui puſſent proteger ſes Deſcendans ou les Princes de ſon Sang , ni vanger ſa mort, parce que luy ou ſes Prédeceſſeurs

auroient pris soin de détruire & d'aneantir
tous les Souverains d'Europe.

Cependant plus l'objet est grand, plus il
excite de Conspirateurs, plus il les engage
à leur entreprise. Il est impossible que les
Empereurs ne craignent, ou leurs freres, ou
leurs parens; & cette crainte pousse souvent des Empereurs Barbares à s'en défaire,
& à s'opposer ainsi eux-mêmes à la durée de
leur Maison. D'un autre costé il est impossi=
ble qu'un Empereur n'ait des Ministres, des
Generaux, des Favoris. Il est impossible
qu'il ne leur communique son credit, &
qu'il ne leur confie ses Armées. Or ces Ministres, ces Generaux, ces Favoris sont des
hommes presque toûjours très-ambitieux,
& que peut-on attendre d'une passion aussi
vive que l'ambition, quand elle ne peut
plus estre retenuë par son premier frein, qui
est la crainte? Ainsi plus l'Empire sera éten=
du, plus les conspirations contre l'Empereur & la Maison Imperiale seront faciles &
frequentes. Ainsi le danger de la ruïne de
cette Maison croist à proportion de cette
élevation, & elle ne sera jamais plus proche
de sa ruïne, que lorsqu'elle aura détruit tou=
tes les autres.

M ij

Qu'un Defcendant de cet Empereur foit
peu habile, peu laborieux, livré à fes plai-
firs, méprifé par fes Sujets, un General
hardy, heureux, accredité à la Cour, aimé
des Officiers & des Soldats, fe fera procla-
mer Empereur par fon Armée; il marche-
ra vers la Capitale; une tefte oftée, le voilà Maiftre de l'Empire, & il n'a point à
craindre d'eftre détrôné par le fecours des
Souverains voifins.

Qu'une Imperatrice Regente devienne
éprife de quelqu'un des Grands de fa Cour,
habile, hardy, adroit, il fe fera bien-toft
des créatures; il époufera l'Imperatrice, fera
empoifonner l'heritier de l'Empire, fera périr en prifon les Princes du Sang, s'empare-
ra du Gouvernement, & voilà une nouvel-
Maifon Imperiale qui s'établit fur la ruïne
de celle qui avoit détruit toutes les aures.

Qu'un Empereur d'Europe laiffe en
mourant la Regence à un premier Miniftre
pour l'ofter à un frere, à un parent dont il
foupçonne la fidelité, ce Miniftre gagnera
à loifir le principaux Officiers des Armées
& du Confeil; il les attachera à fa fortune;il
fera périr les Mineurs,& fe mettra ainfi facilement la Couronne Imperiale fur la tefte

Qui les empêchera les uns & les autres de tenter ces entreprises , & qui les arrestera dans l'execution ?

Ce ne sont pas icy des visions, ce ne sont pas des sujets de crainte qui soient chimeriques; on n'a qu'à ouvrir les histoires de toutes les Nations , pour voir que ce sont des realitez. Il n'y a qu'à ouvrir l'histoire des Cesars, d'Herodien , pour voir qu'en soixante ans il y a eu quatorze Maisons Imperiales chassées du Trône l'une par l'autre. Qu'on examine les diverses catastrophes des aures Maisons Imperiales depuis Constantin, jusqu'aux Paleologues, à qui Mahomet second osta l'Empire Grec, on en verra plus de cinquante differentes qui ont toutes esté bouleversées les unes par les autres par des conspirations de Ministres , de Generaux, de Favoris contre leurs Maîtres; de sorte que l'on peut dire qu'en douze cens ans, chaque Maison Souveraine, l'une portant l'autre, n'a pas duré vingt-quatre ans. Cela paroist incroyable; cependant cela est très-réel ; & quelle gloire pour une Maison Imperiale d'estre confonduë en douze siecles avec cinquante autres Maisons de Sujets de vile naissance & de peu de

consideration ? Mais que l'on suppose, si
l'on veut, qu'au lieu de cinquante Maisons bouleversées, il n'y en ait eu que vingt-
cinq, qui ayent regné chacune quarante-
huit ans. Qu'est-ce que quarante-huit ans
pour la durée d'une Maison?

Pour prophetiser sûrement ce qui arrivera à la Maison de cet Empereur d'Europe, il ne faut que lire ce qui est arrivé aux
Maisons de semblables Monarques; on
trouvera que l'unique cause du renverse-
ment de leur Maison, c'est qu'en mourant
ils n'ont point laissé à leurs enfans de Protecteurs puissans dans leur voisinage, & où
en auroient-ils, eux qui n'avoient d'autre
but, que d'aneantir leurs voisins, & qui, en
les détruisant, détruisoient, sans y penser, les
seuls veritables Protecteurs de leur posterité? Il est vray qu'ils estoient parvenus à n'a-
voir plus d'ennemis à craindre au-dehors :
mais ils sont par la même voye parvenus à
multiplier leurs ennemis au-dedans, & à
mesure qu'ils ont detruit les uns, ils ont rendu les autres plus nombreux & plus formi-
dables.

L'ambition est une passion qui produira
toûjours dans de semblables conjonctures

de femblables effets : d'ailleurs le Confpirateur n'a pas toûjours l'ambition pour unique motif ; la haine, la vangeance, la crainte vive d'eftre bien-tôt prévenu & detruit par une Cabale oppofée, le preffent encore fouvent de tenter les périls de la Confpiration. Telle eft la neceffité d'un grand nombre de Confpirations differentes : ce font des maladies mortelles pour les Maifons des Empereurs, & il n'y peut jamais avoir aucun préfervatif qui puiffe raffûrer contre ces accidens ; voilà donc un inconvenient certain terrible pour la Maifon du Monarque de l'Europe, & un inconvenient fans remede.

Voilà cependant l'abîme où conduit la trop grande puiffance : voilà où conduiroient ces defirs de Monarchie de l'Europe. Or eft-il fenfé, quand une Maifon eft déja fort élevée au-deffus des autres, de defirer de la porter fi haut, que fa propre élevation en caufe infailliblement la ruïne totale vingt-cinq ans, cinquante ans, cent ans après ?

Il n'en eft pas de même des agrandiffemens d'une Maifon de particulier ; fon élevation n'en fçauroit caufer la ruïne, parce

qu'elle eſt toûjours protegée par les Loix
qui ſont elles-mêmes ſoûtenuës par l'autorité d'une Societé permanente, & par les
forces entieres de toute la Societé : mais
pour ce qui eſt d'un Empereur d'Europe,
nulle protection à attendre des Loix, quand
le Conſpirateur ſe met au-deſſus, en ſe ſai-
ſiſſant des rênes de l'Empire.

Ces conſiderations m'ont conduit à un
raiſonnement qui me paroît ſans réplique;
car ou les eſperances de l'agrandiſſement de
Territoire ſont très-vaſtes, ou elles ne ſont
que médiocres : ſi elles ſont très-vaſtes, &
que le Souverain deſire la Monarchie de
l'Europe, elles ſont très-mal fondées; mais
qu'elles ſoient bien fondées, je veux que le
ſuccez réponde dans deux cens ans à ſes de-
ſirs; ne voit-il pas que cette même Maiſon
ſera bien-tôt après bouleverſée & entierement anéantie par ſes propres Sujets? Or
deſirera-t-il de renverſer, d'anéantir luy-
même ſa Maiſon? Deſirera-t-il de procurer ainſi l'établiſſement de cent autres Maiſons Imperiales de baſſe naiſſance, qui
étoufferont même tout ſouvenir de la ſien-
ne dans la poſterité?

Si ſes eſperances ſont médiocres, & qu'il

ne defire que quelques Provinces de plus,
qu'il compare l'objet de fes defirs, qui eft
même fort incertain, & qui luy coûtera
plus qu'il ne vaut, avec les avantages immenfes, réels & certains qu'il tirera d'une
Paix perpétuelle, affermie par le Traité d'U-
nion, &.s'il luy refte un peu de prudence,
il fentira alors l'extravagance de fes premiers deffeins, puifqu'ils le conduifoient
par un chemin très-odieux, très-difficile,
& plein de hazards au bouleverfement total
de fa Maifon.

Pour rendre la demonftration plus fenfible, j'ay fuppofé en Europe deux autres
Maifons égales en puiffance à celle de France : mais je n'ay pas befoin prefentement
de cette fuppofition; je n'ay befoin pour
faire fentir toute la force du raifonnement,
que de trouver en Europe une Ligue ou
toute faite, ou feulement poffible entre plufieurs Souverains, qui forment une Puiffance égale à la Maifon de France. Or cette Ligue eft non-feulement poffible, elle
eft toute formée; non-feulement fa puiffance eft égale à la Maifon de France, mais
elle eft même fuperieure; non-feulement
il y a une Ligue fuperieure toute formée,

mais il s'en peut encore former une autre composée d'autres Souverains, qui n'ont point pris party dans la Guerre presente entre la Maison de France & la Maison d'Autriche, & qui, s'ils estoient bien unis, formeroient une puissance encore superieure à la Maison de France.

Mais quand il n'y auroit qu'une seule Ligue égale, la force du raisonnement subsisteroit en son entier, puisque les Chefs, ou le Chef de cette Ligue feroit alors le même effet, que feroit le Chef d'une Maison égale en puissance, & comme elle est superieure au lieu d'estre égale, le raisonnement en est encore en plus forts termes, pour determiner la Maison de France à préferer le Systême de la Paix.

Il y a même une consideration qui fortifie encore la demonstration, c'est que dans la constitution presente de l'Europe, l'Espagne, Monarchie feminine, peut passer avant cent cinquante ans par une fille dans une autre Maison que celle de France; ce qui est arrivé de nos jours cent cinquante ans après la mort de Charles V. ne peut-il pas arriver en pareilles especes à l'égard des descendans de Philippe V? Or si cela arrivoit, la Maifon de France, qui ne fait prefentement au plus que le tiers de l'Europe, n'en feroit alors que la fixiéme partie. Ainfi dans la neceffité où elle fe trouve dans le Syftême de la Guerre, ou de détrôner les autres Maifons, ou d'en eftre détrônée, il y auroit fix à parier contre un à hazard égal, qu'elle feroit un jour détrônée, au lieu qu'il n'y a prefentement fur la poffibilité de ce détrônement, que trois à parier contre un. Voilà donc pour la Maifon de France encore un fujet de craindre plus la diminution que d'efperer l'agrandiffement de Territoire.

Je fçay bien que les autres Maifons d'Europe font inferieures à la Maifon de France; je fçay bien même que la Ligue d'aujourd'huy peut fe rompre; mais qui ne fçait qu'il peut arriver dans le cours de plufieurs fiecles ce qui eft déja arrivé plus de dix fois depuis trois mille ans, que le Souverain d'un Etat auffi petit que l'eft prefentement la Savoye, que l'eftoit autrefois la Macedoine, peut trouver l'occafion de renverfer en peu d'années le plus grand, le plus puiffant Etat de la Terre. Sefoftris, Cyrus, Alexandre, Attila, Alaric, Almanzor, Genghiskan, Tamerlan, les Princes Turcs, le der-

nier Prince Tartare qui envahit la Chine, il
y a foixante & dix ans ; tous ces Princes
eſtoient le uns dix fois, les autres vingt
fois , quelques-uns trente fois moins puiſſans que les Etats qu'ils ſoûmirent. Il eſt
vray que les conjonctures leur furent favorables, mais ces conjonctures neſe peuvent-
elles pas retrouver de temps en temps, comme elles ſe font dèja ſi ſouvent trouvées ?
Ils n'avoient pas même le ſecours des Ligues d'aujourd'huy ; cependant on voit
leurs ſuccez. D'ailleurs moins ces Souverains ſont puiſſans, plus il y en a ; & n'eſt-il
pas plus aiſé de trouver dans un plus grand
nombre, que dans un plus petit, des Princes
audacieux, témeraires & heureux ? De ſorte
que ſi d'un côté la poſſibilité de renverſer
la Maiſon diminuë par le peu de puiſſance
de ſes voiſins, elle augmente de l'autre à
proportion qu'ils ſont en plus grand nombre. Ainſi toute la force de la demonſtra-
tion ſubſiſte.

Il eſt vray qu'il ne paroît gueres poſſible d'inſpirer à des Souverains très-puiſſans
la crainte raiſonnable que leur poſterité ſoit
un jour détrônée & anéantie ; ils ont vêcu
toute leur vie dans une parfaite ſecurité, &

ce qu'ils n'ont point craint pour eux-mêmes, il semble qu'ils ne sçauroient le craindre pour leurs arrieres-petits-fils; mais ils
n'en sont pas pour cela plus prudens. Les
Rois que vainquit Sesostris, ceux que détrô-
na Cyrus, ne craignoient, ny pour leurs
Maison, ny pour eux-mêmes dix ans avant
qu'ils fussent attaquez; les uns estoient
beaucoup plus puissans que ces Conquerans, les autres en estoient trop èloignez:
il est vray qu'ils ne craignoient point, mais
n'avoient-ils nul sujet de craindre? Darius
ne craignoit rien du petit Roy de Macedoine; mais n'avoit-il rien à en craindré,
& la securité des Princes vaincus justifie-t-
elle leur imprudence? Un Souverain qui
n'a vû dans son Etat nulles divisions, nuls
schismes, ne s'imagine pas qu'il y ennaisse,
même cent ans après luy. François premier ne voyoit pas les Guerres Civiles que
firent naître les disputes des Théologiens,
& qui desolerent sont Etat après sa mort
durant plus de quarante ans: il ne voyoit
pas que la Maison Royale seroit quinze ans
durant à deux doigts d'estre chassée du
Trône, & d'estre même entierement exter-
minée; mais cependant ces terribles mal-

heurs, pour n'avoir efté ny prévûs , ny re-
doutez, n'en eftoient ny plus éloignez, ny
moins à craindre. Qu'on fe fouvienne de la
derniere Guerre Civile d'Angleterre ,
Charles premier feulement dix ans avant fa
mort ne craignoit point les fuites des demê-
lez naiffans qu'il avoit avec fon Parlement;
mais n'eftoient-ils point à craindre ? Crom-
vvel ufurpa la Couronne fous le nom de
Protecteur. Qu'eft-ce qui luy donna cette
hardieffe ? Une feule confideration : c'eft
qu'il crut qu'il feroit affez puiffant pour fe
maintenir contre les Puiffances étrangeres , qui voudroient tenter de vanger le
meurtre du Roy. Si la puiffance de l'Angleterre eût efté la moitié moindre, la Regente de France auroit vangé fa belle-fœur.
Ainfi ce fut la puiffance de la Monarchie
Angloife , qui fut caufe de l'Ufurpation ,
& qui mit l'Ufurpateur à couvert de la punition de fon crime.

Il eft certain que la multiplicité des Souverainetez d'Europe, que je fuppofe re-
duites , pour avoir droit de fuffrage , au
nombre de vingt-quatre, n'affoiblit en aucune maniere la demonftration que j'ay
faite dans la fuppofition, qu'il n'y eût en

Europe que trois Maisons Souvaraines égales en puissance : mais cette multiplicité de Souverainetez nous donne un avantage d'un prix infini, que n'auroient pas, & que ne pourroient jamais avoir ces trois Maisons ; c'est que quand aujourd'huy les trois Chefs de ces trois Maisons seroient convenus de decider leurs differens futurs *sans Guerre*, & par l'Arbitrage du troisiéme non interessé, cette convention n'auroit aucune *sûreté suffisante* d'estre executée ; parce que deux de ces Chefs pourroient changer de sentiment durant leur vie, & que leurs Successeurs mal conseillez pourroient estre d'un sentiment opposé, & sans songer à ce qu'ils vont perdre par la discontinuation de la Paix, se liguer follement pour envahir les Etats du troisiéme : je sçay bien qu'en cela ils feroient une grande folie, & que quand ils auroient détrôné ce troisiéme, ils ne pourroient subsister long-temps, sans que l'un des deux ne détrônât l'autre : je sçay bien que les grandes folies sont rares, mais elles peuvent arriver, tant qu'elles ne sont point retenuës par de grandes craintes.

Mais la convention qui se feroit entre

les vingt-quatre Souverains, n'auroit pas
ce terrible inconvenient; c'eſt que tout ſe
decideroit dans le Congrez par les trois
quarts des voix. Or les trois quarts de
ces voix ſont de Princes moins puiſſans,
qui n'ayant pas tant d'eſperance d'envahir,
que de crainte d'eſtre envahis, ſeroient
toûjours vivement intereſſez à maintenir
l'Union, & fortement attachez à l'execution du Traité. Or comme tous enſemble
ils ſeroient beaucoup plus forts que ceux
qui par une fole ambition pourroient entreprendre de troubler l'Union & la Paix, ils
ſeroient parfaitement ſûrs ou qu'elle ne ſeroit jamais troublée, ou que les Perturbateurs ſeroient bien-tôt detrônez, & la grande crainte d'un danger auſſi grand & auſſi
évident ſuffiroit pour empêcher ces ambitieux de tenter & même de former un pareil
projet. Ainſi l'on voit que d'un côté la grande crainte d'eſtre envahis, & de perdre les
fruits ineſtimables de la Paix, ſeroit une
ſûreté ſuffiſante de la ſageſſe de tous les Souverains moins puiſſans, & de l'autre que cette
ſageſſe de ces moins puiſſans bien unis ſeroit
une *ſûreté ſuffiſante* contre la naiſſance ou le
progrez de la folie des plus puiſſans, qui
voudroient

voudroient tenter de détruire la Société.

Il est aisé de juger qu'il y a de l'avantage
pour un Souverain à signer un Traité,
quand d'un côté il est évident que ce qu'il
cede est de même nature & égal à ce qu'on
luy cede, & que de l'autre il acquiert encore quelque chose de plus qu'il n'avoit.
Or que cedera le Souverain le plus puissant
d'Europe qui signera le Traité d'Union?
Il cedera l'esperance qu'il peut avoir luy &
sa posterité, d'agrandir son Territoire aux
dépens de ses voisins. Mais que luy cedent
ses voisins? Pareilles esperances *également
fondées*, qu'ils peuvent avoir eux & leur posterité d'agrandir jamais leur Territoire aux
dépens du sien; je dis *également fondées*, puisque cette égalité de fondement est necessairement produite par l'égalité de puissance,
& par l'égalité des conjonctures à venir.
Or je viens de montrer que par le secours
des Ligues il peut y avoir en Europe une
puissance égale à la puissance de ce Souverain, qu'il y en a même déja une toute formée, qu'elle est même superieure, & qu'il
peut même y avoir deux Ligues semblables, & chacune aussi puissante que la plus
puissante Maison.

N

Je n'examine point prefentement la
veritable valeur de cette efperance d'a-
grandiffement de Territoire que le Souverain le plus puiffant abandonne en faveur
des autres Souverains : il me fuffit d'avoir
fait faire attention qu'elle eft de même nature & fondée fur les mêmes efperances
d'agrandiffement de Territoire que ces
Souverains abandonnent de leur côté en
faveur de ce Souverain.

Il y a même une confideration en faveur
de la Maifon la plus puiffante, c'eft que
comme elle eft plus près du Trône de l'Europe, qu'aucune autre, elle eft par confequent plus proche de fa ruïne totale, & qu'-
ainfi elle tirera de la Societé Européene plus
d'avantage, qu'une Maifon puiffante, en
ce que cette Societé l'empêchera d'arriver
à un terme fi pernicieux : elle n'eft pas au
faîte de la grandeur, mais elle eft au faîte
de la grandeur durable; c'eft que portée
plus loin, elle ne peut plus eftre foûtenuë
par aucune Societé ; au lieu que par l'établiffement, & par la durée de la Societé Européenne, elle durera toûjours, au lieu que
fans l'établiffement de la Societé Européenne, cette Maifon eft dans la malheureu-

fe neceffité d'eftre bouleverfée, ou par les autres Maifons après beaucoup de Guerres, ou par fes propres Sujets au milieu de la Paix:

Il demeure donc demontré: 1°. Que dans le Syftême de la Guerre c'eft une neceffité que dans le cours de quelques fiecles les Maifons Souveraines fe bouleverfent & s'anéantiffent les unes les autres, & qu'elles foient même bouleverfées par des Confpirations de leurs Sujets:

2°. Que pour la plus puiffante Maifon d'Europe, telle qu'eft la Maifon de France, il y a dans le Syftême de la Guerre deux fois plus de fondement de craindre qu'elle fera bouleverfée par quelqu'une des autres, qu'il n'y a pour elle de fondement d'efperer qu'elle les bouleverfera toutes.

3°. Que quand il arriveroit qu'elle les eût toutes bouleverfées, elle n'en feroit que dans un danger plus proche & entierement inévitable d'eftre infailliblement bouleverfée par des Confpirations toûjours fucceffives des Sujets.

Ainfi il eft certain que fi dans le Syftême de la Paix perpetuelle, & par le moyen de l'établiffement de la *Societé Européenne*

il eſt poſſible de rendre pour la Maiſon de
France toute diminution, toute perte de
Territoire impoſſible , & d'ôter à cette
Maiſon tout fondement de crainte d'eſtre
anéantie, ou par les autres, ou par ſes propres Sujers; mais à condition de renoncer
à tout agrandiſſement de Territoite , & de
donner des *ſûretez ſuffiſantes* de cette renonciation, elle gagnera beaucoup à préferer
le Syſtême de la Paix perpetuelle au Syſtême preſent de la Guerre, *& qu'il y a pourel-
le plus d'avantage à ſigner le Traité de l'établiſſement de cette Societé, qu'à ne le pas ſigner;*
& c'eſt ce que j'avois à démontrer.

SECOND AVANTAGE.

Vûë de ſubſtituer la Monarchie d'Eſpagne aux mâles de la Maiſon de France,
Impoſſibilité de rendre cette ſubſtitution
ſuffiſamment ſolide dans le Syſtême de la
Guerre : facilité de la rendre ſuffiſamment ſolide dans le Syſtême de la Paix.

Vûë de rendre la Monarchie de France
& la Monarchie d'Eſpagne abſolument in-
compatibles en un ſeul Chef. Impoſſibili-
tê d'avoir ſur cela ſûreté ſuffiſante dans le
Syſtême de la Guerre : facilité d'avoir
cette ſûreté dans le Syſtême de la Paix.

Il eſt certain qu'il eſt de la derniere importance pour l'Europe d'avoir *sûreté suffi-sante*, que ces deux Monarchies ne soient jamais unies sous même Chef, comme il est de la derniere importance pour la Maison de France d'avoir *sûreté suffisante*, que tant qu'elle aura des mâles, aucune de ces Monarchies ne passera jamais dans une autre Maison. Or que l'on compare sur cela les deux Systêmes, comment l'Europe, comment la Maison de France pourront-elles trouver dans le Systême de la Guerre, où tout est dans une perpetuelle incertitude, comment y trouver, dis-je, cette *sûreté suffisante ?*

Au contraire dans le Systême de la Paix, où rien ne peut changer, où tout est fixe & permanent, où toute Guerre est impossible, où la Societé est toute-puissante, inalterable, où les conventions seront toûjours soûtenuës par cette toute-puissance, comment n'y pas trouver cette *sûreté reciproque*, soit en faveur de la Maison de France pour la durée de son illustration, soit en faveur des autres Souverains pour leur propre tranquilité ? Il ne peut venir qu'un doute, qui est de sçavoir s'il est effectivement possible de former cette Societé, de

N iij

maniere qu'el'e foit *inalterable* : mais je demande fur cela crédit jufques après la lecture du Difcours fuivant; & j'efpere que
l'on verra la chofe parfaitement démon-
trée.

La Maifon de France ne peut jamais
avoir une garantie fûre de cette fubftitu-
tion, fi ce n'eft par le confentement & par
l'établiffement de la Societé Européenne,
& l'Europe ne peut jamais eftre parfaitement tranquile, & exemte des dépenfes
neceffaires pour fe tenir fur fes gardes, que
lorfque cette Maifon donnera les mains à
l'établiffement de cette Societé, & confen-
tira à l'incompatibilité des deux Monarchies ; il fe fera ainfi entre la Maifon de
France & le refte de l'Europe un échange
de droits, de prétentions, d'efperances,
qui fera infiniment avantageux aux deux
parties.

Donc fi la Societé Européenne peut procurer au
plus puiffant Souverain fûreté fuffifante de la perpetuité de la Paix au-dedans & au-dehors de
fon Etat, il trouvera beaucoup plus d'avantage
à figner le Traité pour l'établiffement de cette Societé, qu'à ne le pas figner.

TROISIE'ME AVANTAGE.

Voye de la force pour terminer les diferens , comparée à la voye de l'Arbitrage.

J'ay montré dans le premier Difcours que dans la conftitution prefente de l'Europe , c'eft-à-dire , dans le Syftême de la Divifion & de la Guerre, les Souverains n'avoient point d'autre moyen de decider leurs prétentions , & de terminer leurs diferens , que par la force, & que ces prétentions fe renouvelleroient toûjouts , & ne feroient jamais réellement terminées , que par la deftruction & l'aneantiffement de l'un ou de l'autre des Prétendans ; c'eft que les Traitez ne peuvent pas prévoir & regler clairement toutes les prétentions futures , & quand ils pourroient les prévoir , & les regler , les Souverains n'ont ~~jugé~~ juf-qu'icy *nulle garantie, nulle fûreté fuffifante* de l'execution de ces Traitez.

Au contraire dans le Syftême de l'Union & de la Paix , il y a un moyen fûr & effica-ces de terminer *fans Guerre* tous les differens

N iiij

futurs : c'eſt l'Arbitrage perpetuel des Souverains d'Europe continuellement repreſentez par leurs Députez aſſemblez dans un
Congrez perpetuel , parce que les Arbitres
ainſi unis ſont *ſuffſamment intereſſez* pour
vouloir fortement que leurs Jugemens
ſoient executez , & *ſuffſamment puiſſans* pour
en procurer réellement l'execution, malgré
la volonté & le pouvoir de celuy qui voudroit y reſiſter.

Voilà deux moyens très-differens, & cependant ce ſont les deux moyens uniques.
On ne ſçauroit en imaginer aucun autre
qui ſoit ſuffiſant, & comme la voye de la
force eſt le caractere principal du Syſtême
de la Diviſion & de la Guerre , la voye de
l'Arbitrage perpetuel & tout puiſſant eſt le
caractere principal du Syſtême de la Societé
& de la Paix ; il eſt donc queſtion de choiſir
& de ſçavoir lequel eſt le plus avantageux
pour le Souverain plus puiſſant de l'Europe , tel qu'eſt le Roy de France : car ſi le
moyen de l'Arbitrage eſt le plus avantageux pour le plus puiſſant, c'eſt-à-dire,
pour celuy qui a le plus à eſperer *de ſa force* ,
& le moins à craindre de la force des autres , à plus forte raiſon ſera-t-il le plus

avantageux pour le Souverain moins puiſſant, c'eſt-à-dire, pour celuy qui a moins
à eſperer *de ſa force*, & plus à craindre de celle des autres?

Il eſt certain que ſi le plus fort eſtoit *ſuffi-*
ſamment ſûr, que luy & ſes Deſcendans ſeront toûjours les plus forts, malgré les ru-
ſes de l'ennemi, malgré les hazards des Batailles, malgré les Ligues qu'on fera contre
ſa Maiſon, malgré les temps de foibleſſe de
cette Maiſon; malgré les Revoltes qui s'é-
leveront un jour dans ces Etats & dans ſa
propre Famille. Il eſt certain (dis-je) qu'a-
vec une pareille *ſûreté*, il y auroit à perdre
pour luy & pour ſa Maiſon, de faire decider ſes prétentions autrement que par la
voye de la force, puiſqu'il ſeroit ſûr de les
voir toûjours decidées ſelon ſa volonté, &
de ſe faire entierement rembourſer, tant des
frais de la Guerre, que des dommages que
ſes Sujets auroient ſoufferts, ſoit par les ho-
ſtilitez de l'ennemi, ſoit par l'interruption
du Commerce.

Mais à voir la conſtitution de l'Europe,
il s'en faut bien que ce plus puiſſant ait une
pareille ſûreté. Je prie le Lecteur de faire
attention à ce qui ſe paſſe devant ſes yeux.

Les deux Branches de la Maison de France peuvent-elles jamais estre plus unies, qu'elles ont esté depuis onze ans, c'est-à-dire, depuis le commencement de la Guerre ? Peuvent-elles jamais faire de plus grands efforts, que ceux qu'elles ont faits? Il est évident au contraire 1o. que les Alliez peuvent encore estre plus unis. 2o. Qu'ils peuvent faire encore de plus grands efforts. 3o. Qu'ils peuvent encore augmenter leur Ligue, & que si la force de l'un peut augmenter dans cinquante ans, dans cent ans, la force des autres peut augmenter en mesme proportion. Or si le Souverain le plus fort dans le temps mesme de sa plus grande force, ne sçauroit compter que tout se decidera selon sa volonté, qu'en resulte-t-il, sinon que toutes les dépenses que ses Descendans feroient à l'avenir, pour obtenir ~~des~~ par la force *des* décisions ~~Souverain~~ *favorables* sur leurs prétentions, seroient en pure pertes, comme sont les dépenses d'aujourd'huy ?

Il n'y a donc jusques-là pour le Souverain le plus puissant d'Europe aucun avantage de faire decider ses prétentions par la force, plûtôt que par les Arbitres, quand mê-

me on suppoſeroit que le Jugement favorable des Arbitres dépend autant du hazard ,
que le ſuccez d'une Bataille. Mais voicy un
avantage pour luy dans le Syſtême de l'Arbitrage , qu'il n'a pas dans le Syſtême de
la force.

1°. Si toutes les fois que le plus puiſſant
prend les armes , il étoit *ſuffiſamment ſûr* que
le pis aller de la déciſion qu'il ſe promet de
la force , n'aboutiroit qu'à luy faire perdre
tous les frais qu'il fera dans la Guerre, & tous
les dommages que ſes Sujets en ſouffriront,
peut-eſtre que , faute de bien ſupputer toutes ces pertes , & de les comparer à la veritable valeur de la prétention qui doit faire le
ſujet de la Guerre , il ſeroit aſſez mal aviſé
pour vouloir en courir les riſques , & pour
l'entreprendre : mais il n'a pas meſme cette
ſûreté que ſes ennemis le quittent pour cela ; car s'ils ont dans la Guerre une ſuperiorité ſuffiſante , qui les empeſchera de luy
oſter le tiers, la moitié, le total meſme de
ſon Etat, pour ſe dedommager de leurs
pertes paſſées ? Ce terrible inconvenient
n'eſt pas dans le Syſtême de l'Arbitrage. Le
Souverain le plus puiſſant ne peut jamais
rien perdre au-delà de ce qu'il ſoûmet au

Jugement des Arbitres ; il ne fait point de grands frais ; Ses Frontieres ne font point defolées ; fon Commerce n'eſt point interrompu, & il n'a jamais de dédommagemens à faire à fes ennemis : or qu'on fuppute la grandeur de cet avantage.

2°. Il y a plus : c'eſt que dans le Syſtême de la Guerre, le Souverain le plus puiſſant, le plus pacifique, le plus fage eſt contraint, malgré luy, de prendre parti dans les differens, dans les Guerres d'entre fes voiſins ; ainſi il a non-feulement fes propres differens à decider par la force, mais il eſt encore dans la neceſſité de faire tous fes efforts pour faire decider les differens des autres, conformément à fa propre fûreté, au lieu que dans le Syſtême de l'Arbitrage, comme chacun des Souverains *a fûreté reciproque & fuffifante* contre la mauvaife volonté des autres, chacun n'a à faire decider que fes propres differens, & fe trouve Juge de tous les differens des autres. Or je demande fi ce n'eſt pas là encore un grand avantage.

3°. Il ne faut pas prétendre que la Maifon la plus puiſſante foit dans une indépendance abfoluë ; quiconque a fujet de craindre eſt dans la dépendance ; quiconque a

grand sujet de craindre & de craindre un
grand mal, est dans une grande dépendance. Ainsi on peut dire avec véritéque tous les
Souverains, quelqu'independans qu'on les
imagine, sont dans une dependance très-
réelle les uns des autres, parce qu'ils ont à
craindre réellement les uns des autres, &
qu'une Maison est tantost plus, tantost
moins dépendante, à proportion de la force des Chefs des autres Maisons, & de la force de leurs Ligues, & cette dépendance est
d'autant plus grande pour ce Souverain
dans la voye de la force, que sa Maison est
dans un danger continuel d'estre renversée
de fond en comble par un ou plusieurs ennemis qui seront devenus les plus forts ; elle
ne dépend de personne pour prendre les armes, mais elle dépend du succez, après les
avoir prises, & le succez de ses armes dépend
de la force de ses ennemis.

Que l'on pese au contraire ce qu'elle peut
craindre dans le Systême de l'Arbitrage, &
l'on verra que comme elle a beaucoup
moins à craindre de ses Arbitres, qu'elle n'a
à craindre de ses ennemis, elle sera dans une
indépendance beaucoup moins grande
dans le Systême de l'Arbitrage, que dans le

Syſtème de là force ; car enfin elle n'a à
craindre du coſté des Arbitres, qu'à proportion de la valeur des choſes qui peuvent être
miſes en arbitrage. Or ce ne peut jamais
eſtre que pour les Frontieres ; pour le Commerce, ou pour quelque injure perſonnelle.

A l'égard des Frontieres , les Traitez
les déterminent , ou s'ils ne les déterminent pas avec toute la préciſion requi-
ſe ; la poſſeſſion actuelle & paiſible y ſuplée.
Or rout ce qui vaut la peine d'eſtre mis en
diſpute pour la poſſeſſion , eſt actuellement
poſſedé , & a des marques évidentes de
poſſeſſion actuelle, comme ſont la juriſdic-
tion , les tributs ; ou bien s'il n'y a , ni juriſ-
diction , ni tributs eſtablis, la choſe ne vaut
pas la peine d'eſtre poſſedée , & la poſſeſſion
ne vaut pas la peine d'en faire le ſujet d'une
diſpute. Ainſi il n'y aura jamais de different
pour une Province , pas meſme pour une
Ville , pas meſme pour un Bourg.

A l'égard des differens ſur le Commerce,
ces differens regardennt moins le Souverain , que ſes Sujets , mais d'ailleurs comme il ſera eſtabli , que les Loix du Commerce ſeront égales & reciproques entre les
Nations, les Arbitres, qui ſont les Sou-

verains eux-mefmes par l'organe de leurs
Députez, ne pourroient faire tort à ce Sou- *aux sujets de*
verain très-puiſſant, qu'ils ne fiſſent le mê-
me tort à leurs propres Sujets.

A l'égard des differens perſonnels entre
les Succeſſeurs des Souverains d'aujour-
d'huy, on peut dire que d'un côté entre Souverains qui vivent ſi éloignez, ces differens
font très-rares: d'ailleurs l'Offenſé a la voye
de la plainte & de la reparation, & chacun
d'eux, de peur de la honte de la reparation,
ſera fort éloigné de donner ſujet de plainte.
Enfin quand ces differens feroient intereſ-
ſans, ce font moins differens de Maiſons,
que differens de perſonnes. Or les perſonnes meurent, & les Maiſons demeurent. La
perſonne du Souverain peut alors eſtre
pour un temps dans la dépendance des Arbitres, mais ſa Maiſon eſt, à l'égard des Arbitres, dans une parfaite indépendance. Or
comme il eſt dans la neceſſité, pour la répa-
ration d'un tort perſonnel, de dépendre, ou
de la force, ou des Arbitres, & que la dépendance de la force eſt infiniment plus
grande & plus dure, il gagne conſiderablement à cet échange de dépendance.

4°. Mais quand on ſuppoſeroit de l'éga-

lité dans ces deux especes d’indépendance, ce Souverain, en passant dans le Systême de la Paix, acquiert autant qu’il cede : car enfin s’il cede aux vingt-trois autres Souverain le droit & la liberté de prendre les armes contr’eux, quand bon luy sembloit, pour se faire justice, malgré eux, les vingt-trois autres ne luy cedent-ils pas le droit, la liberté qu’ils avoient de prendre les armes contre luy, quand bon leur sembloit, pour se faire justice malgré luy ? S’il renonce par ce Traité d’Union à prendre jamais la voye de la force contr’eux, & s’il choisit en leur consideration la voye de l’Arbitrage, pour terminer les differens que luy ou ses Descendans pourront avoir avec eux, ces Souverains ne renoncent-ils pas par le mesme Traité à prendre jamais la voye de la force contre luy & ses Descendans, & ne choisissent-ils pas en sa consideration la voye de l’Arbitrage, pour terminer tous les differens qu’ils pourront avoir avec luy ou avec les Chefs futurs de sa Maison ? S’il leur cede par ce Traité le droit d’estre ses Arbitres perpetuels, qu’ils n’avoient point, ne luy cedent-ils pas de leur costé le droit d’estre leur Arbitre perpetuel, qu’il n’avoit point ? Ainsi

li quelle que foit la fuperioté que ce Souve=
rain donne aux autres Souverains, en les éta=
bliſſant pour ſes Arbitres perpetuels, ils lui
en donnent autant, en l'eſtabliſſant pour
leur Arbitre perpetuel. Quelleque ſoit la
dépendance, où il ſe met à leur égard,
telle eſt auſſi la dépendance où ils ſe met-
à ſon égard.

50. Outre les conſiderations précedentes,
qui diminuent infiniment cette ſorte de dépendance, il eſt certain que l'on a d'autant
moins à craindre ſes Juges quand on croit
avoir raiſon dans ſa demande, ou dans ſa
défenſe, que l'on eſt ſûr que ces Juges ſont
éclairez, équitables, & ſollicitez à l'équité
par leur propre intereſt. Or les Souverains qui ſçavent que leur Jugement arbitral ſervira de loy & de regle contre eux=
mêmes & contre leurs Succeſſeurs, pour
tous les cas pareils, ne ſçauroient eſtre
plus fortement intereſſez qu'ils le ſeront,
à rendre des Jugemens parfaitement équitables. Or moins les Juges ſont à craindre
pour ce Souverain, moins la dépendance
luy ſera ſenſible ; de ſorte que la dépendance où il ſe mettra à l'égard de l'Arbitrage, ne ſera que l'ombre de celle

O

où i' est actuellement à l'égard de la force,
& dont luy & ses descendans seront déli-
vrez pour jamais.

60. Quand la dépendance où est sa Maison dans le Système de la force, ne seroit
pas plus grande & plus dure, que la dépendance où elle sera dans le Système de l'Arbitrage, il y auroit toûjours une distance
infinie entre ces deux voyes de terminer les
differens, à n'y considerer que les frais immenses que coûte la voye de la Guerre;
mais c'est un des autres avantages dont
nous allons parler.

*Donc si la Societé Européenne peut procurer
au plus puissant Souverain sûreté suffisante de
la perpetuité de la Paix au-dedans & au-dehors de son Etat, il trouvera beaucoup plus
d'avantages à signer le Traité pour l'établissement de cette Societé, qu'à ne le pas signer.*

QUATRIEME AVANTAGE.

Le pouvoir & l'indépendance dans le
Système de la Guerre comparé avec le
pouvoir & l'indépendance dans le Systême de la Paix.

S'il n'y avoit en Europe que deux Prin-

ces également puiſſans, ils ſeroient de droit
abſolument indépendans l'un de l'autre :
mais comme ils auroient à ſe craindre l'un
l'autre, ils ſeroient de fait dépendans l'un
de l'aure ; car tout homme dépend de fait
de tous ceux de qui il a à craindre, & il en
dépend d'autant plus, qu'il a plus à en
craindre. Dans cette ſuppoſition ces deux
Princes ayant également à craindre l'un de
l'autre, ſeroient l'un à l'égard de l'autre
dans une égale dépendance de fait, qui eſt
une dépendance naturelle & très-réelle.

Il eſt viſible que s'ils pouvoient trouver
un expedient pour n'avoir jamais à ſe craindre, ce feroit pour eux un grand avantage de ſortir ainſi de leur mutuelle dépendance. Or comme le plus puiſſant Prince
d'Europe peut rencontrer, & rencontrera
toûjours des Ligues auſſi puiſſantes que luy,
s'il peut trouver un expedient de n'avoir jamais rien à craindre, ny de ces Ligues, ny
d'aucun des membres de ces Ligues, il eſt
viſible qu'il ſortiroit d'une dépendance de
fait, qui eſt toûjours fort dure & fort con-
traignante. Or cet expedient on ne ſçauroit jamais le trouver dans le Syſtême de la
Guerre, où chacun ne viſe qu'à la force

& aux voyes de fait ; & il eſt au contraire
tout trouvé dans le Syſtême de la Societé
& de la Paix, où l'on ne ſuivroit que la voye
de l'équité & du droit, & où l'on n'auroit
jamais rien à craindre l'un de l'autre , parce
que tous ſeroient ſous la protection de la
Societé.

Pourquoi un Citoyen dit-il avec raiſon
qu'il ne dépend point d'un autre Citoyen
ſon voiſin ? C'eſt qu'il n'a rien à en craindre. Pourquoi n'a-t-il rien à en craindre?
C'eſt que ce voiſin ne peut pas venir *impunément* à main armée luy enlever ſes
biens, & luy ôter la vie. Et pourquoi ne le
peut-il pas impunément, & ſans qu'il luy
en coûtât à luy - même la vie? C'eſt qu'ils
vivent tous deux dans une Societé attenti-
ve & intereſſée à faire obſerver ſes Loix
ſur peine de mort dans une Societé ſuffiſamment puiſſante pour en procurer l'obſervation malgré la reſiſtance des Refra-
ctaires. Ces Citoyens ſont donc réellement
indépendans l'un de l'autre; ſans la Societé
ils n'auroient point cette indépendance.
Les Chefs de Familles des Sauvages n'ont
pas cette heureuſe indépendance ; on peut
leur enlever leurs biens *impunément*; ils peu-

vent eſtre aſſaſſinez tous les jours *impunément.* Ainſi faute de Loix, faute de Societé,
ils vivent les uns à l'égard des autres dans
la plus dure de toutes les dépendances.

Que ſi l'on ſuppoſe, comme il n'arrive
que trop ſouvent, que la Maiſon du Souverain en queſtion, n'ait pour Chef qu'un
enfant, ou un imbécile, cette Maiſon
dans le Syſtême de la Guerre entrera dans
une plus grande dépendance à l'égard de
ſes voiſins ; de ſorte que ſi c'eſt un grand
avantage pour elle de ſortir de la dépendance dans le temps même de ſa plus grande force, à plus forte raiſon trouvera-t-
elle un plus grand avantage de ſortir de
cette dépendance dans le temps de ſa foibleſſe. Ainſi ce Souverain trouve dans le
Traité d'Union le ſecret ſi deſirable pour
un Prince ſage & prévoyant d'égaler les
temps de foibleſſe de ſa Maiſon, aux temps
de ſa plus grande force ; avantage qu'il ne
peut jamais trouver, que dans un pareil
Traité.

Voilà ce qui regarde ſa ſituation à l'é-
gard des Souverains ſes voiſins. Mais ſi
l'on conſidere le pouvoir que ce Souverain
a ſur ſes Sujets, & la dépendance où ils

font à fon égard dans le Syftême de la
Guerre, & qu'on les compare au pouvoir
qu'il a fur eux, & à leur dépendance dans le
Syftême de la Paix, il fe prefente un avantage vifible, & très-confiderable; c'eft que
dans le Syftême de la Guerre les Sujets
pourroient fe revolter, & fe flatter en fe
revoltant de rendre leur condition meilleure, parce qu'ils pourroient efperer du fecours des Souverains voifins, ou du moins
de fe foûtenir par leurs propres forces;
ainfi leur dépendance eft beaucoup moindre, & le pouvoir du Souverain fort contraint. Mais dans le Syftême de la Paix
les Sujets de ce Souverain non-feulement
n'auront nul fecours à efperer dans leurs
revoltes; mais au contraire ils auront encore à craindre le fecours que la Societé
Européenne tiendra toûjours tout preft,
pour aider leur Souverain à les punir.

Il me femble qu'il demeure démontré que
l'indépendance de droit demeure la même
dans les deux Syftêmes, mais que la dépendance de fait, qui nous fait toûjours
craindre ou la force cachée, ou la force ouverte de la part de nos voifins & de nos
ennemis, que cette dépendance, dis-je,

eſt abſolument inſeparable du Syſtême de la Guerre, au lieu qu'elle ſeroit anéantie dans le Syſtême de la Paix. Or je fais Juge tout bon eſtimateur, ſi l'exemption de cette terrible dépendance n'eſt pas pour le bonheur de la vie, & pour la durée des Maiſons Souveraines d'un prix infini.

L'augmentation du pouvoir à l'égard des Sujets n'eſt pas moins ſenſible : cet avantage eſt même ſi ſenſible pour le Souverain, que l'on m'a objecté que cette augmentation de pouvoir faciliteroit la tirannie, c'eſt à-dire, l'abus du grand pouvoir. Je répondray ailleurs à cette objection ; il me ſuffit de montrer icy que le pouvoir du Souverain le plus puiſſant augmenteroit encore très-conſiderablement dans le Syſtême de la Paix.

Donc ſi la Société Européenne peut procurer au plus puiſſant Souverain ſûreté ſuffiſante de la perpetuité de la Paix au-dedans & au-dehors de ſon Etat, il trouvera beaucoup plus d'avantage à ſigner le Traité pour l'eſtabliſſement de cette Société, qu'à ne le pas ſigner.

CINQUIE'ME AVANTAGE

Progrez des Loix, des Reglemens, des Etabliſſemens utiles dans le Syſtême de la Guerre, comparé avec le progrez qu'ils feroient dans le Syſtême de la Paix.

Chacun ſçait que plus les Loix & les Reglemens d'un Etat ſe perfectionnent, plus il devient floriſſant, & plus il eſt floriſſant, plus le Souverain en tire de richeſſes, & d'autres avantages conſiderables: or loin que les Loix & les Reglemens ſe perfectionnent durant la Guerre, c'eſt préciſément le temps où ils ſont le plus negligez & le plus mal obſervez : les eſtabliſſemens utiles, loin de s'augmenter, tombent tous les jours en décadence.

1º. Il y a, par exemple, dans la plûpart des Etats de bonnes Loix pour prévenir les ſujets de procez entre les Sujets, pour les terminer à petits frais : mais il eſt facile de montrer que l'on pourroit les perfectionner, diminuer de plus de la moitié le nombre des procez, les terminer auſſi équitablement, plus promptement & à moindres

frais. Qui empefche que l'on ne faſſe travailler ceux qui pourroient travailler utile-
ment à cette matiere? La Guerre. Qui empefche que l'on ne faſſe uſage des bons Memoires que l'on a déja donnez ſur cela? La
Guerre. Qui peut donner au Souverain le
loiſir & les moyens d'y pourvoir? La Paix, la
ſeule Paix perpetuelle.

2°. Rien ne contribueroit davantage à
augmenter le bonheur du Souverain & de
ſes Sujets, que de trouver le ſecret de les
obliger par leur propre intereſt à ne ſonger
qu'à ſe perfectionner dans les talens de leur
condition, à pratiquer tous les jours avec
plus d'exactitude les vertus de leur Etat, il
n'y auroit pour cela qu'à trouver le ſecret
de faire connoiſtre au Souverain avec certitude les divers degrez de merite de ceux qui
ſe preſentent pour les emplois publics. Or
on trouve des choſes plus difficiles à trouver. Mais qui empefche de propoſer des
prix à ceux qui donneroient ſur cela de
meilleurs Memoires? La Guerre. Et quand
ils en donneroient, qui empefcheroit d'en
faire uſage? La Guerre. Au contraire n'au-
roit-on pas, pour y réüſſir, tout le loiſir &
toutes les facilitez poſſibles dans le Syſtê-

me de la Paix.

3°. Il y a dans les grandes Villes & dans les Provinces un grand nombre d'excellens esprits, qui ont assez de loisir & de capacité, pour creuser les matieres les plus difficiles, & pour donner d'excellens Memoires, afin de faire naistre des Reglemens très-importans. Qui empesche de former sous les yeux de chaque Ministre une Assemblée d'excellens Connoisseurs, pour tailler de la besogne à ces excellens esprits, pour diriger leur travail, & pour juger entre leurs ouvrages, ceux qui seroient les plus dignes des recompenses honorables & utiles? N'est-ce pas la Guerre? Et y a-t-il un Systême plus commode pour faire un establissement si utile, que le Systême de la Paix perpetuelle.

4°. On sçait combien il est important à un Etat d'avoir des chemins sûrs & commodes. Il y a pour cela de bons Reglemens: mais rien ne prouve mieux qu'ils ne sont pas assez parfaits, puisqu'ils sont si mal exetez. Les Reglemens n'ont jamais atteint leur perfection, qu'il n'y ait *assez* de gens *suffisamment* interessez à les faire executer avec exactitude. Or qui empesche de per-

fectionner ces Reglemens ? La Guerre. Je
sçay des gens qui ont donné des Memoires.
On a remis à les examiner après la Guerre.
C'est que la Guerre occupe presentement
tous les esprits , & tout ce qui n'est point
Guerre , se remet sans distinction à la
Paix.

§ Il n'y a personne qui ne sçache que c'est
un grand malheur pour un Etat, que d'ê-
tre exposé de temps en temps à la famine.
La dépense qu'il faudroit faire, pour éviter
ce terrible malheur, en greniers & en magazins , ne monteroit pas à la centiéme
partie de la perte que fait l'Etat durant chaque siecle. Qui empesche les Souverains
d'y pourvoir? La dépense, les soins de la
Guerre. Au contraire y auroit-il rien de plus
aisé à pratiquer avec ordre & avec exactitude dans le Systême de la Paix perpetuelle? Il
y a mesme une reflexion importante sur ce
sujet; c'est que les famines sont beaucoup
plus redoutables en tems de Guerre par l'interruption du Commerce, au lieu que dans
la Paix , comme tous les Péïs de l'Europe
ne peuvent pas estre dans une égale disette
de bleds, le Commerce rendroit ce malheur
incomparablement moins à craindre.

60. Les Etats fleuriſſent à proportion du nombre des excellens eſprits & des bons Citoyens qui ſont dans les emplois publics. Or on ſçait que les lumieres & les vertus ne croiſſent qu'à meſure que l'eſprit & le cœur ont été long-tems exercez, & en differentes manieres dans la jeuneſſe. Or ne peut-onpas perfectionner l'éducation des enfans ? Qui doute qu'on ne puiſſe rendre dans les Villes & dans les villages les petites Ecoles plus frequentes & meilleurés ? Qui doute qu'on ne puiſſe avoir des Couvens de Religieuſes uniquement deſtinez à l'éducation des jeunes filles, & rendre peu à peu cette éducation beaucoup meilleure qu'elle n'eſt? Or qui ne ſçait la difference de femme à femme dans une famille, & la difference que met le plus ou le moins d'éducation entre les femmes, auſſibien qu'entre les hommes?Combien de jeunes gens ſortent du College pour l'armée,dans le tems qu'ilsauroient à faire des études importantes, pour leur élever l'eſprit? Combien pourroit-on abreger les methodes, pour leur enſeigner de chaque ſcience, de chaque art,ce que chaque âge en peut facilement comprendre? Mais il faudroit occuper ſur cela d'habiles gens.Il faudroit une

application fuivie, & des Infpecteurs qui en
rendiffent compte aux Miniftres de chaque Etat. Qui empefche que la plûpart de
ces Reglemens ne fe faffent, que l'on ne fon-
ge à ces Etabliffemens ? Les foins preffans
de la Guerre ; c'eft la Guerre qui ramene la
barbarie dans les Etats les mieux policez. Il y
a long-temps que l'on dit que les Loix
font muettes durant la Guerre. On peut dire que fi de toutes parts on perfectionnoit
les methodes pour l'efprit & la difcipline
pous les mœurs, les grands hommes de ce
fiecle ne feroient, pour ainfi dire, que des
écoliers, en comparaifon des grands hommes des fiecles futurs. Or qui peut donner à
l'Europe cette grande perfection, fi ce
n'eft l'eftabliffement d'une Paix inaltérable?

7°. Il n'y a perfonne de nous qui ne
croye qu'il eft poffible de rendre les revenus
du Souverain beaucoup plus grands, en
augmentant les revenus des Sujets ; qu'il
n'eft pas impoffible de rendre les Impofitions plus proportionnées aux forces de chaque Sujet, moins préjudiciables au Commerce, & furtout beaucoup plus faciles à
percevoir : mais il faudroit pour cela une

Compagnie eſtablie pour examiner avec
une grande préciſion les Memoires ſur cette matiere : il faudroit, avant que le Souverain pût faire un ſi grand changement,
qu'il fût ſûr d'une longue Paix au-dedans
& au-dehors. Or comment trouver cette
ſûreté dans le Syſtême de la Guerre?

Si je propoſe plûtôt ces matieres, que
d'autres, pour exemple, ce n'eſt pas qu'il n'y
en ait encore de fort importantes, & qui méritent de bons Reglemens : mais c'eſt qu'a-
yant plus approfondi celles-cy, j'en ay auſſi
plus ſenti l'importance. J'ajoûterai une choſe, c'eſt que pour faire executer les bons Reglemens, il faut neceſſairement trouver le
moyen d'intereſſer vivement une partie des
Sujets à en procurer l'execution ; cela ne ſe
peut faire ſans des eſtabliſſemens nouveaux ; il faudroit pour cela tirer des Péïs
voiſins des modeles de ceux qui y ſont déja formez ; il faudroit plus de loiſir pour y
penſer ; il faudroit des fonds propres à y être
employez ; il faudroit meſme ſouvent pour
faire ces eſtabliſſemens encore plus d'autorité ſur ſes Peuples, que n'en a le Souverain. Or peut-on jamais ſe promettre pareils
avantages dans le Syſtême de la Guerre, ou

peut-on jamais se les promettre la dixiéme
partie aussi grands qu'on les auroit infailliblement dans le Systême de la Paix.

Il y a plus : c'est que quand dix Souverains
de suite auroient bien pris de la peine à poli-
cer le mesme Etat, un Conquerant à la teste
de Nations barbares viendra envahir cet
Etat, & le replongera pour dix siecles dans
la plus grande barbarie. Les exemples ne
nous manquent pas. Tels sont les effets du
Systême de la Guerre; tels les effets du Systême de la Paix. Or que le Lecteur se mette, s'il se peut, à la place du plus puissant
Souverain de l'Europe, & qu'on luy vienne proposer de signer un Traité de Societé
entre tous les autres Souverains, pour rendre la Paix inaltérable, refusera-t-il de le signer ? Ne sentiroit-il pas au contraire la
plus grande joye qu'il eût jamais sentie, de
contribuer pour sa part à un Etablissement
aussi avantageux pour luy, pour sa Maison
& pour ses Sujets.

SIXIE'ME AVANTAGE.

La peine de cacher ſes vûës dans le Syſtême de la Guerre, comparé avec la commodité de marcher ouvertement dans le
Syſtême de la Paix.

Je ne prétens pas que dans le Syſtême de
la Paix un Souverain n'ait jamais rien à cacher de ſes deſſeins, mais il eſt certain qu'il
en aura trois fois moins à cacher, ſoit à l'é-
gard de ſes voiſins, ſoit à l'égard de ſes Sujets. C'eſt qu'à l'égard de ſes voiſins, comme tous les Traitez futurs qu'il fera avec eux
feront faits à la Ville de Paix au vû, au ſçû
& du conſentement de tous les autres Souverains, il n'aura aucune crainte d'eſtre
trompé, ni aucune eſperance de tromper.
Ainſi nul n'oſera jamais rien propoſer qu'il
ne ſoit aſſûré luy-meſme qu'il ne propoſe
rien que de convenable & d'équitable.

A l'égard de ſes Sujets, ce qui pourroit
l'obliger à leur cacher ſes deſſeins, ce ſeroit
qu'il craindroit, en les découvrant, qu'ils ne
s'y oppoſaſſent par quelque Revolte. Mais
quoique ces deſſeins leur fuſſent dans le
fond

fond avantageux, mais comme il ne craindra point de Guerre étrangere, & comme il
fera encore appuyé du fecours de l'Union,
il n'aura rien à menager fur le myftere : au
contraire, fi c'eft un bon Prince, il peut, com-
muniquant tantôt un loüable deffein, tan-
toft un autre , propofer des recompenfes à
ceux qui luy fourniront de meilleurs Memoires, pour en faciliter l'execution : or quel
avantage n'eft-ce point pour un Souverain,
de pouvoir , pour l'avancement de fes deffeins, mettre, pour ainfi dire, en œuvre, & à
peu de frais , les plus excellens efprits de
fon Etat, pour fa propre utilité, & pour celle de fes propres Sujets ?

Dans le Syftême de la Guerre au contraire le plus puiffant Souverain eft trés-
contraint par le fecret ; s'il ne communique
fes deffeins, qu'à peu de perfonnes, il ne fera fecouru , que par peu de lumiere ; s'il le
communique à un grand nombre de perfonnes, il perd l'avantage du fecret : c'eft
que dans ce Syftême il a à craindre & voifins & Sujets : il eft dans leur dépendance ;
il eft même fouvent comme forcé de cacher fes profonds deffeins, & de tromper les
uns & les autres, de peur d'en eftre accablé :

P

souvent le Peuple est incapable de voir
qu'un établissement lui est, à tout prendre,
beaucoup plus avantageux, que dèfavan-
tageux. Ainsi le bon Prince même se trouve dans la necessité de dissimuler, & de ne
rien changer que par des degrez insensi-
bles, & cette contrainte, & ces longueurs
retardent infiniment ses grands desseins : au
contraire quelle difference il trouveroit en
cela dans le Systême de la Paix?

SEPTIE'ME AVANTAGE

Progrez des Arts & des Sciences dans
le Systême de la Guerre, comparé au
progrez qu'ils feroient dans le Système
de la Paix.

Tout le monde sçait combien les Arts &
les Sciences peuvent contribuer à rendre un
Etat riche & florissant ; avec le secours des
Arts un homme peut faire autant que vingt
autres qui feront sans Art : il peut faire
avec dix Ecus, ce qu'un autre sans Art
ne feroit pas avec deux cens Ecus. On
peut se convaincre de cette verité, en jet-
tant les yeux sur l'Imprimerie, sur la Gravure, & sur des Arts plus anciens, sur les

Moulins, fur les Voitures par eau, & fur
cent autres Arts ; d'un autre côté les Sciences aident à perfectionner les Arts, & les
Sciences Speculatives elles-mêmes, par
leurs lumieres & par leurs Methodes, peuvent beaucoup fervir à perfectionner la
Medecine, la Jurifprudence, la Morale, &
furtout la Politique, dont dépend le bonheur des Souverains, & de leurs Sujets.

Or qui ne voit la prodigieufe difference
qu'il y auroit dans les Arts & dans les Sciences, fi les dépenfes & les foins de la Guerre
n'en retardoient jamais le progrez ?. Combien de familles fe trouvent pendant la
guerre dans l'impoffibilité de faire la dépenfe d'une éducation convenable ? Combien
de gens occupez du métier de la Guerre, fe
feroient appliquez heureufement les uns
aux Arts, les autres aux Sciences ? Combien
les Penfions, combien les Prix pour les plus
habiles auroient excité d'émulation entre
les bons efprits ? Or n'eft-il pas vifible que
plus il y a de bons efprits appliquez à une
Science, que plus leurs efforts font excitez
par l'émulation, plus auffi les progrez im-
perceptibles qu'ils font tous les jours, deviennent fenfibles, même chaque année?

Combien pourroit-on emprunter de choſes des Nations étrangeres, & les perfeÑioñer, ſans l'interruption du Commerce? Voilà les veritables moyens d'agrandir & d'enrichir ſon Etat, de luy donner de la ſplendeur. Or le Souverain le plus puiſſant peut-il jamais trouver les moyens de faciliter & de procurer un grand progrez des Arts & des Sciences, qu'en ſignant un Traité qui lui donne ſûreté entiere de la perpetuité de la Paix?

HUITIE'ME AVANTAGE.

Durée des Monumens dans le Syſtême de la Guerre, comparée avec leur durée dans le Syſtême de la Paix.

La grande augmentation qui arriveroit aux revenus des Souverains, & ſurtout aux plus puiſſans, leur donneroit une merveilleuſe facilité, pour élever de ſuperbes Palais, des Temples magnifiques, pour faire des grands Chemins commodes, des Canaux, des Aqueducs, des Hôpitaux, des Ports, des Ponts pour augmenter les Academies, les Colleges, les Maiſons de Pieté pour enrichir les Bibliotêques publiques, & les Cabinets curieux, pour former quantité d'autres Etabliſſemens utiles Monumens de leur magnificence, de leur bonté, de leur ſageſſe: mais ce qui ſeroit de plus important pour ces Souverains, & pour leur poſterité, c'eſt que ces Monumens fuſſent durables. Or quelle durée peut-on ſe promettre dans le Syſtême de la Guerre, où chaque ſiecle voit détruire quelque choſe, qui meritoit de durer? Combien regretons-nous d'excellens ouvrages de Sculpture, de Gravure, d'Architecture, combien d'Hiſtoires curieuſes, de Regiſtres publics? Qui les a fait périr? La Guerre? Combien de Livres anciens & d'autres Monumens de l'antiquité furent brûlez dans la ſeule Bibliotêque d'Alexandrie, lors de la Guerre Civile de Ceſar? Combien les Goths, les Wandales, les Turcs, & les autres Barbares en ont-ils aneantis? Qui garantira nos Monumens preſens du même ſort qu'ont eu les anciens? Il n'y a qu'une tranquilité perpetuelle, qui puiſſe les conſerver à la poſterité. Or cette tranquilité, qui peut l'aſſûrer aux Etats, aux Souverains les plus puiſſans, ſi ce n'eſt le Traité de l'Union qu'on leur propoſe?

Alors tout ce qui meritera de durer , durera , & rien ne fera enfeveli dans l'oubli,
que ce qui meritera d'eftre oublié.

NEUVIE'ME AVANTAGE.

Reputation des Souverains dans le Syftême de la Guerre , comparée à la reputation qu'ils acquereroient en contri-
buant à rendre la Paix inalterable.

Que font les Souverains pour leur reputation dans le Syftême de la Guerre , je parle même des meilleurs Princes , & des plus
humains? Ils font fouvent forcez d'acabler
leurs Sujets de fubfides : ils font fouvent
dans la neceffité de ravager & de brûler les
Provinces de leurs ennemis , & même leurs
propres Provinces : que refulte-t-il de ces
maux qu'ils caufent à tant d'innocens? Une
reputation paur la pofterité fort odieufe
dans les Ouvrages de beaucoup d'Ecri-
vains , glorieufe dans lés Ecrits de quelques
Plumes mercenaires , mais certainement
très - douteufe & très-mêlée , telle que nul
homme ne voudroit en avoir une pareille : c'eft que le mal que le Conquerant fait
fouffrir & aux ennemis , & à fes propres Su-

jets, indifpofe extrêmement les efprits contre lui : on ne lui tient prefque aucun compte, ni de fes bonnes qualitez, ni de fes grands talens : au contraire ceux qui fouffrent, ou qui ont fouffert, chargent fes defauts : un grand Conquerant eft un Prince prefque generalement haï de tous les Peuples, & des fiens même ; on le regarde, comme nos ancêtres regardoient Attila. Telle eft la reputation qu'il laiffe dans le Syftême de la Guerre.

Que l'on voye au contraire ce que ce Souverain peut efperer pour l'intereft de fa reputation dans l'établiffement de la Paix inalterable ; la gloire d'avoir part au plus grand & au plus defirable établiffement qui ait jamais efté, & qui fera jamais fur la Terre, eft certainement une efpece de gloire digne d'un Souverain, dont les fentimens font nobles, & les vûës élevées. Il eft vifible qu'entre les Souverains, celui qui fera le plus puiffant, & qui follicitera plus fortement la fignature de ce Traité d'Union, aura plus de part que tout autre à cette gloire ; puifque d'un côté il cedera plus d'efperances & plus de pretentions, que les autres, & que de l'autre par fon credit, par

son pouvoir, & par son exemple, il agira
bien plus efficacement, qu'aucun autre.

Il sera éternellement regardé de son Peuple, comme celui de tous les Princes, dont
il aura reçû le plus durable bienfait : il sera
de même regardé par toutes les autres Nations presentes, & par leurs generations
les plus reculées, comme un des Pacifica-
teurs de la Terre, & comme le plus grand
de tous les Bienfaicteurs : & après tout y
a-t-il quelque espece de gloire compara-
ble à celle de faire du bien, un très-grand
bien, très-durable, non-seulement à un
très-grand nombre de personnes, de toutes sortes de merites, non-seulement à tous
ses Sujets, mais encore à tous les Peuples
de la Terre, & de tous les siecles futurs?
Y a-t-il rien qui approche plus l'homme de
la Divinité? Y a-t-il rien de plus glorieux,
que de travailler efficacement à aneantir
pour jamais un monstre furieux, tel que la
Guerre, qui devore tous les ans tant de
milliers d'hommes, qui ruïne tant de Villes magnifiques, qui desole tant de Provinces opulentes & abondantes, & qui re-
naît incessamment de ses cendres? Qu'est-
ce que la gloire des Hercules, des Thesées,

& des autres Heros, dont on parle depuis
depuis trois mille ans, en comparaiſon de
cette gloire ?

Que ne devroit-on point donner, que
de devroit-on point tenter, pour meriter
& pour obtenir une pareille gloire dans ſon
ſiecle, & dans les ſiecles futurs? Et n'eſt-
il pas heureux pour un puiſſant Souverain,
d'avoir en cette occaſion de plus grandes
eſperances, que les autres, à ſacrifier à la
felicité des hommes ? N'eſt-ce pas même
un grand bonheur pour lui, de trouver
dans l'execution d'un pareil établiſſement
des difficultez, qui paroiſſent inſurmon-
tables ?

Cependant telle ſera la gloire qu'acquere-
ra le premier des Souverains qui enrrepren-
dra de ſurmonter ces obſtacles, & qui les
ſurmontera: il eſt vray que les autres qui
s'uniront à lui pour lui aider à les ſurmonter, auront part à la même gloire ; mais le
premier qui mettra la main à l'œuvre, paſ-
ſera toûjours, & avec juſtice, pour le principal promoteur de l'œuvre : & quel autre
deſſein peut jamais lui attirer plus d'honneur, contribuer davantage à remplir le
reſte de ſa vie d'agrémens, & de ſujèts d'u-

ne joye raifonnable ? Quel autre Projet,
quel autre Ouvrage, quel autre Monu-
ment peut rendre plus fûrement fa memoire immortelle, & faire que fon nom foit
toûjours en benediction chez tous les gens
de bien ?

On facrifie volontiers tous fes travaux,
toutes fes veilles, toutes fes fatigues, tous
fes dangers, pour acquerir des portions de
gloire, qui ne valent pas toutes enfemble
la centiéme partie de celle-cy ; car icy tout
y eft au fuprème degré, l'objet, le facrifice,
les obftacles. Or que l'on m'indique pour
un homme fenfible à la belle gloire, un
avantage auffi confiderable.

Mais je vas plus loin que la gloire humaine, je porte plus loin mes vûës ; quel
Projet plus digne d'un fage d'un Heros
Chrétien, qui fe foucie de faire du bien &
de rendre les autres heureux, fans fe fou-
cier des loüanges legitimes que les hommes peuvent donner à fa vertu ?

DIXIEME AVANTAGE.

Situation d'esprit d'un Souverain dans le Systême de la Guerre, comparée à la situation de son esprit dans le Systême de la Paix.

Nous avons montré que le Souverain même le plus puissant de l'Europe dans le Systême de la Guerre à beaucoup plus de sujets de craindre les bouleversemens de sa Maison, qu'il n'a de sujet d'esperer l'agrandissement de son Territoire. Nous venons de montrer qu'à l'égard de la reputation, il n'y a pas même à gagner pour lui, & qu'une reputation, qui n'est fondée que sur les malheurs & les ruïnes d'une infinité de familles, sur le massacre d'une infinité de personnes innocentes, & sur la desolation du genre humain, est une reputation bien odieuse: Que lui reste-t-il donc, s'il n'a ni sujet d'esperer, ni sujet même de desirer la Monarchie de l'Europe, ni l'esperance d'une reputation desirable? Veut-il que l'on ne puisse se souvenir de lui, que comme l'on se souvient de ce scelerat, qui dans la vûë de faire durer son nom, brûla le

Temple d'Ephéfe, une des Merveilles du monde? Ne peut-il prendre de plaifir qu'au milieu du fang & du carnage? Si cela eft, ce n'eft pas un homme que l'on puiffe jamais aimer; c'eft un monftre qu'il faut promptement étouffer.

Mais s'il ne fait la Guerre, que pour obtenir juftice, ne l'aura-t-il pas dans le Syftême de la Paix, & ne fera-t-il pas fûr même qu'on ne lui ôtera jamais rien, ni à lui, ni aux fiens de ce qu'il poffede déja? D'ailleurs n'eft-il pas certain que quelque confiance qu'ait un Souverain dans le nombre & dans la valeur de fes Troupes, le hazard des Batailles & des autres évennemens de la Guerre lui caufe toûjours de grandes inquietudes durant les Etez, & beaucoup de foins fâcheux, pour en faire les préparatifs, durant les Hyvers? Or quand il auroit toûjours eu jufqu'icy des fuccez heureux, ne doit-on pas toûjours en rabatre toutes les peines, dont on les achette? Mais les plus heureux ont des revers, & ils font d'autant plus fenfibles aux évenemens malheureux, qu'ils ont efté plus accoûtamez au plaifir du fuccez.

Je fçay bien que pour rendre heureux

un grand genie, un grand courage, un
temperamment actif & laborieux, il lui faut
de l'occupation : mais autant qu'une occupation convenable à son caractere lui peut
apporter de contentement, autant les agitations cruellles que causent les inquietudes, peuvent le rendre malheureux ; l'a-
me a besoin de mouvement, mait non pas
d'un mouvement excessif : qu'elle desire &
qu'elle agisse pour arriver à son but, à la
bonne heure : mais qu'elle ne soit jamais, s'il
est possible, dans les cruelles agitations d'u-
ne grande crainte.

Dans le Systême de la Guerre ce Souverain n'est pas seulement occupé, il est agité,
& souvent cruellement agité : souvent c'est
malgré lui qu'il fait la Guerre. Dans le Systême de la Paix au contraire il n'a d'occupation, que celle qu'il se choisit ; il n'a rien
à craindre, ni de ses voisins, ni de ses Sujets. Ainsi il peut en tranquilité goûter tous
les plaisirs d'un Prince sage : il peut meriter
l'amour de ses Peuples par son application
à les rendre tous les jours plus heureux que
les autres Peuples ; il peut ainsi, s'il aime la
belle gloire, contenter pleinement ses
desirs.

Or que l'on juge prefentement combien
la fituation d'efprit que peut donner le Syftême de la Paix eft préferable à celle que
donne le Syftême de la Guerre.

ONZIE'ME AVANTAGE.

Produit du Commerce pendant la Guerre, comparé au produit du Commerce
pendant la Paix.

Le revenu du Royaume de France en
fonds de terre, y compris les fonds du Clergé, monte environ à quatre cens cinquante millions : le Commerce étranger par
terre & par mer, & le Commerce interieur
de Province à Province, de Ville à Ville,
monte au moins à pareille fomme; mais le
Commerce étranger feul peut aller au
moins au tiers du Commerce total, c'eft-à-
dire, à cent cinquante millions.
Il y a Guerre en France au moins de vingt
années, dix, c'eft-à-dire, que la moitié
d'un fiecle fe paffe en differentes Guerres,
l'autre moitié en differentes Treves; on
peut donc compter que la France perdant
fon Commerce étranger durant la moitié
du fiecle, elle perd cinquante fois cent cin-

quante millions , ou fept mille cinq cens
millions en un fiecle , ou foixante & quinze
millions par an durant chaque fiecle, année commune.

Je fçay bien que ce font les particuliers ,
& non le Roy, qui font le Commerce ;
mais le Roy par fes droits d'entrée & de
fortie , par l'interruption du Commerce
du Sel, par la diminution de la confomma-
tion , & par la diminution du Commerce
Maritime de Province à Province, y fait
lui-même plus de la cinquiéme partie de
cette perte ; ainfi de ce côté-là , fi des foixante & quinze millions , fes Sujets en perdent foixante millions, il perd pour fa part
quinze millions par an , année commune , fur fes revenus ordinaires.

Il eft même certain qu'une partie des Sujets qui font employez à la Guerre, feroient
employez au Commerce étranger, & que
rien n'eft plus capable d'enrichir l'Etat, que
l'application des Sujets au Commerce. *Ainfi
il eft vifible que fi la Societé Européenne peut procurer au plus puißant Souvreain fûreté fuffifante
de la perpetuité de la Paix au-dedans & au-
dehors de fon Etat , il trouvera beaucoup plus
d'avantage à figner le Traité pour l'établißement*

de cette Societé, qu'à ne le pas signer.

DOUZIE'ME AVANTAGE.

Multiplication des Sujets.

Ceux qui sont tuez dans les Combats, causent à l'Etat un affoiblissement proportionné à leur nombre. Ce grand nombre de Soldats & d'Officiers, qui périssent dans ces rencontres, auroit servi à la multiplication des Sujets. Or plus il y a de Sujets, plus les Manufactures produisent, mieux les Terres sont cultivées, plus elles rapportent; d'ailleurs plus il y a de gens occupez au Commerce, plus le Péïs s'enrichit; il n'y a donc pas de comparaison à faire de ce côté-là entre le Systême de la Guerre, où nous vivons, & le Systême de la Paix, où nous pouvons vivre.

TREIZIE'ME AVANTAGE.

Tribut des Provinces Frontieres dans le Systême de la Guerre, comparé au Tribut des mêmes Provinces dans le Systême de la Paix.

Il me semble que le Lecteur sçait assez

que

que des Péïs défolez tous les jours par les
fouragemens, fouvent par des incendies,
font entierement hors d'Etat de payer les
tributs ordinaires ; or cette perte monte par
an dans les temps de Guerre en France à
plus de deux million ; ainſi comme de
vingt années il y en a dix de Guerre, on
peut compter qu'année commune il en
coûte au Roy plus d'un millions, & à ſes
Sujets plus de cinq millions. Or il eſt viſible que dans le Syſtême de la Paix perpetuelle, ni le Roy, ni ſes Sujets ne ſouffri-
roient point de pareilles per es.

t

QUATORZIE'ME AVANTAGE.

Dépenſe en Troupes dans le Syſtême
de la Guerre, comparée à la dépenſe en
Troupes dans le Syſtême de la Paix.

Voicy un article des plus importans, ou
du moins dont l'importance eſt la plus ſenſible. Le Syſtême de la diviſion & de la Guerre laiſſe à chaque Souverain tous ſes voiſins
pour ennemis ; ainſi il eſt non-ſeulement
obligé de faire une prodigieuſe dépenſe en temps de Guerre, ſoit pour attaquer,

Q

ſoit pour ſe défendre ; mais il eſt même obligé en temps de Tréve de faire encore une
grande dépenſe ſeulement pour ſe tenir ſur
ſes gardes dans toutes ſes Places, & particulierement ſur ſes Frontieres, & dans ſes
Ports.

Suppoſons, par exemple, un Etat dont
le Souverain ait cent trente millions de revenu ordinaire, & qu'en temps de Treve il
en dépenſe quarante millions en Garni-
ſons, en Marine, & autres Troupes; ſup-
poſons qu'en temps de Guerre il ait beſoin
de quatre-vingt millions d'extraordinaire,
tant pour l'augmentation de ſes Troupes,
que pour ce qu'il en coûte de plus quand
les Troupes ſont en action : il eſt vrai qu'à l'é-
gard de cet extraordinaire, il ne le prend pas
ſur ſon propre revenu, mais il y en prend
toûjours partie, quand ce ne ſeroit que
cinq millions. Il eſt evident que ſi par le
Traité de Societé Européenne ſon Royaume n'avoit plus rien à craindre, & que de
ces quarante millions de dépenſe ordinaire,
il fût ſeulement obligé d'en dépenſer dix,
il auroit trente millions en pur profit, ſans
les cinq millions qu'il lui en coûte du ſien
en temps de Guerre, c'eſt-à-dire, de deux

années l'une ; ainſi il gagneroit au Syſtême de la Paix trente-deux millions & demi,
ſans compter ce qu'il feroit gagner à ſes Sujets, en les déchargeant de la plus grande
partie de cet extraordinaire ; car que cet
extraordinaire monte à quarante millions
année commune ; & qu'il en reſerve ſeulement quinze millions pour ſon contingent
de Troupes à entretenir ſur les Frontieres
d'Europe ; il ſauvera encore à ſon Peuple
vingt-cinq millions par an.

Or ſi par l'onziéme avantage le Roy gagne quinze millions, & ſes Sujets ſoixante
millions ; ſi par le treiziéme il gagne un million, & ſes Sujets cinq ; ſi par ce quator-
ziéme avantage il gagne trente-deux millions & demi & ſes Sujets vingt-cinq, ce
ſeroit quarante-huit millions & demi de revenu annuel en pur profit pour lui ; & ſi
l'on a égard à la diminution du Commerce
interieur de Province à Province durant
la Guerre, & ſurtout des Provinces Mari-
times, & que l'on mette pour cela huit millions année commune à cauſe de cette diminution, cela montera à plus de cent millions, qui reviendroient à ſes Sujets en pur
profit.

Or la perte que font les Sujets en pro‑
duit une autre pour le Roy, c'est que l'on
peut supposer que s'ils avoient par an cent
millions de plus, ils mettroient la plûpart
ces cent millions en revenu; je dis la
plûpart, parce que ceux qui font cette per‑
te, font les trois quarts Marchands, qui
mettent tout à profit, & qui ne laissent pas
leur argent oisif : il peut bien estre que la
moitié du quart restant dépenseroient inu‑
tilement leur part, mais ce ne seroit que la
huitiéme partie du total : or on peut com‑
pter sans se tromper que les sept autres hui‑
tiémes des cent millions entre les mains
d'aussi bons ménagers, que le font ordinai‑
rement les Marchands, produiroient plus
de cinq millions par an; ainsi le Roy en
prenant le dixiéme en differens droits, au‑
gmenteroit tous les ans son revenu de cinq
cens mille livres; ainsi en cent ans le revenu
de ce Souverain, sans avoir rien pris que
l'ordinaire sur ses Sujets, se trouveroit au‑
gmenté de cinquante millions.

Il n'y a personne qui ne sçache que les
fonds de terre font plus mal cultivez pen‑
dant la Guerre, & qu'ils produisent au
moins un dixiéme de moins : or le dixié‑

me de quatre cens cinquante millions;
c'est quarante cinq millions; c'est donc
vingt-deux millions & demi année commune. Enfin non-seulement le Commerce se maintiendroit, mais il s'augmenteroit
tous les ans au moins d'un dixiéme par les
nouveaux Etablissemens, par l'augmentation des Arts, par l'augmentation des Manufactures : or le dixiéme de quatre cens
cinquante millions , c'est quarante-cinq
millions : or ces deux articles de vingt-deux
millions cinq cens mille livres , & de quarante-cinq millions, feroient soixante-sept
millions & demi : or le produit feroit plus
de trois millions, & le Roy prenant fur cela en differens droits la dixiéme partie, fon
revenu augménteroit encore de ce côté-là
de près de trois cens cinquante mille livres
par an : or en un seul fiecle cet article augmenteroit fon revenu de trente-fept millions : or cinquante & trente-fept font
quatre-vingt-fept millions & demi, outre
l'augmentation presente de plus de trente-
deux millions & demi. Ainsi on peut voir
d'un coup d'œil avec évidence *qui si la Socie-*
té Européenne peut procurer au plus puissant
Souverain fûreté fuffisante de la perpetuité de la

Q iij

Paix au-dedans & au-dehors de son Etat, il trouvera beaucoup plus d'avantages à signer le Traité pour l'établissement de cette Société, qu'à ne le pas signer.

QUINZIE'ME AVANTAGE.

La durée des Maisons Souveraines sur le Trône dans le Systême de la Guerre, comparée à leur durée dans le Systême de la Paix.

Plusieurs causes conspirent dans le Systême de la Guerre à diminuer la durée des Maisons Souveraines sur le Trône, & aucune de ces causes ne se trouveroit dans le Systême de la Paix.

1°. Plusieurs Maisons Souveraines ont esté chassées du Trône dans des Guerres Etrangeres. Combien y en a-t-il dans l'Histoire ancienne, & en se raprochant de nôtre siecle, la Maison Imperiale des Paléologues n'a-t-elle pas esté détrônée par les Turcs? La Maison Imperiale de la Chine n'a-t-elle pas esté chassée du Trône par un Conquerant Tartare? Les Maisons Royales du Mexique, du Perou &c. Or toutes ces grandes revolutions arrivées depuis

deux cens cinquante ans, tous ces fâcheux
bouleverſemens ne deviendront-ils pas de-
formais impoſſibles par la perpetuité de la
Paix?

20. Un nombre infini de Maiſon Souveraines ont péri par les Conſpirations, &
dans les Guerres Civiles : j'en ay rapporté
un grand nombre d'exemples dans les Maiſons Imperiales. Que s'en fallut-il il y a ſix-
vingt ans qne la Maiſon de France n'y pé-
rît ? Que s'en fallut-il il y a ſoixante ans que
celle d'Angleterre n'y fût entierement enſe-
velie ? Ne fut-ce pas l'eſprit de rebellion
qui fit périr Henry III. à Saint Cloud, &
& même Henry IV. à Paris ? Ne fut-ce
pas ce même eſprit qui fit périr Charles
premier à Londres? Y avoit-il la moindre ap-
parance à ces évenemens fâcheux, à ces terribles revoltes trente ans, vingt ans aupa-
ravant ? Les Maiſons Souveraines ſont
comme les Villes bâties auprès des Volcans,
un tremblement de terre ſurvient au milieu
du plus grand calme, & tout eſt renverſé.
L'ambition eſt un feu perpetuel & ſoûterrain, qui ne ſe montre que lors qu'à la
longue il eſt devenu aſſez fort pour ſurmonter les obſtacles. Or dans le Syſtême

Q iiij

de la Guerre il n'y a point de préfervatif contre un pareil mal, & il y en a un fûr dans le Syftême de la Paix; c'eft une peine très-grande & abfolument inévitable contre les Confpirateurs, & contre les Chefs des re-voltes.

3°. Combien de Souverains & de Prin-ces de Maifons Souveraines font tuez dans les Guerres Etrangeres? Qui fçait fi l'an-cienne Maifon de Portugal, branche de la Maifon de France, ne fubfifteroit pas en-core, fi Dom Sebaftien n'avoit pas efté tué il n'y a pas fix-vingt ans à la Bataille d'Alca-cer contre les Mores? Qui fçait fi celle de Vafa ne fubfifteroit pas encore, fi Guftave Adolphe n'eût pas efté tué à la Bataille de Lutzein, il n'y a pas quatre-vingt ans? Com-bien eft-il mort de Princes de Maifons Souveraines dans les Croifades? Com-bien de Maifons font éteintes depuis, qui fans ces Combats fubfifteroient encore au-jourd'huy?

4°. Combien de Princes de Maifons Souveraines ont péri dans les Guerres Ci-viles d'Angleterre, dans les Guerres Civiles d'Allemagne? Et qui fçait fi, fans ces per-tes, il n'y auroit pas encore de grandes Mai-

fons qui fubfifteroient dans la fplendeur?
Je fçay bien que fi elles fubfiftoient, d'autres qui fe font établies fur leurs ruïnes, ne
brilleroient pas aujourd'huy : ce n'eft pas
que je fois fâché ni de l'établiffement, ni de
la fplendeur des nouvelles; au contraire je
ne parle icy que pour leur intereft ; c'eft
pour empêcher que dorénavant il ne s'en
établiffe d'autres nouvelles fur la ruine des
leurs : je leur montre le fecret, l'unique fecret de les faire durer dix fois plus qu'aucune Maifon Souveraine n'ait jamais duré ;
c'eft le Traité d'une Societé permanente.

50. Plufieurs Souverains ne fe remarient
point, dans la crainte de faire naître de la
divifion entre les enfans de lits differens ; &
ces divifions font certainement fort à craindre dans le Syftême de la Guerre, à caufe
du crédit que prennent fouvent fes nouvelles femmes fur le Souverain, & dans l'Etat.
Mais comme elles ne feroient nullement à
craindre dans le Syftême de la Paix, à caufe de la perpetuelle & toute-puiffante protection de la *Societé Européenne* en faveur
des Loix de chaque Etat, il n'y aura aucun
Souverain qu'une pareille crainte puiffe
empêcher d'époufer une nouvelle femme,

& d'un âge à en avoir des enfans.

6°. Dans les Maisons des Souverains Catholiques, comme dans les Maisons des Particuliers, il arrive quelquefois que l'on fait les Cadets Ecclesiastiques ; or dans nostre Religion, quand ils sont engagez dans les Ordres, ils ne peuvent se marier. On a vû en France les Cardinaux de Bourbon, en Portugal, l'Oncle de Sebastien. Or qui sçait si ce Cardinal eût esté marié de bonne heure, il n'eût pas laissé de posterité masculine, & si elle ne regneroit pas encore aujourd'huy en Portugal ? Il y a eu quantité de Cardinaux de la Maison de Medicis, & par cette conduite la voilà preste à s'anéantir.

Si Albert premier n'eût point esté assassiné par son neveu en 1308, si Albert second, si Rodolphe son frere, si Albert IV. n'avoient point esté empoisonnez par ceux à qui ils faisoient la Guerre, si Albert V. faisant la Guerre én Hongrie, ne fût point mort de la dissenterie qui estoit la maladie de son Armée, si Ferdinand d'Autriche fils de Philippes III Roy d'Espagne n'eût point esté Cardinal, si Charles d'Auriche frere de l'Empereur Ferdinand second n'eût point

esté Evêque de Breslau , si Leopold-Guil-
laume d'Autriche qui vivoit en 1647. n'eût
point esté Evêque de Strasbourg, il y a apparence que la Maison d'Autriche ne seroit
pas presentement réduite à une seule teste.
Or comme les Souverains dans le Systême
de la Paix auront une beaucoup moins
grande dépense à soûtenir, ils n'auront pas
besoin des Revenus Ecclesiastiques pour
leurs enfans, & comme ils auront beaucoup
plus d'autorité sur leurs peuples; ils pourront
facilement en obtenir des subsides nouveaux pour les nouveaux Princes du Sang
qui naistroient, ce qui seroit bien juste ;
puisque les Peuples devroient à la Maison
de leur Souverain la perpetuité d'une Paix
qui les enrichit. Or on voit que si ces pen-
sions pour chaque Prince du Sang nouveau
né étoient établies, la plûpart des Princes ne
craindroient point de se marier de bonne
heure : ils multiplieroient donc davantage;
ainsi la Maison Souveraine en dureroit bien
plus long-temps.

Or dans la maniere de penser ordinaire
peut-on jamais offrir au Souverain le plus
puissant un avantage aussi réel & aussi grand

que cet affermiſſement éternel de leur Maiſon ſur le Trône? N'eſtoit-ce pas un avantage ſemblable que les Prophetes promettoient de la part du Très-Haut à David, à Salomon & aux autres Rois d'Iſraël, s'ils obſervoient, & s'ils faiſoient obſerver exactement la juſtice? C'eſt que pour une Maiſon, il n'y a rien de ſi important que le Trône, & pour une Maiſon Royale, il n'y a rien de ſi important que ſa durée dans la Royauté.

Cet avantage eſt d'autant plus conſiderable, qu'il eſt comme la baze de tous les autres, & en effet que ſerviroit à ce Souverain d'amaſſer pour ſa poſterité de grandes richeſſes, de bâtir pour elle de magnifiques Palais, de luy laiſſer par ſa grande conduite & par ſa grande capacité, l'Etat de l'Europe le plus grand, le plus peuplé, le mieux policé, le plus riche & le plus floriſſant qui ait jamais eſté, s'il n'a nulle ſûreté que ſa Maiſon ne ſera pas bien-tôt bouleverſée de fond en comble par le feu ſoûterrain de l'ambition, contre lequel toute la prévoyance humaine a eſté juſqu'à preſent inutile, & contre lequel il n'y a d'autre préſervatif efficace, que la Société Européenne?

Ce qu'il y a de terrible, foit pour les Monarchies, foit pour les Republiques, c'eft que dans la fituation prefente de l'Europe, elles n'oferoient prefque fouhaiter de longues Treves, parce que c'eft ordinairement dans ces temps calmes où l'Etat ne craint rien du dehors que naiffent les diffenfions, du dedans. Or qui ne fçait que les Guerres civiles font encore plus pernicieufes aux Etats, que les Guerres eftrangeres ? Tous inconveniens terribles dont on feroit pour jamais délivré dans l'eftabliffement *de la Societé permanente.*

Qu'on me dife donc fi le plus fage & le plus puiffant Prince de l'Europe, quand il y penferoit toute fa vie, peut jamais imaginer un moyen plus folide, que le Syftême de cette Societé, pour faire durer fa Maifon, & pour la faire durer fur le Thrône, malgré toute l'inftabilité des chofes humaines.

Je n'avois befoin, pour faire pancher la balance, & pour faire decider entre figner & ne pas figner le Traité, que d'un feul avantage, & mefme d'une valeur mediocre : car enfin fi petit que foit un avantage dans un Traité que l'on nous offre à figner,

pourvû qu'il foit réel & évident, il n'y a aucun homme fage à qui il ne fuffife pour le
déterminer à le figner. Que fera-ce donc fi
je préfente au Souverain le plus puiffant,
non-feulement un avantage mediocre, mais
fi aucun de ceux que je luy propofe ne font
mediocres? Que fera-ce, fi parmi ceux-là il
y en a plufieurs d'une valeur prefqu'infinie?
Que fera-ce, fi de quelque côté que l'on regarde ce Traité, tout en eft avantageux, &
fi ce Souverain n'a rien à facrifier de réel &
de tant foit peu important, pour obtenir ces
quinze immenfes avantages? Je le dis haute-
tement: je défie qu'on me montre un feul
avantage du cofté du Syftême de la Guerre,
& pourquoy le dis-je hardiment, c'eft que
j'en ay défié les efprits les plus féconds & les
plus prévenus contre ce Projet, & pas un
d'eux ne m'en a indiqué aucun qui ne dif-
paroiffe commé un fantôme au plus leget
examen? Mais quand on m'en indiqueroit
quelqu'un, au moins me feroit-il permis
d'en examiner, d'en pefer la veritable valeur? Alors j'efpere qu'en le comparant avec
un des quinze avantages pour la Paix, la
fimple comparaifon fuffiroit au Lecteur,
pour juger que cet avantage folitaire ne

pourroit jamais les contrebalancer tous enfemble. Ainfi je prétens que la démonftration qui refulte de la comparaifon des divers côtez par lefquels on peut regarder ces
deux Syftêmes par rapport aux intérefts, aux
motifs du plus puiffant Souverain de l'Europe, eft parvenuë au mefme degré d'évidence pour quelqu'un qui fe connoift tant
foit peu en politique, qu'une démonftration de Geometrie pour un Geometre.

Il eft certain que les motifs propres à déterminer les plus puiffans Souverains d'Europe à figner le Traité, font la plûpart
communs aux moins puiffans & aux Republiques, & qu'ils fuffiroient pour les déterminer au mefme parti : mais comme il y a
encore des motifs qui leur font particuliers,
il ne me refte plus qu'à les marquer en peu
de mots.

MOTIFS PARTICULIERS

des Souverains moins puiffans.

1º. Dès que par le Syftême de la Guerre,
la porte eft ouverte au plus fort pour affu-
jettir le plus foible, le Prince le moins puif-

fant ne fçauroit fe foûtenir contre le plus
puiffant, que par des Alliances, des Confé-
derations qui le rendent au moins égal en
force à ce plus fort. Mais j'ay démontré, ce
me femble, qu'à moins de former une Societé permanente de tous les Souverains
d'Europe, il n'aura jamais fûreté fuffifante
de l'execution d'aucun Traité, & par confequent d'aucun Traité de Conféderation.
Ainfi il n'y a pas à balancer pour fa confervation & pour la confervation de fa Maifon
fur le Trône, à préferer le Syftême de la Societé permanente au Syftême de la divifion
perpetuelle la Paix à la Guerre.

20. Si, par exemple, comme nous avons
démontré, il y a fix degrez de vray-fem-
blance contre un à juger que dans le cours
des fiecles futurs le Roy de France fera plûtôt détrôné par quelqu'un des autres Rois
d'Europe, qu'il ne les détrônera tous, parce que l'Etat de France ne peut eftre regardé que comme la fixiéme partie de la puiffance d'Europe, il eft manifefte qu'il y aura quarante-huit degrez de vray-femblan-
ce contre un à juger que le Duc de Savoye
dans le cours des mêmes fiecles fera plûtoft
chaffé de fes Etats par quelqu'un des autres
Souverains

Souverains, qu'il ne les chassera tous des leurs, parce que l'Etat de ce Duc n'estant égal en force qu'à la huitiéme partie de la France, ne peut estre regardé que comme la quarante-huitiéme partie de la puissance de l'Europe. Il est donc visible que le Prince moins puissant a incomparablement plus à craindre d'estre envahi par quelqu'un, qu'il n'a de sujet d'esperer d'envahir les autres. Ainsi le Systême de la Paix luy oste très-peu, en luy ostant cette esperance, & luy donne beaucoup plus qu'aux plus puissans, en le délivrant de cette crainte.

On peut donc juger avec quelque fondement que si ce Projet vient à la connoissance du Roy de Danemark, du Roy de Portugal, du Duc de Savoye, des autres Princes d'Italie, du Duc de Lorraine, des Electeurs, des autres Princes & Etats du Corps Germanique, il est comme impossible qu'ils ne fassent une confédération semblable avec les plus puissans, & qu'ils ne la proposent à tous les autres Potentats.

MOTIFS PARTICULIERS

des Republiques.

1o. Les Republiques craignent encore plus de perdre de leur Territoire, qu'elles ne defirent de l'augmenter par la Guerre, c'est que la conqueste est une voye d'acquerir fort chere : on achete presque toûjours une conqueste dix fois plus qu'elle ne vaut, à cause des grands frais de la Guerre: elles ont donc un motif, un interest encore plus grand, que n'ont les Monarques, de maintenir la Paix.

2o. Tenter d'avoir par la force quelque chose de plus, c'est risquer tout l'Etat : car quand le feu de la Guerre est une fois allumé, qui peut s'assûrer de mettre des bornes à l'embrazement? Or peut-on présumer que des Gouvernemens aussi sages se mettent volontairement sans une grande necessité dans un semblable péril?

3o. Dans les resolutions des Republiques, on a beaucoup d'égard aux interests des Sujets. C'est que ce sont les Sujets qui y decident de tout. Or le profit qui peut reve-

nir d'un conqueſte à chaque Sujet eſt ſi petit, ſi éloigné, ſi incertain en comparaiſon
des ſubſides qui ſont grands, certains & preſens ; les biens des Habitans des Frontieres
ſont expoſez à de ſi grands ravages; les Negocians ſont de ſi groſſes pertes par l'interruption du Commerce, qu'il n'eſt pas ordinaire que ces reſolutions aillent plus loin
qu'à conſerver l'Etat & le Commerce en
ſon entier. Or l'effet certain de la Societé Européenne, ne ſera-ce pas de conſerver les Etats & leur Commerce en leur
entier?

4°. Les Republiques ont encore plus à
craindre les Schiſmes & les Diviſions, que
les Monarchies. Chacun y dit librement
ſon avis ſur les Affaires de l'Etat, & peut le
ſoûtenir publiquement avec chaleur. Chacun eſt libre meſme de cabaler pour groſſir
ſon parti, & quand à la teſte de chaque parti il ſe rencontre des eſprits hauts, turbu-
lens, ſéditieux, les partis croiſſent tous les
jours, & il arrive que la diverſité d'une opinion qui dans les premiers commencemens
n'eſtoit, pour ainſi dire, qu'une legere égra-
tignure, s'empoiſonne peu à peu, & par divers accidens qui ſe ſuccedent, elle devient

R ij

une playe très-ferieufe. Il n'en eft pas de mefme dans les Etats Monarchiques. La crainte
du châtiment empêche les Particuliers de
dire publiquement leur avis, de le foûtenir
avec chaleur, & perfonne n'ofe cabaler même fourdement pour groffir fon parti. Ainfi la diverfité d'opinions n'y fçauroit caufer
de divifion, à moins que le Gouvernement
ne foit fort affoibli, & que le Souverain ne
neglige quelque temps de faire taire & de
punir ceux dont il dèfapprouve les fentimens; c'eft que luy feul a la force à la main,
au lieu que dans les Republiques la force eft
partagée entre ceux-mêmes qui font divi-
fez. Il y a donc toûjours des partis & même
de grands partis tous formez dans les Republiques, particulierement lorfqu'elles
font devenuës fi puiffantes, que ces partis ne font plus obligez de fe réünir par
la crainte d'une puiffance eftrangere.

La crainte que les Romains avoient de
Cartage, de Pyrrhus, d'Antiochus, a long-
temps garanti Rome des malheurs de la divifion. Dès que les Triomphes eurent fait
difparoiftre cette crainte fi falutaire, dès
qu'elle ceffa de réünir tous les efprits pour
l'utilité publique & pour la confervation

commune, on vit éclater les Partis , on vit naiſtre les Guerres civiles plus pernicieuſes cent fois pour l'Etat, que les Guerres eſtrangeres. Il y eût eu un remede & même un préſervatif ſûr contre cette terrrible maladie, ſi la Republique eût eu alors une Societé toute formée avec ſes voiſins, telle que nous la propoſons pour entretenir la Paix au-dedans & au-dehors. Mais Rome s'étoit privée elle-même d'un ſi grand avantage , en ſe privant de ſes voiſins , & en s'élevant ſur leurs ruïnes. Ainſi il arriva que l'élevation exceſſive de cette fameuſe Republique devint la cauſe neceſſaire de ſa chûte. Or comme dans le Syſtême de la Societé Européenne, toutes les Republiques auroient ſûreté ſuffiſante contre cette eſpece de maladie d'Etat , il eſt évident qu'elles ont un motif encore plus grand que les Monarques, de ſouhaitter l'eſtabliſſement de cette Societé.

50. Dans le Syſtême de cette Union permanente les Republiques auroient ſûreté ſuffiſante de l'exacte obſervation des articles du Commerce, & elles pourroient de même ſe promettre que leurs Marchands n'auroient plus à craindre de Bandits ſur la

Terre, ni leur Vaisseaux, de Pirates sur la Mer. Or cet avantage leur seroit encore plus sensible qu'aux Souverains, qui ne font pas eux-même le Commerce.

6°. Non-seulement ces interests sont très-réels & très-grands, mais ils seront d'autant plus aisément apperçûs par les Republiques, que leurs Conseils sont plus exempts des passions passageres, que les Monarchies, & qu'ils vont par consequent presque toûjours plus droit à leur vray & solide interêt. En effet dans leurs Conseils les avis sont fort sujets à être contredits, soit par le penchant naturel que les hommes ont à la contradiction, soit à cause des jalousies & des haines personnelles qui sont inséparables de toutes Compagnies, soit à cause des differentes manieres de penser de ceux qui opinent tous avec une liberté & une autorité égales. Or cette contradiction d'avis fait que tandis que les uns donnent trop à l'esperance des bons succez, les autres donnent trop à la crainte des évenemens fâcheux, que tandis que les uns proposent des moyens & des facilitez pour entreprendre, les autres ne songent qu'à faire envisager les difficultez & les obstacles de l'entreprise.

que tandis que les uns font valoir ce qui
peut exciter l'indignation & la colere des
Déliberans contre les Souverains voisins,
les autres font attentifs à diminuer les torts
de ces Souverains, & à faire valoir les avantages que l'Etat tire de leur voisinage par le
Commerce ; de sorte que les choses estant
ainsi considerées par toutes leurs faces differentes, il en resulte que les passions ont
moins de credit dans ces Conseils, & par
consequent que le vray interêt de l'Etat y
est plus ordinairement suivi que dans les
Monarchies, où toutes les resolutions dé-
pendent d'un seul esprit qui pour l'ordinaire n'a pas dans son Conseil de contradic-
teurs à ses gages

   Il est vray qu'il peut y avoir même dans
les Etats Republicains des Ministres qui auroient un interest particulier de demeurer
dans le Systême de la Guerre, & de donner
sourdement l'exclusion au Projet de Paix
perpetuelle. En ce cas ils doivent s'opposer
à la publication de ce Memoire dans leurs
Etats : car s'il y devient commun par l'impression & par la traduction en Langue vul-
gaire, & que tout le monde en puisse parler,
il est sûr qu'alors aucun de ces Ministres ne

feroit affez hardi, pour foûtenir contre
tout le monde qu'il eft de l'intereft de la
Republique de s'oppofer à l'établiffement
de la Societé permanente ; ils n'oferont pas
même dire que l'execution en eft impoffible, s'ils n'en apportent de bonnes preuves : & où en pourróient=ils trouver de
pareilles ?

Si par le Traité d'Union, m'a=t-on dit,
le Commerce augmente en France, en Efpagne, en Dannemark, en Portugal, &
ailleurs, cette augmentation ne pourra fe
faire qu'au préjudice de l'Angleterre, &
furtout de la Hollande, qui font aujour-
d'huy le plus grand Commerce du Monde:
mais il eft aifé de répondre à cette objection, & de montrer que cette augmentation du Commerce des uns ne nuira en rien
à l'augmenration du Commerce des autres;
c'eft qu'à la verité le Commerce augmentera chez toutes les Nations, mais il y augmentera par tout proportionnellement;
la Nation qui faifoit la douziéme partie du
Commerce d'Europe, fera un plus grand
Commerce ; mais comme tous les autres
augmenteront le leur à proportion, elle ne
fera alors que la même douziéme partie du

Commerce : celle qui feule faifoit le tiers
de ce Commerce, augmentera le fien , &
continuera à faire encore le tiers du total.
Ainfi les Nations qui ont chez elles le plus
de moyens de faire le Commerce, conti-
nueront à avoir le plus de part au Commerce. Or comme il y aura toûjours chez les
Anglois, & furtout chez les Hollandois,
tant qu'ils voudront, beaucoup plus de ces
moyens, que chez les autres Nations , ils
pourront, *tant qu'ils voudront*, conferver fur
elles la même fuperiorité qu'ils ont toûjours
eüe jufques icy dans le Commerce, &
quand ils cefferont de le *vouloir*, les autres
Nations ne leur feront pas tort alors de ramaffer ce qu'ils ne fe foucieront plus de re-
cuëillir.

A cette occafion on peut voir icy en abregé les principaux moyens propres pour faire fleurir le Commerce que les Hollandois
ont au-deffus des autres Peuples.

1°. Ils ont beaucoup de Ports pour le
Commerce du dehors.

2°. Leur Péïs eft fort coupé de Canaux,
ce qui facilite infiniment le Commerce du
dedans.

3°. Ils font en Republique ; ainfi les Re-

glemens du Commerce se font & s'executent par l'autorité des Ministres qui sont interessez non-seulement à les faire très-uti-
les, mais ce qui est de plus important, ils
sont très-interessez à les faire observer par
tout & toûjours avec la plus grande exactitude, surtout quand l'État a soin de choisir ses principaux Ministres parmi les Negocians, ou parmi ceux qui ont leurs
fonds entre les mains des Negocians.

4o. Ils ont peu de ces honnêtes faineans,
qu'on appelle Nobles en Espagne : ils n'at-
tachent que peu de consideration à la Naissance; la grande consideration vient des
Emplois Publics & des grandes richesses.
Ainsi chacun est là plus invité qu'ailleurs,
à épargner, à commercer, moyens les
plus sûrs & les plus innocens de s'enrichir.

5o. Les Charges n'y sont point venales; ainsi
le Marchand pour acquerir de la consideration, n'est point obligé de quitter le Commerce, pour acheter le droit de juger : s'il
acquiert la reputation de capacité, de probité, il acquiert en même temps ce droit de
juger ses Concitoyens; ainsi le Marchand
fils succede à son pere Marchand, sans aucune vûë, que de meriter une bonne repu-

tation, & de rendre son Commerce encore plus facile & plus lucratif, qu'il ne l'a reçû de son pere.

6°. Leur climat est froid, & par consequent plus propre au travail; aussi loin de
se piquer de ne rien faire, c'est à qui se mon-
trera le plus laborieux.

7. Il n'y a point, comme dans les Monarchies, de ces Dignitez d'éclat qui puissent les tenter de quitter leur Commerce
& leur travail; l'esperance de la faveur n'y
change aucun Marchand ferme, grossier,
vray, utile à la Republique, en un Cour-
tisan pliant, poli, complaisant, agreable
au Prince, & peu utile à l'Etat.

8. Ils dépensent moins en habits, en meubles, en Equipages; ainsi ils ont un plus
grand fond à mettre dans leur Commerce.

9°. La tolerance qu'ils ont en matiere de
Religion, y est excessive; mais cet excez
d'indulgence attire, & retient chez eux
quantité de Sujets, qui se trouvant con-
trains ailleurs, vont chercher le plus de
liberté, & y apportent leurs Marchandises, leur argent, & leur industrie: les
Hollandois ne chassent personne de ceux
qui sont soûmis aux Loix de la Societé, &

recoivent volontiers tous ceux qui veulent s'y soûmettre.

10°. Voicy les points les plus importans. Ils ont dans tous les Péis du Monde beaucoup plus d'établiſſemens de Commerce, & de plus conſiderables, qu'aucune autre Nation ; ainſi il leur ſera beaucoup plus facile, en conſervant & augmentant ces établiſſemens, de trouver les bons marchez, & par conſequent de vendre toûjours à meillleur marché, que les autres Nations.

11°. Ils ſont bien plus inſtruits de la Navigation , & ils peuvent par conſequent s'inſtruire encore plus facilement de ce qu'ils ignorent, & préceder toûjours de ce côté-là les autres Peuples.

12°. Ils ſont les plus grands Fabricateurs de Vaiſſeaux ; la Hollande eſt proprement l'Attelier univerſel de toutes ſortes de Vaiſſeaux ; ainſi ils peuvent, & les faire mieux pour chaque uſage, & pour chaque ſorte de Commerce , & les donner à un quart de meilleur marché , que les autres Peuples.

13°. Les Matelots y vivent à meilleur marché ; ainſi leurs Maîtres peuvent vendre à profit, & à meilleur marché, & s'attirer ainſi le plus grand debit de leurs Marchandiſes.

140. Ils ont plus d'adreſſe à naviguer : cela fait quu'ils ont beſoin de moins de monde ſur leurs Vaiſſeaux : voilà encore une raiſon pour pouvoir vendre à profit & à meilleur marché, que les autres. Or on ſçait que le ſecret pour s'attirer le plus grand Commerce, c'eſt de pouvoir donner, & de donner en effet à meilleur marché que perſonne.

Au reſte tant qu'ils donneront à meilleur marché, qu'aucun autre Peuple, on ne doit pas leur porter de jalouſie ; ils reçoivent le ſalaire de leur travail, de leur induſtrie, de leur épargne, de leurs avances; qu'y a-t-il de plus équitable? Ils ne font juſques-là aucun tort aux autres; mais ſi parce qu'ils ſont en poſſeſſion de la moitié du Commerce Maritime, ils vouloient, pour s'en prévaloir, ceſſer de donner à meilleur marché, que les autres, ils ceſſeroient bien-tôt d'avoir la ſuperiorité de ce Commerce; & c'eſt ce grand avantage de bon marché qu'operera toûjours en faveur de tous les Peuples la Societé Européenne, en leur procurant un Commerce perpetuel,

libre, sûr, égal pour les conditions, & universel. Ils seront sûrs d'avoir tout au meilleur marché, qu'ils puissent l'avoir ; & tant
que la Nation Hollandoise sera la plus la-
borieuse, la plus industrieuse, la plus équitable, tant qu'elle aura plus d'avantage du
côté de ses Loix & de ses Etablissemens,
tant qu'avec le secours de ses épargnes, elle voiturera, & donnera à meilleur marché,
elle aura certainement toûjours la même
superiorité dans le Commerce, qu'elle a
presentement, & elle l'aura sans faire tort
à personne, & sans que personne puisse jamais s'en plaindre, puisqu'elle ne profitera,
qu'à mesure qu'elle sera utile & commode
aux autres Nations.

En un mot il n'y a que deux partis en fait
de Commerce, *interruption frequente*, c'est
le Systême de la Guerre que l'on suit presentement, ou *continuation inalterable*, c'est
le Systême de la Paix que je propose de sui-
vre. Or oseroit-on entreprendre avec une
vaine subtilité de persuader aux Etats Republicains, & surtout au bon sens Hollandois, de préferer *l'interruption frequente* à *la
continuation inalterable* ?

On peut donc juger avec quelque fon-

dement que fi ce Projet vient à la connoiffance des Anglois, des Hollandois, des
Venitiens, des Genois, des Polonois, &
des autres Etats Republicains d'Europe, il
eſt comme impoſſible qu'ils ne faffent un
jour entr'eux, & enfuite avec les Princes
moins puiſſans, & peu à peu avec les tous
Potentats de l'Europe, une conféderation
femblable.

Ces avantages eſtant fi grands, fi évidens, eſt-il neceſſaire d'eſtre fi fage, fi raiſonnable, pour fe déterminer à figner un
Traité qui, de quelque côté qu'on le regarde, eſt fi avantageux à toutes les parties ?
Eſt-il neceſſaire d'avoir un efprit fi fubli-
me, une raifon exempte de paſſions ? Au
contraire ce Syſtême n'eſt-il pas conforme
aux paſſions les plus communes ? Les grandes craintes, les grandes efperances, & les
mieux fondées ne font-elles pas toutes pour
nous ? Je ne fuppofe point un Soverain
parfait ; mais s'il eſt parfait, à la bonne heure : l'amour du bien public, le zele pour la
juſtice le mettent de nôtre côté : s'il n'eſt
pas parfait, s'il eſt même injuſte, pourvû
qu'il defire d'augmenter fes revenus, pour-

vû qu'il souhaite de faire durer long-temps
sa Maison sur le Trône, il est encore pour
nous : qu'il aime la belle gloire, il songera
à estre le Bienfaicteur de ses Peuples, & de
toutes les Nations, & non pas le fleau du
genre humain : qu'il aime la magnificence des Meubles, des Bâtimens, des Equipages, il est également pour nous : s'il est
dévoüé à la vertu, s'il est livré aux plaisirs, il est encore pour nous : ce Systême a
de quoy contenter tous les caracteres, &
sans Paix aucun de ces caracteres ne sçauroit jamais estre, à beaucoup près, si content.

Qu'on ne nous dise donc plus qu'il est
impossible de retrouver les *motifs* qui determinerent les Allemans à former la Societé
Germanique : qu'on ne nous dise donc plus
qu'il est impossible de retrouver les *motifs*
qui determinerent Henry le Grand, la Reine Elizabeth, & seize ou dix-sept autres
Potentats du siecle passé, à souhaiter de
former la Societé Européenne ; les voilà
heureusement tous retrouvez : mais si l'on
veut nous dire quelque chose, qu'on nous
dise presentement en quoy ces motifs ne
sont pas suffisans, pour determiner les Sou-

verains de nôtre siecle à préferer le Systême
de la Paix.

Il me semble donc que je suis presente=
ment en état de conclure, *que si la Société
Européenne, que l'on propose, peut procurer à
tous les Souverains Chrétiens sûreté suffisante
de la perpetuité de la Paix au-dedans & au-de=
hors de leurs Etats, il n'y a aucun d'eux pour qui
il n'y ait beaucoup plus d'avantages à signer le
Traité pour l'établissement de cette Société, qu'à
ne le pas signer :* & c'est la proposition que je
m'estois proposé de démontrer dans ce Dis=
cours.

*Or la Société Européenne, que l'on propose,
pourra procurer à tous les Souverains Chrétiens
sûreté suffisante de la perpetuité de la Paix au-
dedans & au-dehors de leurs Etats :* c'est la
proposition que je me propose de démon=
trer dans le Discours suivant.

Quatriéme Discours

Proposition a demontrer

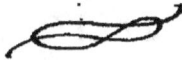

La Societé Européenne telle que l'on va la propoſer, procurera à tous les Souverains Chrétiens *ſûreté ſuffiſante* de la perpetuité de la Paix au‑dedans & au‑hors de leurs Etats.

Nous avons montré que pour établir une Societé, il ſuffit que les Parties donnent leur conſentement aux articles du Traité. Ainſi la Societé Européenne ſera commencée du moment que deux Souverains en auront ſigné le Traité, & elle ſera toute formée, lorſque tous les autres

Souverains Chrétiens, à quelque distance de temps les uns des autres, l'auront signé. Nous avons aussi montré qu'ils avoient incomparablement plus de motifs pour signer, que pour ne pas signer. Il ne me reste plus qu'à indiquer les douze Articles fondamentaux de ce Traité, & à faire sentir en même temps au Lecteur, qu'ils sont *suffisans* pour rendre la Societé Européenne inalterable, & que la Paix & tous les avantages infinis qu'elle produira necessairement aux Souverains, dureront autant que la Societé même.

J'espere que le Lecteur ne trouvera pas mauvais qu'après luy avoir fait sentir suffisamment la necessité & l'importance de chaque convention particuliere, pour rendre l'Union plus durable, je redige ensuite cette convention en forme d'article; aussi-bien ceux qui seront chargez de composer le Projet du Traité seroient-ils obligez de le réduire eux-mêmes en divers articles. Ainsi c'est un travail que je leur épargne, je leur presente un canevas tout fait, sur lequel il leur sera bien plus facile de composer les leur, en ajoûtant, en retranchant ce qu'ils jugeront à propos, ou même quelquefois sans rien ajoûuter , ni rien retrancher, mais seulement en changeant les expressions , & rangeant chaque article dans un ordre different. Ceux qui sçavent ce que c'est que cette sorte de travail , sçavent bien qu'un canevas même assez informe épargne toûjours beaucoup de peine , & donne beaucoup de facilité à l'esprit de celuy qui l'examine , soit pour appercevoir ce qui y manque , soit pour remarquer ce qu'il peut y avoir de trop.

Il me paroist convenable & même necessaire pour la tranquillité & pour la sûreté de la Societé en general , & de chacun des Membres en particulier de laisser au Czar la liberté d'entrer dans l'Union. Ainsi je compte sa voix pour une des vingtquatre. Je sçay bien que le Christianisme de ses Etats est fort different du nôtre, mais ils esperent le Salut par Jesus-Christ; ainsi ils sont Chrétiens. Je sçay bien qu'absolument parlant les autres Souverains Chrétiens pourroient se passer de son suffrage , mais la Societé Europénne ne pourroit pas se passer aisément de faire avec luy un Traité de Commerce & de Paix perpetuelle , une Alliance offensive & deffensive, & de pren-

dre fur cela toutes les fûretez poffibles, afin
d'épargner la dépenfe neceffaire pour fe tenir fur fes gardes contre lui : mais à dire la
verité, ce Traité fera plus fûr, & pour luy, &
pour l'Union entiere, quand il aura fa voix
au Congrez, & qu'il fera regardé comme
Membre de l'Union. Je vas plus loin : c'eft
que s'il ne vouloit, ni entrer dans la Societé, ni faire avec elle un Traité de Paix perpetuelle, ni payer fon Contingent pour le
maintien de la Paix & des Chambres de
Commerce, ni donner toutes les mêmes fûretez que les autres Membres fe donnent reciproquement, il faudroit le traiter d'ennemi de la Paix de l'Europe, & de
perturbateur du repos public, jufqu'à ce
qu'il eût figné ; mais quand tous les autres
auront entré dans l'Union, il ne fe fera pas
prier d'y entrer luy-même après eux.

A l'égard des Mahometans voifins de
l'Europe, les Tartares, les Turcs, les Tu-
nifiens, les Tripolins, les Algeriens & les
Maroquins, on m'a dit qu'ils ne feroit gue-
re dans la bienféance de leur donner voix au
Congrez : peut-être même ne l'accepte-
roient-ils pas ? Mais *l'Union*, pour entretenir la Paix & le Commerce avec eux, & s'e-

xempter de se tenir armée contr'eux, pourroit faire un Traité avec eux, prendre toutes les mêmes sûretez, & leur accorder chacun un Resident à la Ville de Paix. S'ils refusoient un pareil Traité, l'Union pourroit alors les declarer ses ennemis, & les obliger par force à donner sûreté suffisante de la conservation de la Paix. Il seroit facile aussi d'obtenir plusieurs articles en faveur des Chrétiens leurs Sujets.

Entre les articles dont les Souverains peuvent convenir pour former la Société Européenne, il me semble qu'il y en a de deux sortes ; les uns *fondamentaux*, où chacun soit sûr qu'il ne se fera jamais aucun changement, s'il n'y consent luy-même, & d'autres qui sont *importans*, pour parvenir à cette sûreté suffisante de la conservation de la Paix. Pour ceux-cy on y pourra toûjours faire les changemens convenables aux trois quarts des voix.

ARTICLES FONDAMENTAUX.

ARTICLE I.

Les Souverains prefens par leurs Députez fouffignez font convenus des articles
fuivans. Il y aura de ce jour à l'avenir
une Societé, une Union permanente &
perpetuelle entre les Souverains fouffignez , & s'il eft poffible , entre tous les
Souverains Chrétiens , dans le deffein de
rendre la Paix inalterable en Europe , &
dans cette vûë l'Union fera , s'il eft poffible , avec les Souverains Mahometans fes
voifins des Traitez de Ligue offenfive &
défenfive, pour maintenir chacun en Paix
dans les bornes de fon Territoire,en prenant d'eux,& leur donnant toutes les fûretez poffibles reciproques.

Les Souverains feront perpetuellement
reprefentez par leurs Deputez dans un
Congrez ou Senat perpetuel dans une Ville libre.

ECLAIRCISSEMENT.

10. Il eft permis aux Princes moins puiffans , pour augmenter leur fûreté , de defirer d'augmenter le nombre de ceux qui

S iiij

doivent avec eux avoir Ligue offensive &
défensive pour conserver la Paix, & il sera très-glorieux au Prince le plus puissant,
d'offrir de conspirer à cette augmentation
de sûreté.

2°. Les Turcs & les Moscovites unis
avec un Membre de la Societé, pourroient
embarasser le reste de l'Europe, & en troubler le repos, au lieu qu'estant tous, ou
Membres, ou Alliez de l'Union, & joüis-
sans par conséquent des avantages immenses d'une Paix perpetuelle, il faudroit qu'ils
devinssent tous trois insensez en même
temps, pour quitter des biens aussi réels,
afin de n'embrasser qu'une chimere. Or
que trois Souverains deviennent fous en
même temps de la même folie, cela se peut
absolument parlant, mais cela n'est gueres à
craindre.

3°. Tant que ces Puissances demeureroient
en armes, ou en pouvoir d'armer, elles o-
bligeroient l'Union à une très-grande dépense, pour se tenir sur ses gardes.

4°. Le Commerce de la Mediterrannée
est très important aux Chrétiens; ainsi il
leur est très-important de prendre sur cela
des *sûretez suffisantes*, soit avec le Grand Sei-

gneur, foit contre les Pirates d'Afrique.

C'est trop embraffer (m'a-t-on dit) que de vifer d'unir tant de Potentats en mefme temps. Il est vray que je vife à les unir; mais non pas à les unir tous en même temps. Que deux fignent d'abord l'Union, est-ce trop embraffer ? Que ces deux offrent le Traité à un troifiéme, & puis tous enfemble à un quatriéme, est-il donc impoffible ? Et ainfi tous pourront le figner les uns à la fuite des autres, & de proche en proche. Or si je demande que la Societé foit grande, c'est que j'ay prouvé ailleurs qu'à moins qu'elle ne foit fort grande, elle ne fçauroit eftre inalterable.

Ce qui est de plus important à un Souverain, c'est de pouvoir gouverner fesEtats avec plus de facilité, c'est-à-dire, avec plus d'autorité ; de forte qu'en augmentant le bonheur de fes fujets, il puiffe augmenter le fien propre. Pour cela, il a befoin d'eftre fûr non-feulement que l'Union ne luy fera fur cela aucun obftacle, mais même qu'elle l'aidera par fon fecours à foûmettre les efprits rebelles, & à faire les eftabliffemens qu'il jugera eftre convenables à fa propre utilité & à celle de ses Peuples ; de sorte que l'Union ne se mêle jamais de juger de la conduite du Souverain, mais seulement d'en appuyer toûjours la volonté. Or les Souverains s'accorderont d'autant plus volontiers reciproquement cet article, qu'ils ont plus d'interêt à augmenter leur autorité sur leurs Sujets. Chaque Souverain aura d'autant plus de sûreté que le Corps de l'Union observera toûjours exactement cet article, que les Etats Monarchiques composeront les deux tiers des voix de l'Union, & d'ailleurs les Etats Republiquains n'ont nul interest de s'opposer à cette augmentation d'autorité : car si d'un costé ils ont à craindre que plusieurs Princes très-sages qui se succederoient, ne rendissent leur gouvernement si aimable, que les Sujets mêmes des Republiques allassent s'establir dans cette Monarchie, de l'autre ils ont encore plus à esperer que plusieurs Princes mal habiles gâteront tellement le même Etat par leurs Gouvernemens odieux, que plusieurs Sujets de ces Monarques se transplanteront avec leurs richesses & leurs talens dans les Etats Republiquains.

L'Etat Monarchique a un avantage : c'est

qu'en trente ans ils peut atteindre à un degré de perfection dans ses establissemens, où une Republique ne sçauroit atteindre qu'en cent cinquante ans, & cela vient de deux sources; la premiere, de ce que le Monarque doit avoir presque tout l'honneur d'une grande entreprise, d'un grand establissement d'une belle Police, & c'est un grand ressort pour le faire agir avec force & avec constance. La seconde, de ce que les avis du Monarque ne sont jamais contredits, ni dans la resolution, ni dans l'execution; au lieu que dans les Republiques l'honneur d'une entreprise est partagé à tant de Membres, que ce ressort devient fort foible pour chacun, & d'ailleurs un avis quelque bon, quelque utile qu'il soit, est sujet à être contredit avec autorité, soit dans la resolution, soit dans l'execution, & la contradiction en arreste tout court tous les bons effets; mais aussi l'Etat Republiquain a un avantage: c'est que lorsqu'un bon establissement y est une fois bien formé, il y est bien plus durable que dans les Monarchies.

A l'égard des Republiques, nous avons déja remarqué que, comme elles sont bien plus sujetes à la maladie de la division & des

Partis, auſſi ont-elles un fort grand intereſt d'avoir une ſûreté que cette maladie, ou n'arrivera point, ou du moins qu'elle ne ſera jamais portée à l'extremité, c'eſt-à-dire, juſqu'à la voye des armes. Or il y a un préſervatif ſûr : c'eſt qu'il y ait une Loy dans chaque Republique, dont l'Union ſoit garante, qu'il ſera défendu ſur peine de la vie, & aux Magiſtrats, de faire marcher des Troupes contre d'autres Magiſtrats, & aux Officiers, de faire marcher les Troupes en ces occaſions, & que l'Union de l'autre côté s'engage à faire marcher ſes Troupes & ſes Commiſſaires, tant pour empêcher le déſordre, que pour le retablir, s'il eſtoit déja arrivé.

ARTICLE II.

La Societé Européenne ne ſe mêlera point du Gouvernement de chaque Etat, ſi ce n'eſt pour en conſerver la forme fondamentale, & pour donner un prompt & ſuffiſant ſecours aux Princes dans les Monarchies, & aux Magiſtrats dans les Republiques, contre les Séditieux & les Rebelles. Ainſi elle garantira que les Souverainetez hereditaires demeureront hereditaires de la maniere & ſelon l'uſage de chaque Nation ; que les électives demeu-

reront de même électives dans les Péïs où
l'élection eſt en uſage ; que parmi les Nations où il y a des Capitulations , ou bien
des Conventions qu'on appelle *Pacta con-
venta* , ces ſortes de Traitez ſeront exactement obſervez , & que ceux qui dans les
Monarchies auroient pris les armes contre le Prince , ou qui dans les Republiques les auroient priſes contre quelques-
uns de premiers Magiſtrats , ſeront punis
de mort , avec confiſcation de biens.

ECLAIRCISSEMENT.

Le principal effet de l'Union eſt de conſerver toutes choſes en repos en l'état qu'elle
les trouve , & comme ce ſont les Souverains eux mêmes qui , par l'organe de leurs
Députez , y decident de tout , ils ne peuvent craindre cette Aſſemblée , qu'autant
que chaque Souverain peut ſe craindre luy-
même.

Je ſçay bien qu'il eſt impoſſible , ſurtout
dans les Republiques, qu'il ne naiſſe des diſputes de Religion , & que comme on ne
diſpute jamais que ſur des matieres obſcu-
res , il eſt impoſſible que l'évidence mette
les deux Partis d'accord: mais il eſt poſſible,

il eſt même facile aux Magiſtrats d'empêcher que ces diſputes n'en viennent juſqu'à
troubler le repos de l'Etat. Il ſuffit dans les
commencemens d'impoſer ſilence à tout le
monde, & d'exiler ou d'enfermer ceux qui
auroient ou parlé, ou prêché, ou écrit, ou
imprimé depuis la défenſe. Le temps découvre la verité : il n'eſt donc queſtion, en attendant qu'elle ſe montre à tous, avec évidence, que de faire éviter aux Sujets les diviſions & les autres maux que peut leur
cauſer l'obſcurité, & voilà ce que fera infailliblement dans tous les Etats de l'Europe la
prudence & l'autorité de l'Union.

Pour entretenir la Société, ce n'eſt pas
une neceſſité que les Citoyens ſoient tous
de même ſentiment ſur des matieres obſcu-
res, & loin que cela ſoit en leur pouvoir, l'u-
niformité de ſentiment en pareilles occaſions eſt comme impoſſible : mais l'unique
fondement de la Société, c'eſt la Paix entre
les Citoyens. Ainſi c'eſt une neceſſité que
que chaque Citoyen, pour conſerver la
Société, pratique la charité & l'indulgence envers ceux-mêmes qu'il croit dans l'erreur. Voilà ce qui eſt toûjours, non-ſeulement au pouvoir du Citoyen, mais c'eſt

encore le premier & le plus indifpenfable de
fes devoirs.

Un avantage très-confiderable que les
Maifons Souveraines n'ont jufqu'icy jamais pû trouver, c'eft de s'affûrer une protection vive, toute-puiffante & perpetuelle
dans les Regences & dans tous les autres
temps de foibleffe.

ARTICLE III.

L'Union employera toutes fes forces &
tous fes foins pour empêcher que pendant
les Regences, les Minoritez, les Regnes
foibles de chaque Etat, il ne foit fait aucun préjudice au Souverain, ni en fa perfonne, ni en fes droits, foit par fes Sujets, foit par les Eftrangers ; & s'il arrivoit quelque Sédition, Revolte, Confpiration, foupçon de poifon, ou autre
violence contre le Prince, ou contre la
Maifon Souveraine, l'Union, comme fa
Tutrice & comme fa Protectrice née, en-
voyera dans cet Etat des Commiffaires exprès pour eftre par eux informez de la verité des faits, & en même temps des Troupes pour punir les Coupables felon toute
la rigueur des Loix.

ECLAIRCISSEMENT.

Il est bien sûr que cet article s'executera ponctuellement, puisqu'il ne manquera aux Princes unis, ni le pouvoir, ni la volonté. A l'égard du pouvoir, la chose est évidente. A l'égard de la volonté, cela n'est pas moins évident, puisqu'ils n'ont pas de plus grand interêt, que d'éclaircir avec tout le soin possible des crimes qui ont tant fait périr de Princes, & anéanti de Maisons Souveraines, des crimes qui les regardent de si près, & de faire punir les Coupables avec toute la severité imaginable, afin de mettre par ces punitions éclatantes leurs Maisons à couvert de semblables malheurs.

Pour conserver la Paix, il faut, autant qu'il est possible, retrancher les sujets de Guerre. Or l'aggrandissement de Territoitoire est un des principaux sujets; c'est qu'il ne se peut faire qu'aux dépens des voisins. Ainsi la premiere baze est que chacun se contente du sien, & qu'aucun ne regarde comme *sien* que ce qu'il possede actuellement. Or comme tout ce qu'ils ne possedent

dent pas actuellement fe peut appeller efperances, prétentions, il eft abfolument
neceffaire qu'en fe contentant de ce qu'ils
poffedent actuellement de Territoire, ils fe
cedent & s'abandonnent mutuellement
toutes les prétentions , toutes les efperances qu'ils pourroient avoir fur tout ou partie du Territoire les uns des autres.

Un des points principaux pour la fûreté
commune de l'Europe, eft qu'aucune Maifon Souveraine ne puiffe poffeder plus de
Souverainetez qu'elle en a actuellement, &
qu'elle renonce à rien acquerir par voye de
Succeffion ou de Pacte fait avec d'autres
Maifons Souveraines, pour fe fucceder les
unes aux autres, au défauts de mâles.

C'eft que d'un côté fi on laiffoit la porte
ouverte aux Souverains pour agrandir leur
Territoire par Succeffions , Pactes de Maifons differentes, Élections ou autrement, il
eft évident que la Maifon d'Autriche , par
exemple, pourroit avoir un jour en fa poffeffion toutes les Souverainetez feminines
d'Europe , comme Efpagne , Angleterre,
Suede & autres , & que les Chefs de cette
Maifon pourroient encore poffeder les Souverainetez électives, comme Pologne, &c.

T

Or on fent affez que cette Maifon feroit
alors trop puiffante par rapport au refte de
l'Union; & de l'autre, il feroit très-injufte
de donner aux Maifóns moins puiffantes un
droit de fucceder que l'on refuferoit aux
plus puiffantes.

ARTICLE IV.

Chaque Souverain fe contentera pour
luy & pour fes Succeffeurs du Territoire qu'il poffede actuellement, ou qu'il
doit poffeder par le Traité cy-joint. (1)
Toutes les Souverainetez d'Europe demeureront toûjours en l'eftat où elles
font, & auront toûjours les mefmes limites qu'elles ont prefentement. Ainfi aucun
Territoire ne pourra eftre démembré
d'aucune Souveraineté, & aucun autre
n'y pourra eftre ajoûté par Succeffion, (2)
Pacte de Maifons differentes, Election,
Donnation, Ceffion, Vente, Conque-
fte, Soûmiffion volontaire des Sujets, ou
autrement.
Aucun Souverain, ni aucun Membre
de Maifon Souveraine ne pourra eftre
Souverain d'aucun Etat, que de celuy, ou
de ceux qui font actuellement dans fa Maifon.
Les Souverains qui, par leurs Députez,

vont figner ce Traité, & ceux qui par
leurs Députez le figneront dans la fuite,
feront cenfez par cette fignature en confideration des avantages qu'ils en doivent
tous retirer, s'eftre mutuellement cedé &
abandonné pour eux & pour leurs Succeffeurs, tous les droits & toutes les prétentions qu'ils peuvent avoir les uns contre
les autres, & particulierement fur le
Territoire les uns des autres, fous quelque titre que ce puiffe eftre, de quelque
nature qu'elles foient; de forte qu'ils demeureront tous quittes les uns envers les
autres, non-feulement envers les Souverains qui vont figner ce Traité, mais encore envers ceux qui le figneront dans la
fuite, & ceux-cy en fignant, demeureront reciproquement quittes, foit envers
ceux qui auront déja figné, foit envers
ceux qui refteront à figner. (3)

Les rentes que doivent les Souverains
aux particuliers d'un autre Etat, feront
payées, comme par le paffé. (4)

Aucun Souverain ne prendra le titre de
Seigneur d'aucun Péïs, dont il ne fera
point en actuelle poffeffion, ou dont la
poffeffion ne luy fera point promife par le
Traité cy-joint.

Les Souverains ne pourront entr'eux
faire d'échange d'aucun Territoire, ny
figner aucun autre Traité entr'eux que du
confentement, & fous la garantie de l'U-

nion aux trois quarts des vingt‑quatre
voix, & l'Union demeurera garante de
l'execution des promesses reciproques. (5)

ECLAIRCISSEMENT.

(1) Il faut un point fixe pour borner le
mien & le *tien*. Or en fait de Territoire, la
possession actuelle est un point très-visible; car
enfin tout ce qui vaut la peine d'estre posse-
dé , a des marques évidentes de *possession*
actuelle: un Bourg, un Village reconnois-
sent quelque Juge , & ce Juge est appuyé
du pouvoir de quelque Souverain : la Souveraineté , la possession en est donc con-
stante; ainsi on peut dire qu'en fait de possession, ce qui n'est point constant, n'est
rien d'important: il peut bien y avoir quelque incertitude sur la possession actuelle de
quelque Montagne inculte, de quelque
Desert aride, de quelque Isle inhabitée, de
quelque Forest inutile à cause de son éloignement,de quelques Cabanes de malheureux Sauvages dispersées çà & là dans des
Marais, dans des Forests , ou au bord des
Mers; mais seroit-ce-là un sujet de dispute entre deux Souverains? Or les choses mê-

me de peu d'importance, qui font conten-
tieufes, font cenfées toutes décidées, dès
que les Prétendans ont donné tout pouvoir à des Arbitres de decider fur le total,
& de pofer des limites fur le partage. Or
on va voir un Article cy-après, qui établit
pour Arbitre perpetuel le Corps de l'U-
nion.

Si j'ay ajoûté ces termes dans l'Article,
ou qu'il doit poffeder par le Traité cy-joint,
c'eft que j'ay fuppofé que les Souverains
qui feroient en Guerre, pourroient peut-
être conclûre la Paix, en vûë de l'établiffement de la Societé Européenne, pour avoir
à l'avenir fûreté fuffifante d'une Paix perpetuelle, & que quelques Potentats pro-
mettroient de rendre quelques Places,
quelque Territoire après cet établiffement
formé. Or en ce cas il a fallu diftinguer la
poffeffion actuelle de la *poffeffion promife*, &
leur donner à toutes deux égale force, égale autorité.

Mais fi le Traité de Societé Européenne ne fe fait qu'au milieu même de la Paix,
& lorfque toutes les poffeffions promifes
feront devenuës poffeffions actuelles, il ne
faudra point parler du *Traité cy-joint*, il fuf-

fira d'employer le terme de *possession actuelle*.

(2) Il est impraticable de faire une Loy entre Souverains, à moins qu'elle ne soit égale pour chacun d'eux ; & même comme ce doivent estre eux seuls, qui par leur consentement unanime peuvent faire une Loy, où ils soient tous assujettis : ils n'y consentiroient pas, si dans cette Loy qu'ils veulent bien s'imposer pour l'utilité & la sûreté commune, les uns estoient plus maltraitez que les autres, c'est-à-dire, si la Loy n'estoit pas égale pour tous.

Or nous avons vû que pour la sûreté de l'Europe il estoit absolument necessaire d'empêcher que les Maisons déja très-puissantes ne pussent encore s'agrandir, & agrandir leurs Etats par voye de succession. Il est donc visible que si les Souverains moins puissans trouvent qu'il faut pour leur propre sûreté empêcher l'agrandissement des plus puissans par succession, ils doivent donner l'exemple, & renoncer eux-mêmes les premiers à cette voye d'agrandissement : quand la Loy est égale, personne n'a à s'en plaindre ; & lorsque chacun en tire une grande utilité, chacun n'a qu'à s'en loüer. Or qui ne voit que

287

mettre des bornes immuables aux Souverainetez, pour les empêcher de s'acroître
en Territoire, est la baze de la sûreté de toutes les Nations d'Europe, & de la durée
des Maisons Souveraines elles-mêmes? Il
y a encore une raison de sûreté pour l'U-
nion, c'est que vingt-quatre voix, dont le
Senat sera formé, ne sont pas un trop grand
nombre pour embaraffer les deliberations,
& si le nombre estoit moindre que vingt-
quatre, il seroit plus facile d'y former des
cabales contre l'utilité commune: or si dans
la suite des siecles plusieurs Souverainetez
se réünissoient sous un seul Chef, le nombre des voix pourroit devenir trop petit,
& par consequent trop sujet aux cabales
& aux factions.

Au reste je soûtiens que ni le plus puiffant, ni le moins puissant, ne perdent que
très-peu à faire cette renonciation, & qu'ils
y gagnent beaucoup en s'assurant une Paix,
une securité perpétuelle. A l'égard du plus
puissant, tel qu'est le Roy de France, si ses
voisins sont aujourd'huy si alarmez de sa
grande puissance en l'état qu'elle est, qu'ils
prennent exprès les armes pour l'affoiblir;
s'ils sont d'autant plus unis, qu'ils la redou-

T iiij

tent davantage , n'eſt-il pas évident qu'ils
s'uniroient encore plus , & encore en plus
grand nombre pour l'empêcher de s'agrandir du côté du Territoire , par aucune ſucceſſion , donnation , ou autrement ? Et
qu'on ne diſe point que les voiſins ne ſeroient pas en droit de s'oppoſer à cet agrandiſſement : les droits d'Etat à Etat ne ſont
pas les mêmes que les droits de particulier
à particulier d'un même Etat , qui ſont ſou-
mis à des Loix , & qui eſtant également
protegez par la puiſſance de leur Etat , n'ont
nul intereſt pour leur propre ſeureté , d'empêcher qu'un voiſin ne s'agrandiſſe , au lieu
que la principale Loy d'un Etat , ſon principal droit , eſt de pouvoir faire , & de faire
en effet tout ce qui eſt neceſſaire pour ſa
propre conſervation , ſurtout s'il le peut,
ſans détruire ſon voiſin. Or il eſt ſenſible
qu'il peut y avoir tel agrandiſſement d'un
Souverain déja puiſſant , qui ſeroit très-
dangereux pour la conſervation des Etats
voiſins. Ainſi quand le Roy de France
abandonnera pour toûjours le droit de ſucceder à tout ou partie d'une Souveraineté,
il n'abandonnera rien de réel , puiſqu'il
trouveroit dans tous les ſiecles une oppoſi-

tion invincible de la part de ses voisins, soit pour prendre possession de ce qui luy seroit échû , soit pour le conserver : on peut dire la même chose de la maniere de s'agrandir par les Páctes de Maisons differentes ; les voisins ne luy permettroient jamais de mettre ces Pactes à execution.

A l'égard des moins puissans , outre la consideration des grands avantages qu'ils tireront de l'inalterabilité de l'Union, il y a encore une autre consideration qui peut aider à les détacher du desir de conserver le droit de succeder aux Souverainetez feminines, & aux autres Souverainetez , par des Pactes entre Maisons differentes ; c'est que les Souverains donnent bien plus volontiers leurs filles en mariage aux Souverains les plus puissans, qu'aux moins puissans ; ainsi les moins puissans perdent moins que les autres à cette renonciation. Il en est de même des Pactes pour succeder de Maison à Maison, il est certain que le Souverain qui voudra en faire un pareil, choisira bien plûtôt de contracter avec un Souverain plus puissant que luy, qu'avec un moins puissant.

D'ailleurs il n'y a rien qui cause tant de

conteſtations, que les ſucceſſions : or
l'eſperance d'un agrandiſſement que l'on
ne peut aquerir, qu'en commençant une
Guerre dont on ne ſçauroit avec ſûreté de-
viner la fin, & qui coûte certainement des
ſommes immenſes pour s'en aſſûrer la poſſeſſion, devient une eſperance d'une valeur
très-mediocre : les Souverains à marier n'é-
tant plus dans l'eſperance d'heriter, choiſi-
ront leurs femmes par le merite, l'union
entr'eux en ſera bien plus grande, la poſterité plus nombreuſe, & le mariage plus
heureux.

En un mot il eſt inutile de ſonger à former
une Societé auſſi avantageuſe, que ſera la
Societé Européenne, ſi les fondemens n'en
ſont pas durables. Or ſi la Maiſon la plus
puiſſante peut encore doubler ſa puiſſance,
que deviendra la liberté de cette Societé?
D'un autre côté ſi les Souverains pour leur
propre bonheur, ont beſoin de convenir
de Loix, il faut que ces Loix ſoient équitables; & peuvent-elles eſtre équitables, ſi
elles ne ſont égales pour le plus puiſſant,
comme pour le moins puiſſant?

Le but de l'Union eſt de conſerver chaque Souverain dans l'état où elle le trouve,

& par confequent dans les mêmes degrez
de diftinction où ils font entr'eux du côté
du Territoire les uns à l'égard des autres.
Or ſi le moins puiſſant pouvoit s'agrandir
par ſucceſſion , & que le plus puiſſant ne
le pût pas, l'Union pourroit-elle conferver
entre les Souverains & les Souverainetez la
même diftinction qu'elle y trouve prefen-
tément du côté du Territoire ?

Il y a même une conſideration en faveur
des Republiques, c'eſt qu'elle ne peuvent
agrandir leur Territoire, ni par ſucceſſion ,
ny par aucun Pacte de Familles; & comme
elles renoncent à toutes les autres voïes d'a-
grandiſſement en conſideration des avantages de la perpetuité de la Paix, n'eſt-il pas
équitable que les Etats Monarchiques en
conſideration des mêmes avantages, ſoient
en mêmes termes & de même condition
que les Republiques ? La Hollande veut
conſerver la diftinction de puiſſance qu'elle a prefentement à l'égard des Princes
d'Italie & d'Allemagne les moins puiſſans,
elle ne leur fait nul tort ; ils demeurent
comme ils font , & ils ont de plus par l'éta-
tabliſſement de la Societé Européene l'a-
vantage d'avoir ſeureté parfaite de la durée

de leur Maifon fur le Trône, & tous les autres grands avantages dont nous avons
parlé.

Peut-être que quelques Souverains dif-
puteront d'abord cet Article par jaloufie
contre le Roy d'efpagne, qui fe trouve en
poffeffion du plus vafte Territoire du monde : or par la durée perpetuelle de l'Union
cette forte de prééminence feroit perpetuelle pour tous les Rois d'Efpagne ; mais comme il eft abfolument neceffaire qu'il y ait
fur nôtre Terre quelque Souverain qui foit
le plus grand Terrien de tous, qu'importe
à l'Union que ce foit ou le Roy de Chine,
ou le Roy d'Efpagne, qui ait cette prééminence, & encore vaut-il mieux, ce femble,
pour l'Europe que ce foit une Maifon Européenne, qu'une Maifon Afiatique, & que
ce foit la plus ancienne de celles qui regnent aujourd'huy fur la Terre.

(3) Sans la ceffion mutuelle & l'abandonnement des prétentions reciproques
fur les autres Etats, il eft évident qu'il n'y
auroit jamais rien de fixe. 1. L'un voudroit
faire valoir un droit de cinquante ans, tandis qu'un autre en voudroit faire valoir un
de deux cens. 2. L'un prétendroit compen-

fer contre une demande certaine un droit plus important, mais plus incertain, qu'il feroit revivre après cinq ou six cens ans d'interruption. La prescription est une Loy très-sage, très-sensée pour conserver le repos dans les familles. Les Particuliers heureusement pour eux y sont soûmis, mais les Souverains n'ont point jusqu'icy consenti à s'y soûmettre, & ce qui est de plus important, ils n'ont donné jusqu'icy aucune sûreté de la durée de leur consentement. Ainsi cette Loy n'a point de force entr'eux. 3. Si on allegue les Traitez, on chicanera sur les termes, on en produira d'autres qui ont des clauses opposées. 5. Si les termes sont trop clairs pour laisser quelque prétexte de chicaner, si l'on n'a point de Traitez à opposer, on dira que ç'a esté la grande crainte qui les a extorquez, que le plus fort les a fait signer par violence, les armes à la main ; qu'ainsi n'ayant point esté faits librement, ils n'obligent à rien. 6. Si on ne peut pas alleguer la violence, on alleguera le dol, la fraude, l'ignorance de faits essentiels, tous moyens qui sont specieux. 7. Si on allegue les sermens, on dira qu'ils ont esté extorquez par force, & puis

là force du serment périt presque entierement avec la personne qui l'a fait. 8. Que
l'on remonte par l'Histoire de Possesseur en
Possesseur, que l'on examine la source du
droit des derniers dans le droit qu'ont eu
leurs differens Prédecesseurs, n'est - il pas
certain que la plûpart des Etats d'Europe &
d'Asie ne font autre chose que des démem-
bremens de l'Empire Romain, c'est-à-dire,
de très - anciennes usurpations faites sur
d'anciens Usurpateurs ? Car je regarde
comme tels non - seulement les Empereurs
qui ont ou usurpé, ou succedé à l'usurpa-
tion sur la Republique, mais la Republique
elle - même, qui avoit usurpé partie de ces
Etats sur les Successeurs d'Alexandre, autres plus anciens Usurpateurs.

Je ne prétens pas confondre icy toutes
sortes de Conquestes avec les usurpations.
Il peut y en avoir de justes, quand ce ne seroit que pour se dédommager des frais d'u-
ne Guerre que l'on a entreprise avec justice. Mais on sçait assez que, ni Cyrus, ni
Alexandre, ni les Romains, ni les autres
Conquerans n'y ont pas toûjours regardé
de si près.

Quoyqu'il en soit, rien n'est plus aisé à

gens d'esprit, en remontant de siecle en siecle, que d'établir une espece de pyrrhonisme
en fait de droits de Souverain à Souverain,
d'Etat à Etat, & de rendre de pareils droits
douteux, quand on a interest d'en faire
douter. De sorte que si les Souverains se re-
servoient les moindres prétentions les uns
contre les autres, il n'y auroit qu'à s'attendre à un cahos de droits nouveaux opposez entr'eux, opposez à des droits plus anciens, & ceux-cy à des droits encore plus
anciens, qu'il seroit d'autant moins possible de débroüiller & de decider, qu'il n'y auroit presqu'aucun principe certain de decision.

Si chacun, en signant le Traité d'U-
nion se reservoit tout ou partie de ses prétentions, il faudroit que tous convinssent
de s'en rapporter à l'Arbitrage de l'Union,
soit à la pluralité, soit aux trois quarts des
voix. Or si quelque Souverain prétendoit
avoir droit sur tout l'Etat de son voisin,
comme il arriveroit certainement, peut-on
croire que ce voisin voulût mettre tout son
Etat en Compromis. Cependant il faut, ou
que tous les Souverains mettent ainsi leurs
Etats, ou la plus grande partie de leurs Etats

en Compromis, en Arbitrage, ou que tous
enſemble s'abandonnent mutuellement
tous leurs droits & toutes leurs prétentions,
en ſe contentant de la poſſeſſion actuelle,
ou qu'ils reſtent tous pour toûjours avec
leurs chimeriques eſperances dans le malheureux Syſtême de la Guerre perpetuelle.

Enfin ceux à qui il eſt dû, ne doivent-
ils pas de leur côté? Ceux qui ont quelques
prétentions contre quelque voiſin, n'ont-
ils pas quelque autre voiſin qui en a de pareilles, ou de plus grandes contr'eux? Or
qu'y a-t-il de mieux à faire dans ce cahos
de dettes & de prétentions, que de ſe re-
mettre tous les uns aux autres, *afin que chacun puiſſe ſe payer une bonne fois par ſes propres
mains de toutes ſes eſperances, de toutes ſes prétentions, & obtenir même infiniment au-delà, en
puiſant dans le Tréſor de la Paix inalterable,
des richeſſes incomparablement plus grandes &
plus réelles, que toutes ces eſperances? Tréſor iné-
puiſable où tous les Souverains peuvent puiſer
ſans ceſſe à pleines mains, mais où ils ne puiſeront
jamais ſans le conſentement l'un de l'autre, c'eſt-
à-dire, ſans avoir formé entr'eux une Societé
durable.*

Mais point de Societé durable ſans ſûreté
reciproque

réciproques , & c'en est une essentielle &
fondamentale , que chacun abandonne
pour toûjours toutes les esperances , toutes
les prétentions qu'il peut avoir de posseder
un jour quelque partie d'un Teritoire pos=
sedé par un autre , & que chacun s'en tien=
ne au point fixe de la *possession actuelle.* Or
en supposant cet abandonnement reciproque=
que , cette cession mutuelle de préten=
tions , ils trouverront dans le Système de
la Paix infiniment plus que ce qu'ils cherchent , & que ce qu'ils cherchent en vain
dans le Système de la Guerre.

. (4) Je n'ay prétendu parler icy que des
prétentions & des dettes de Souverain à
Souverain , & non pas d'un Souverain aux
particuliers d'un autre Etat , comme de
quelque Genois sur l'Etat de Milan , &
autres.

(5) Il estoit raisonnable d'un côté que
les Souverains voisins pussent pour leur
commodité mutuelle faire quelques échan=
ges de Teritoire ; mais il estoit raisonnable
de l'autre pour la sûreté de l'Union , que
sous ce prétexte l'un ne pût pas augmenter
son Teritoire aux dépens de l'Etat voisin ;
ce qui doit estre une Loy fondamentale de

V

la Société Européenne. Or pour accorder la liberté & la commodité des uns avec la sûreté des autres, il suffit que ces Traitez d'échanges soient faits sous les yeux & du consentement du reste des Souverains unis,

Si je propose comme Loy fondamentale, qu'il ne se fera plus de Traitez entre Souverain, que de l'avis & du consentement du reste de l'Union, c'est 1o. que pour la sûreté de la Société il luy importe extrémement que les Souverains ne puissent plus, sans estre declarez ennemis, faire entre eux des Traitez secrets; le secret n'est necessaire que lorsque l'on veut faire quelque chose qui doit déplaire, ou porter préjudice à un tiers. 2o. N'est-il pas juste que ceux qui *peuvent* avoir interest à un Traité soient écoutez, afin d'estre dédommagez du tort qu'ils pourroient en recevoir? Or de cette maniere on préviendra beaucoup de sujets de plainte. 3o. C'est afin qu'aucun des Contractans ne puisse jamais ni esperer de tromper, ni craindre d'estre trompez: or la tromperie est une des sources de la rupture, ou du moins une des causes les plus ordinaires de l'inobservation des Traitez; & il n'y a personne qui tant pour

foy-même, que pour fes Defcendans, ne
gagne à renoncer à tromper, pourvû qu'il
foit fûr que ni lui, ni fes Defcendans ne fe-
font jamais trompez; & n'eft-il pas évident
qu'un Traité qui fe propofera & qui fe ne-
gociera tout publiquement entre deux Souverains, en prefence de tous les autres, fera
fi bien éclairci, fi bien redigé dans tous les
articles par gens fort attentifs & fort interef-
fez à l'examiner par toutes fes faces, qu'il
ne fera prefque pas poffible qu'il y ait aucune des parties, qui ne trouve réellement
fon avantage dans ce Traité? Et cet avantage reciproque en affûrera l'obfervation.
4°. C'eft que fi par malheur il y avoit quelque obfcurité, quelque chofe d'équivoque
dans les termes, s'il arrivoit quelque cas
qui n'y eût point efté prévû, & fi en confe-
quence il naiffoit quelque contestation fur
l'execution de quelques-uns des articles,
ceux qui dans l'Union y auroient travaillé,
pourroient bien plus facilement, en fe fou-
venant de l'efprit & des intentions des parties, trouver les moyens de lever les doutes, de concilier les contestations, finon ils
pourroient les juger avec plus grande connoiffance de caufe. 5°. C'eft que pour l'inte-

rêt même des Contractans il est toûjours
absolument necessaire que l'Union soit garante de l'execution de tous les Traitez futurs, & Arbitre de tous les differens qui en
pourront naître. Or qu'y a-t-il de plus raisonnable, que les parties aient pour témoins
des Loix qu'elles se font à elles - mêmes,
ceux qui doivent estre les Interpretes & les
Protecteurs de ces mêmes Loix?

Il est question de rendre inébranlables
les fondemens d'une Societé qui doit procurer tant de biens aux Souverains, & à
leurs Sujets : sur ce pied - là il n'est pas
étonnant que les Anglois, les Hollandois
& les autres Alliez de la Maison d'Autriche
demandent avec tant d'instance une sûreté
suffisante, que la Monarchie de France &
la Monarchie d'Espagne ne seront jamais
unis sous un seul Monarque.

La Maison de France consentira sans
peine à cet article, pourvû que l'Union de
son côté garantisse l'execution du Pacte
qui se fera dans cette Maison, qu'aucune
fille, ni Descendant de fille n'héritera du

Royaume d'Eſpagne , tant qu'il y aura
deux mâles dans la Maiſon , de quelque
Branche qu'ils ſoient , enſorte que l'Aiſné
ſoit preferé aux Cadets , & la Branche Aiſ-
née aux Branches Cadettes.

D'un autre côté il n'eſt pas moins neceſſaire pour la ſolidité de l'Union , de convenir que l'Empereur ne puiſſe jamais eſtre élû
Roy de Pologne , ni le Roy de Pologne
eſtre élû Empereur, que ni le Roy de France , ni le Roy d'Eſpagne , ni le Roy d'Angleterre , ni le Czar &c. ne puiſſent non
plus eſtre élus ou Empereurs , ou Rois de
Pologne : mais quelles ſûretez ſuffiſantes
de l'execution de ces conventions , ſi ce
n'eſt par la garantie d'une Societé , que l'on
rende & au-dedans & au-dehors parfaitement inalterable ?

ARTICLE V.

Nul Souverain ne pourra deſormais
poſſeder deux Souverainetez , ſoit héreditaires , ſoit électives ; cependant les Electeurs de l'Empire pourront être élus Empereurs , tant qu'il y aura des Empereurs.

Si par droit de ſucceſſion il arrivoit à
un Souverain un Etat plus conſiderable

que celuy qu'il poſſede , il pourra laiſſer celuy qu'il poſſede , pour s'établir dans celuy qui luy eſt échû.

ARTICLE VI.

Le Royaume d'Eſpagne ne ſortira point de la Maiſon de Bourbon , ou de France d'aujourd'huy , tant qu'il y aura deux mâles de cette Maiſon , des Branches Aî-née , ou des Branches Cadettes , à condition que les Aînez feront toûjours préferez aux Cadets , & la Branche Aî-née à la Branche Cadette.

ECLAIRCISSEMENT.

Nous ayons montré qu'un pareil Arti-cle , qu'une pareille garantie feroit un puiſ-ſant motif pour engager la Maiſon de Fran-ce à donner les mains pour établir la Societé Européene, & pour la rendre entierement ſolide & durable.

Un des plus importans Articles pour la conſervation de la Paix , c'eſt de faire de

bonnes Loix pour le Commerce des Nations d'Europe, & de trouver les moyens
de les faire bien executer. Mais comme
ce Corps de Loix, dont les Membres pourront convenir aux trois quarts des voix, sera peut-être plusieurs années sans être formé, il est absolument necessaire de convenir de quelques Loix provisionelles, telles qu'estoient les Articles des Traitez de
Commerce déja faits, avec quelques restri-
ctions ou exceptions provisionelles, dont
on pourra encore convenir; & surtout il
faut pourvoir à faire executer par provi-
sions ces Articles entre les Negocians de
differens Etats, par l'établissement des
Chambres de Commerce sur les Frontieres
de chaque Etat.

Il est évident que sans cela les Nations se
broüilleroient bien-tôt, que l'on en vien-
droit bientôt aux represailles, & puis aux
hostilitez: il faut des Loix, il faut des Juges non suspects, mais surtout fort autorisez, & dont les Jugemens puissent toûjours estre infailliblement executez.

Article VII.

Les Députez travailleront continuellement à rediger tous les Articles du
Commerce en general , & des differens
Commerces entre les Nations particulieres, de sorte cependant que les Loix soient
égales & reciproques pour toutes les Nations, & fondées sur l'équité. Les Articles qui auront passé à la pluralité des
voix des Députez presens , seront executez par provision selon leur forme & te-
neur, jusqu'à ce qu'ils soient reformez
aux trois quarts des voix , lors qu'un plus
grand nombre de Membres auront signé
l'Union. (1)

L'Union établira en differentes Villes
des Chambres pour le maintien du Commerce , composées de Députez autorisez
à concilier , & à juger à la rigueur , &
en dernier ressort les procez qui naîtront
pour violence , ou sur le Commerce, ou
autres matieres entre les Sujets de divers
Souverains, au - dessus de dix mille livres les autres procez de moindre consequence seront decidez à l'ordinaire par les
Juges du lieu où demeure le Défendeur :
chaque Souverain prêtera la main à l'execution des Jugemens des Chambres du
Commerce, comme si c'étoient ses propres
Jugemens. (2)

Chaque Souverain exterminera à ses
frais les Voleurs & les Bandits sur ses Terres, & les Pirates sur ses Côtes, sous peine de dédommagement, & s'il a besoin
de secours, l'Union y contribuera.

ECLAIRCISSEMENT.

(1) Un premier point à l'égard du
Commerce, c'est qu'aucune Nation ne soit
préférée l'une à l'autre, & que toutes soient
également libres de venir vendre & acheter des Marchandises : un second point très-
important, ce seroit que pour éviter la dis-
cussion des droits d'entrée, de sortie, pour
épargner aux Marchands les embarras de la
visite, toutes les vexations & toutes les
avanies que les Doüanniers leur font souffrir sous ces divers prétextes, on convînt
aux trois quarts des voix que chaque Souverain n'exigeroit de personne, soit Sujet,
soit Etranger, aucun droit d'entrée ou de
sortie, si ce n'est peut-être pour les vi-
vres qui se consomment, & que chaque
Souverain se dédommageroit par d'autres
sortes de subsides sur ses Sujets. Il est in-
concevable combien ce seul Article faciliteroit, & augmenteroit le Commerce com-

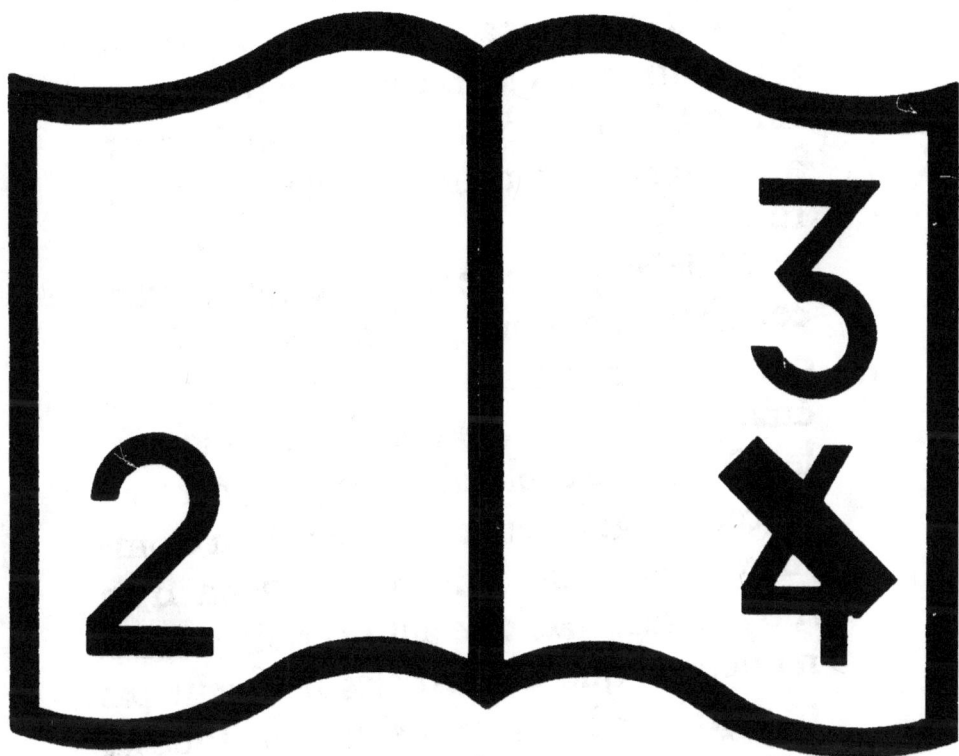

Pagination incorrecte — date incorrecte

NF Z 43-120-12

bien les Sujets de chaque Souverain en seroient enrichis, & combien par conséquent ses revenus augmenteroient par l'augmentation des leurs : mais comme il y a
sur cela beaucoup de raisons pour & contre
à discuter, cette matiere merite un Memoire exprès.

Mais ce qui est de la derniere importance, c'est que tous les Souverains soient
convenus que les Articles du Commerce
étranger se regleront pour la provision par
les Députez à la pluralité des voix ; car tout
est censé reglé, tout est en Paix & en Commerce, dès que l'on est convenu d'un
moyen aussi facile & aussi certain ; car il
n'importe que ces Articles ne soient pas
tous arrivez à leur perfection, puisque les
Souverains qui s'en trouveroient lézez,
ont toûjours la voye ouverte pour les faire
reformer aux trois quarts des voix, sur le
pied de *l'égalité*, qui est la regle fondamentale.

(2) On sçait qu'un des sujets les plus
ordinaires de la Guerre entre Peuples voisins, ce sont les injustices que les particuliers d'une Nation souffrent, ou croyent
souffrir des particuliers d'une Nation voisi-

ne: on fçait qu'alors on eft fouvent obligé
de permettre les reprefailles , & les reprefailles une fois permifes en un endroit, voilà la Guerre allumée par tout.

On verra plus en détail dans le feptiéme
Difcours ce qui regarde ces Chambres de
Commerce.

Rien ne peut retenir les hommes dans
leur devoir envers les autres. Rien ne les
peut faire agir , que l'efperance des avantages ou la crainte des malheurs à venir, &
les Princes ne font après tout que des hommes. Nous avons montré amplement dans
le troifiéme Difcours les avantages qu'ils
peuvent efperer de la formation & du maintien de la Société Européenne. Cela fuffiroit, fi l'on eftoit fûr que tous les Souverains feront toûjours tant foit peu rai-
fonnables : mais comme il peut arriver que
de temps en temps il naiffe quelque jeune
Prince étourdi , témeraire , mal confeillé,
il femble qu'il faille que l'Union foit en état
de le traiter comme on traite les enfans que
l'on ne peut plus mener par l'efperance de la
recompenfe ; il faut alors les mener par la

crainte des grands malheurs. Il est donc absolument necessaire que les Princes sages pour retenir leurs Successeurs non sages dans une Societé aussi avantageuse pour eux & pour leur Maison, leur impose une peine terrible & inévitable.

ARTICLE VIII.

Nul Souverain ne prendra les armes & ne fera aucune hostilité que contre celuy qui aura esté declaré ennemi de la Societé Européenne: mais s'il y a quelque sujet de se plaindre de quelqu'un des Membres, ou quelque demande à luy faire, il fera donner par son Député son Memoire au Senat dans la Ville de Paix, & le Senat prendra soin de concilier les differens par ses Commissaires Mediateurs, ou s'il ne peuvent estre conciliez, le Senat les jugera par Jugement Arbitral à la pluralité des voix pour la provision, & aux trois quarts pour la définitive. Ce Jugement ne se donnera qu'aprés que chaque Senateur aura reçû sur ce fait les instructions & les ordres de son Maistre, & qu'il les aura communiquez au Senat.

Le Souverain qui prendra les armes avant la declaration de Guerre de l'Union, ou qui refusera d'executer un Re-

glement de la Societé, ou un Jugement du
Senat, sera declaré ennemi de la Societé, & elle luy fera la Guerre, jusqu'à ce
qu'il soit dèsarmé, & jusqu'à l'execution
du Jugement & des Reglemens ; il payera
même les frais de la Guerre, & le péïs qui
sera conqüis sur luy lors de la suspension
d'armes, demeurera pour toûjours séparé
de son Etat. (1)

Si après la Societé formée au nombre de
quatorze voix, un Souverain refusoit d'y
entrer, elle le declarera ennemi du repos
de l'Europe, & luy fera la Guerre jusqu'à
ce qu'il y soit entré, ou jusqu'à ce qu'il soit
entierement dépossedé. (2)

ECLAIRCISSEMENT.

(1) Cet article est très-important pour la
sûreté de chaque Souverain. D'un côté il sera sûr de n'estre jamais assailli à l'improviste
par aucun de ses voisins qu'il auroit pû of-
fenser innocemment, ou que l'on auroit
pû mettre en colere contre luy par des ca-
lomnies. De l'autre, il est sûr que lorsqu'il
prendra les armes, ce sera toûjours avec succez, puisque ce sera avec le secours tout-
puissant de l'Union. Enfin il sera sûr que le
tort, l'offensé, l'injure qu'il aura pu reca-

voir, feront reparées, ou par accommode-
ment, ou par le Jugement des Arbitres,
avec la même équité & de la même maniere qu'il voudroit que tout fût reparé, fi, au
lieu d'eftre l'Offenfé, il eftoit luy-même
l'Offenfeur : *ne traitez point plus mal les autres,
que vous ne voudriez en eftre traité, fi vous eftiez
à leur place, & qu'ils fußent à la voftre.* Telle
eft la regle que dicte à tout Offenfé l'amour
propre bien entendu, c'eft qu'il peut arriver que l'Offenfé ou fes enfans deviennent
à leur tour Offenfeurs. Or en ce cas n'eft-il
pas de fon interêt que les punitions ne
foient pas trop rigides, & les reparations
trop fâcheufes ?

On fçait d'ailleurs que la fortune decide
fouvent très-injuftement à la Guerre ; ainfi
quiconque prétend obtenir une reparation
jufte, n'eft pas fûr de l'obtenir par le fort des
armes, au lieu qu'il eft fûr de l'obtenir par
l'équité & par le pouvoir de la Societé, de l'o-
btenir fans frais, & fans fe faire à lui-même,
par les malheureux évenemens de la Guerre, un nouveau tort, un nouveau domma-
ge plus grand que celuy dont il fe plaint.

Au refte inutilement on prétendroit
maintenir l'Union, s'il n'y avoit pas une

peine très-grande & abfolument inévitable
attachée au refus du Souverain qui ne voudroit pas en executer les Reglemens. C'eft
ce qui a obligé les Membres du Corps Germanique à convenir de mettre au Ban de
l'Empire tout Membre refractaire. Or
quand tous les Souverains feront convenus
de mettre au Ban de l'Europe celuy qui voudra rompre l'Union , il ne viendra pas même à l'efprit d'aucun d'eux, quelqu'emporté qu'on le fuppofe , qu'il luy convienne
de prend les armes. Ainfi quand la confideration des grands avantages qu'il tire de la
Societé ne l'y retiendroit pas, la feule crainte de la peine l'y retiendroit , & le contrain-
dra de fuivre, pour ainfi dire, malgré luy fes
veritables interefts. Il n'y a point d'Union
durable à efperer entre les hommes, fi chaque Membre n'y eft retenu, non-feulement
par des confiderations d'agrément & d'utilité qui fuffifent pour ceux qui font fages &
fenfez , mais encore par quelque grande
crainte neceffaire ponr y retenir ceux qui
ne le font pas.

(2) Si un Souverain d'Europe vouloit
faire bande à part, l'Union auroit un grand
~~tort, l'offenfe, l'injure qu'il aura pû rece~~

intereſt de le contraindre à prendre les mêmes engagemens & à donner les mêmes
ſûretez que tous les autres, en ce que ſans
cela il pourroit demeurer armé, il pourroit
ſurprendre un de ſes voiſins par un armement ſubit. Or cette ſituation les obligeroit
neceſſairement à demeurer armez pour leur
ſûreté ; ainſi il les contraindroit par ſa conduite, ſans aucune bonne raiſon, à une dépenſe ruïneuſe. Je dis qu'il n'auroit aucune
bonne raiſon : car enfin ou il veut agrandir
ſon Territoire, ou il ne veut que le conſerver. S'il ne veut que le conſerver, c'eſt le
principal but, c'eſt le principal effet de la Societé Européenne. S'il veut l'agrandir, ce ne
peut eſtre qu'aux dépens de ſes voiſins ; ainſi
ils ſont en droit de le regarder & de le traiter
comme leur ennemi.

Comme je ſuppoſe qu'en ſignant ces articles fondamentaux, on conviendra que
tous les autres articles ſeront reglez aux trois
quarts des ſuffrages du Senat, & que cette
convention, qui eſt de la derniere importance, ne peut eſtre bien entendue, juſqu'à ce
que

que les Parties soient convenuës de com=
bien de suffrages sera composé le Senat ;
quels Souverains y auront suffrage, & si un
Souverain, quelque puissant qu'il soit, y au=
ra plus d'un suffrage. Il me semble qu'il est à
propos d'examiner la chose à fond.

Combien y a-t-il de petits Princes? Com=
bien de Villes Souveraines en Allemagne?
Il y en a plus de deux cens. Combien y en
a-t-il en Italie? Or il seroit (ce me semble)
absolument impraticable de composer un
Senat d'un aussi grand nombre de suffra=
ges. Il est donc necessaire de les réduire :
mais sur quel pied. Il me semble que l'on
pourroit donner droit de suffrage aux Sou=
verains qui auroient environ douze cens
mille Sujets & au-dessus, tels que le Pape ;
Savoye, Lorraine ; Portugal ; Danemark;
Venise, Suisse, les Provinces-Unies ; la
Suede, l'Angleterre; la Pologne; l'Espa=
gne, la France, la Moscovie; & à l'égard
des autres moindres, comme Parme, Mo=
dene, Florence, Boüillon, Monaco, Malte;
Gennes, Lucques, Raguse, Bade, Salm; Nas=
sau ; &c. on pourroit en faire diverses asso=
ciations, qui auroient chacune un suffrage.
Il y a une autre question: c'est de sçavoir

X

si les Princes & États d'Allemagne n'auront
qu'un suffrage & un Député qui seroit
nommé par l'Empereur, comme je l'ai dit
au commencement de cet Ouvrage, ou si
vû l'establissement de l'Union Européenne, l'Allemagne n'ayant plus tant de besoin d'élire d'Empereurs, on donneroit
aux Souverains de cette Nation plusieurs
Députez & plusieurs suffrages, en don-
nant aux plus foibles ~~des Associez~~ *des Associez* Ainsi
on pourroit donner au Chef de la Maison
d'Autriche un Député, non comme Empereur, mais comme Souverain d'Autriche,
de Silesie, de Boheme, de Hongrie, &c.
un au Roy de Prusse, un au Roy Auguste,
un au Duc de Baviere avec quelques Associez Princes & Villes, un au Comte Palatin
& Associez, un au Duc d'Hanovre & Associez, un aux Archevêques de Cologne, de
Mayence, de Treves & Associez. En ce cas-
là il y auroit vingt-quatre Députez ou Senateurs. Je vas les nommer à peu près selon
l'ordre qu'ils pourront signer le Traité d'U-
nion.

1. France.
2. Espagne.
3. Angleterre.

4. Hollande.

5. Savoye.

6. Portugal.

7. Baviere & Affociez.

8. Venife.

9. Gennes & Affociez.

10. Florence & Affociez.

11. Suiffes & Affociez.

12. Lorraine & Affociez.

13. Suede.

14. Danemark.

15. Pologne.

16. Pape.

17. Mofcovie.

18. Autriche.

19. Curlande & Affociez, comme Dantzic, Hambourg, Lubek, Roftok.

20. Pruffe.

21. Saxe.

22. Palatin & Affociez.

23. Hanovre & Affociez.

24. Archevêques Electeurs & Affociez.

Or il me paroift qu'il conviendroit peut-être davantage à la fûreté de l'Union que la Nation Allemande eût fept Députez à la Diete generale de l'Europe, fans aucune

X ij

dépendance d'un Empereur, que de n'avoir qu'un Député & un suffrage, en demeurant avec un Empereur. Il me semble de même que ce Reglement seroit beaucoup plus selon les interests de Princes & Villes d'Allemagne. Il est vrai que le Chef de la Maison d'Autriche y perdroit la prérogative d'Empereur, mais outre qu'elle n'est pas hereditaire pour sa Maison, c'est que l'utilité publique en pareil cas, lors surtout qu'elle est très-considerable & très-durable, doit prévaloir sur une utilité particuliere qui n'est que mediocre & de peu de durée; & d'ailleurs nous avons montré dans le Discours précedent combien d'avantages considerables la Maison d'Autriche (comme toutes les autres puissantes Maisons) tireroit de l'establissement de l'Union, qui la dédommageroient avec un profit immense du titre d'Empereur. Je laisse cet article indécis: mais de quelque maniere qu'il soit decidé, ce Projet n'en est pas moins praticable, & toute la difference, c'est que l'Union, au lieu d'estre composée de vingt-quatre Députez, ne le seroit que de dix-huit.

Une autre question à decider par les Sou-

verains, c'est de sçavoir si le Député d'un
Prince huit fois plus puissant en Sujets que
le Duc de Savoye, par exemple, aura huit
voix, tandis que le Duc de Savoye n'en aura qu'une, l'Angleterre quatre, la Hollande trois, & ainsi du reste.

Il me semble que pour resoudre cette question, il faut avoir égard à deux choses. 1o. A
rendre la formation de la Société facile. 2o.
A la rendre durable après qu'elle sera formée. Il ne faut pas que les plus puissans Souverains, après avoir une fois envisagé les
avantages qui vont leur en revenir, demandent opiniâtrement un nombre de voix proportionné à leur puissance, chose de très-
peu de conséquence, & qui rendroit cependant la formation de la Société, ou très-
éloignée, ou impossible, ou de peu de durée. Il ne faut pas non plus que les très-pe-
tites Republiques, ni les très-petits Souverains demandent opiniâtrement d'avoir
chacune une voix, chose de très-peu d'importance, & qui rendroit la formation de
la Société impraticable : Société dont ils
doivent cependant tirer toute leur sûreté & tous les plus grands avantages
qu'ils puissent raisonnablement esperer

pour leur Etat & pour leur Maison.

Quelle apparence de donner une voix au Prince de Monaco, par exemple, & de n'en donner pas davantage au Roy de France. Mais aussi d'un autre costé, en donnant une voix au Prince de Monaco, quelle apparence d'en donner trois cens au Roy de France qui a du moins trois cens fois autant de Sujets? Quelle confusion seroit-ce dans les déliberations, s'il y avoit dans le Senat trois cens Députez, & que chaque Député eût une voix, l'autre deux, l'autre trente, l'autre cinquante, l'autre quatre-vingt, l'autre cent, l'autre cent cinquante, l'autre trois cens, & autant de differences, que de Députez. Il n'y a personne qui ne sente que cela seroit absolument impraticable. Cette Assemblée, loin de pouvoir déliberer commodement, promptement, avec ordre, ne seroit qu'un cahos dont on ne pourroit jamais tirer aucun avantage.

Supposé que l'on se fixe à n'a lmetrre de Députez que de la part des Princes qui auront au moins douze cens mille Sujets, si on attendoit à former l'Union, que l'on en eût fait la verification, elle seroit trop long-temps à se former, & en attendant on

ne pourroit pas regler les articles, ni à la pluralité, ni aux trois quarts des voix. Ainsi il
me semble que pour le bien de la chose & de
l'Europe il est à propos que les principales
puissances fixent le nombre des Deputez. Je
propose de le fixer à vingt-quatre, parce
qu'en ne donnant aux plus puissans qu'un
Député, on trouvera à peu près quatorze
Etats qui n'ont point d'Associez pour avoir
douze cens mille Sujets & au-delà, & dix autres qui en ont besoin. Mais il est à propos de
voir quelles raisons peuvent déterminer les
Souverains de douze ou quinze millions de
Sujets, à consentir à n'avoir qu'une voix
non plus que ceux qui ont dix fois moins
de Sujets.

10. Quand tous les Souverains seroient
convenus que chaque Souverain auroit autant de voix, qu'il auroit de fois douze cens
mille Habitans, il faudroit faire ce dénom-
brement en presence de Commissaires, &
quand cela seroit-il fait?

2°. Qe veut faire ce Souverain très-puis-
sant du grand nombre de ses voix? En veut-
il faire autre chose que de conserver l'U-
nion, & la rendre de plus en plus solide,
puisque c'est de sa durée seule qu'il peut at-

tendre la Paix perpetuelle, & que c'eſt de
la Paix perpetuelle qu'il attend, & qu'il re-
cevra infailliblement les avantages immenſes qu'il a vûs dans le troiſiéme Diſcours: or
en ſe paſſant à une voix, il obtient ce qu'il
doit le plus deſirer, la formation prompte
de l'Union, & la ſolidité de cette même
Union.

30. S'il y a jamais à craindre pour la deſtruction de l'Union, ce ne ſera pas du coſté
des moins puiſſans, puiſqu'ils ont encore
plus d'intereſt à la faire durer, que n'ont les
plus puiſſans : c'eſt donc tant mieux pour la
durée de laiſſer plus de voix aux moins puiſſans. Or en bornant chaque Souverain à
une voix, & toutes les voix à vingt-quatre
dans la Diette de l'Europe, il ſe trouvera
que les moins puiſſans auront le plus grand
nombre de voix, & c'eſt ce qui fera la plus
grande ſolidité de la Société Européenne.
Nous avons prouvé qu'il faudroit qu'un
Souverain très-puiſſant fût preſqu'entierement inſenſé, ou pour refuſer d'y entrer, ou
pour vouloir la détruire, s'il y eſtoit entré.
Mais il faudroit que le Prince moins puiſſant fût encore plus inſenſé, ſi ce deſir en-
troit dans ſon cœur. Or ce degré de folie

qui fera rare dans un, fera abfolument impoffible, quand il faudra, pour ruïner l'U-
nion, que dix-huit, c'eft-à-dire, que les
trois quarts desSouverains votans en foient
tous attaquez en même temps.

4°. Les voix des moins puiffans ne fçauroient jamais rien ofter au plus puiffant de
fon Territoire, ni des droits dont il eft en
poffeffion, puifque ce font chofes fixes, &
qu'il faudroit pour cela un confentement
unanime, & par confequent il faudroit le
confentement de ce plus puiffant luy-même, qui ne le donnera pas, s'il croit qu'on
luy ofteroit quelque chofe du fien. Voilà ce
qui regarde l'interieur de fon Etat, & à l'é-
gard du Commerce étranger, les dix-huit
voix des moins puiffans ne fçauroient non
plus rien ftatuer, que leurs Reglemens ne
foient égaux & reciproques pour toutes les
Nations; autrement il leur faudroit non-
feulement les dix-huit, ou les trois quarts
des voix, mais encore toutes les voix. Or fi
les Reglemens font égaux pour toutes les
Nations, quel tort peut en fouffrir le Commerce des Sujets de ce Souverain très-puif-
fant; & puis les moins puiffans ne fe feroient-ils pas autant de tort à eux-mêmes;le

plus puissant n'a donc jamais rien à craindre d'eux, ni pour luy, ni pour ses Sujets.

5º. Il est certain que si les vingt-quatre
Souverains de l'Union estoient tous égaux
ou presque égaux en puissance, comme le
proposoit Henry le Grand, la Societé en seroit encore plus solide. Or que faisons-nous
en égalant le moins puissant au plus puissant
du côté des suffrages & du nombre de
Troupes qu'ils doivent conserver durant
la Paix; que faisons-nous, dis-je, que de
les approcher, autant qu'il est possible, de
cette égalité de puissance pour nuire, &
pour faire du mal, sans rien changer cependant à leur inégalité de puissance, pour
faire du bien, & sans rien diminuer de l'é-
tenduë de la Souveraineté du plus puissant,
ni de la grandeur de ses richesses, ni de la
distinction que lui donnent tous ces avantages sur les autres Souverains, en un mot
en cedant le pouvoir de faire du mal, il ne
cedera rien de réel, rien d'estimable, rien
que ce que les Idolâtres reverent dans le
Démon, & il acquiert en échange l'establissement d'une Societé permanente qui
luy procure à luy & aux siens des avantages

ineſtimables. Cés conſiderations me perſuadent qu'aucun Souverain n'aura de peine à convenir de l'article ſuivent.

ARTICLE IX.

Il y aura dans le Senat d'Europe vingt-
quatre Senateurs ou Députez des Souverains unis, ni plus, ni moins ; ſçavoir,
France, Eſpagne, Angleterre, Hollande, Savoye, Portugal, Baviere & Aſſociez, Veniſe, Gennes & Aſſociez, Florence & Aſſociez, Suiſſe & Aſſociez, Lorraine & Aſſociez, Suede, Danemark, Pologne, Pape, Moſcovie, Autriche, Curlande & Aſſociez, Pruſſe, Saxe, Palatin
& Aſſociez, Hanovre & Aſſociez, Archevêques Electeurs & Aſſociez. Chaque Député n'aura qu'une voix.

ECLAIRCISSEMENT.

Je doute qu'après avoir tourné & retour-
né la choſe de toutes les manieres poſſibles,
on puiſſe jamais ſe diſpenſer de convenir
de cet article, ou de quelque choſe d'é-
quivalent, ſi l'on veut parvenir à l'établiſſement de la Société Européenne. Perſonne
n'y perd ; tout le monde y gagne, ou ſi

quelqu'un femble y perdre quelque chofe
d'un côté, il y gagne réellement de l'autre
cent fois, mille fois davantage.

Vingt-quatre voix eft un nombre affez
grand pour rendre toutes cabales contre
l'intereft de l'Union très-difficiles à pratiquer, & d'un autre cofté il n'eft pas trop
grand pour apporter de l'embaras dans les
déliberations & dans les refolutions du Senat.

Il m'a paru que plufiers Lecteurs avoient
efté choquez dans la troifiéme ébauche de
ce que je propofois, de donner des Députez Sénateurs aux Souverains Mahometans; ainfi je ne propofe pour eux que des
Refidens à la Ville de Paix, pour entretenir
les articles du Traité de Commerce & d'Af-
fociation que l'on fera avec eux pour la continuation de la Paix, & comme ce feront à
peu près les mêmes articles que ceux dont
les Souverains Chrétiens feront convenus
entr'eux, la chofe, fous un nom different,
aura le même effet, que ce que j'avois propofé. Ils ne feront point Membres de l'U-
nion avec la prérogative d'Arbitres. Ils n'en
feront que les Affociez avec l'avantage d'en
avoir toute la protection. Nous en tirerons

eux & nous tout le folide, qui eft une fûreté fuffifante & une fecurité parfaite,& ap-
parament qu'ils ne demanderont pas mieux
que d'eftre difpenfez de faire entrer leurs
Refidens dans les Affemblées de nosDépu-
tez , & qu'ils feront fort éloignez d'infifter
fur cet article.

ARTICLE X.

Les Membres & les Affociez de l'U-
nion contribueront aux frais de la Societé, & aux fubfides pour la fûreté à proportion chacun de leurs revenus & des
richeffes de leurs Peuples , & les contingens de chacun feront reglez d'abord par
provifion à la pluralité, & enfuite aux
trois quarts des voix, après que lesCom-
miffaires de l'Union auront pris fur cela
dans chaque Etat les inftructions & les
éclairciffemens neceffaires , & fi quelqu'un fe trouvoit avoir trop payé par provifion , il luy en fera fait raifon dans la
fuite en principal & intereft par ceux qui
auroient trop peu payé. Les Souverains
moins puiffans & Affociez pour former
une voix, alterneront pour la nomination
de leurDéputé à proportion de leurs contingens.

ECLAIRCISSEMENT.

Rien n'eſt plus équitable que chacun con-
tribue à proportion de ſon pouvoir, & par
conſequent à proportion de ſon revenu, &
que le plus riche paye le plus, puiſqu'il pro-
fite le plus de la perpetuité de la Paix, ſoit
par le retranchement de la dépenſe de la
Guerre, ſoit par l'augmentation du Commerce, ſoit par tous les autres avantages de
cette perpetuité.

Je n'ay point fait de difference dans la contribution entre les Membres & les Aſſociez,
c'eſt à-dire, entre les Chrétiens & les Mahometans ; c'eſt que les uns tirent à proportion
autant d'avantages que les autres de la perpetuité de la Paix.

Je dis qu'il eſt à propos que le plus puiſſant
paye plus d'argent que le moins puiſſant, en
cas que l'Union fût obligée d'entreprendre
une Guerre. Mais je diray ailleurs qu'à l'e-
gard du nombre des Soldats, il n'eſt pas à
propos qu'il y en ait plus d'une Nation, que
d'une autre ; de ſorte que ſi le Roy de France eſt obligé de fournir vingt-quatre mille
François, le Roy de Portugal ſera obligé

de fournir vingt-quatre mille Portugais , le Duc de Lorraine vingt-quatre mille Lorrains & ces Portugais ne seront pas entretenus par la solde du Portugal seule , de la Lorraine seule : ce sera par la solde de l'Union , c'est-à-dire, de l'argent que fourniront au Tresorier de l'Union les Souverains les plus puissans ; ainsi il n'y en aura peut-être pas la huitiéme partie à la solde du Portugal ou de la Lorraine.

Comme les Commissaires de l'Union ne pourront pas de plus de cinq ou six ans être informez au juste des revenus & des charges de chaque Souverain & de son Etat, & qu'il est cependant necessaire de regler quelque chose incessamment sur ces contingens, il paroist indispensable de faire presentement ce Reglement à la pluralité des voix, après que chaque Souverain aura donné à l'Assemblée un Memoire de son revenu, du revenu de l'Etat & de ses Charges. Mais il est juste que ce Reglement provisionel ne puisse nuire à personne, & qu'après les verifications des revenus & des Charges, on rende à celuy qui aura trop payé les avances qu'il aura pû faire pour ceux qui n'auront pas assez payé, & qu'il n'y perdre pas même l'intereſt de ſes deniers.

ARTICLE XI.

Quand le Senat deliberera ſur quelque choſe de preſſant & de proviſoire pour la ſûreté de la Societé, ou pour prévenir, ou appaiſer quelque Sédition, la queſtion pourra ſe decider à la pluralité des voix pour la proviſion, & avant que de déliberer, on commencera par decider à la pluralité, ſi la matiere eſt proviſoire.

ECLAIRCISSEMENT.

Ce que j'appelle matiere proviſoire, ce ſont les choſes qui regardent le ſalut, ou un grand avantage de la Societé en general, & auſquelles il faut donner ordre ſans retardement, pour éviter la perte qui arriveroit par un plus long delay. Telles ſont auſſi les meſures qu'il faut prendre pour prévenir, ou pour éteindre une Revolte, une Sédition, pour regler quelque article de Commerce, de Contribution, pour nommer des Commiſſaires pour aſſiſter au Conſeil de la Re-

genee

gence d'un Souverain mineur, pour y maintenir l'ordre , & y conserver l'Union des
Membres, & pour d'autres cas encore plus
importans.

ARTICLE XII.

On ne changera jamais rien aux onze
Articles fondamentaux cy-dessus expri-
mez , sans le consentement *unanime* de
tous les Membres : mais à l'égard des autres Articles, la Société pourra toûjours
aux trois-quarts des voix y ajoûter , ou y
retrancher pour l'utilité commune ce qu'=
elle jugera à propos.

ECLAIRCISSEMENT.

Ce douziéme article n'est pas moins fon-
damental que les onze autres , puisque luy=
seul leur donne toute leur stabilité. Aussi ces
douze Articles estant une fois accordez &
passez entre tous les Souverains , on peut
dire qu'ils sont d'accord de tous les autres , puisqu'ils sont demeurez d'accord
d'un moyen facile & infaillible de ré=
gler tout le reste , où par la pluralité
pour la provision , ou par les trois quarts

Y

Je crois avoir montré que ces douze Articles seront des moyens suffisans pour former la Societé, pour la rendre suffisamment puissante & suffisamment interressée à faire executer les Traitez que feront les Souverains, & les Reglemens qu'ils rendront par leurs Députez, malgré la resistance, la ruse, la force & la folle ambition d'un ou de plusieurs Princes qui, pour troubler la Paix, voudroient rompre les liens de cette Societé.

1o. On ne peut pas craindre que la Societé ne soit assez puissante pour éloigner de tout Souverain tout espoir de luy resister, puisque par le premier article elle doit embrasser tous les Etats d'Europe.

2°. On ne peut pas craindre, ni que les Etats Republiquains, ni que les Monarchiques s'affoiblissent par des Divisions & par des Guerres intestines, puisque par le second & le troisiéme article l'Union tient des secours suffisans tous prêts pour calmer les Séditions & punir les Séditieux.

30. On ne peut pas craindre que le defir d'agrandir son Territoire cause dorénavant des Guerres, ni qu'il se trouve aucun Souverain qui, venant à heriter de nouvelles Monarchies, pût mettre le reste de l'Europe aux fers, puisque par le quatrième & le cinquiéme articles tous renoncent à toute sorte d'agrandissement de Territoire à quelque titre que ce soit, conqueste, vente, donation, élection, succession, soûmission volontaire ou autre droit.

40. On ne peut pas craindre qu'aucun Souverain puisse jamais faire revivre aucunes prétentions de quelque nature qu'elles puissent estre, puisque par le quatriéme article tous y renoncent, tous se les abandonnent mutuellement, & s'en tiennent reciproquement quittes.

5. On ne peut pas craindre que les affaires du Commerce soient des causes de Guerre, puisque par le septiéme article les Souverains conviennent qu'ils en regleront tous les articles à la pluralité pour la provision, & aux trois quarts des voix pour la définitive, & qu'à l'égard des Procez entre Negocians ou autre Particuliers de differentes Nations, ils seront decidez suivant

Y ij

ces Reglemens par les Juges des Chambres
du Commerce.

6o. On ne peut pas craindre que les articles des Traitez futurs ne ſoient point executez , puiſque d'un côté par le quatriéme
article l'Union ſera garante de tous ces
Traitez, & que s'il ſe trouvoit quelques
conteſtations pour l'intelligence des termes
de ces Traitez, la Societé par le huitiéme
article en demeure l'Arbitre , auſſi-bien
que de tous les differens perſonels ; de ſorte que ſi elle ne vient pas à bout de les concilier par ſes Mediateurs , elle les finira ſûrement *ſans Guerre* par ſes Jugemens.

7o. On ne peut pas craindre que l'opi-
niâtreté d'un ſeul Souverain ſuffiſe pour empêcher la formation de la Societé, puiſque
par le même huitiéme article il ſeroit declaré ennemi de tous les autres, & ſon Etat mis
au Ban de l'Europe.

8o. On ne peut pas craindre que les articles fondamentaux ne ſoient toûjours
ponctuellement executez, puiſque les mêmes avantages & les mêmes motifs expli-
quez dans le Diſcours précedent, qui auront
ſuffi pour déterminer les Souverains à en
convenir, ſubſiſteront toûjours & ſuffiront

toûjours pour déterminer les Souverains futurs à les executer. Mais quand même il arriveroit qu'un jour quelque jeune Prince
étourdi & follement ambitieux voudroit
rompre les liens de cette Societé , la crainte qu'il aura d'estre bien-tôt infailliblement
détrôné , suffira pour le déterminer à l'execution de tous ces articles , & les Souverains conviennent de la peine du détrônement dans le huitiéme article.

90. On ne peut pas craindre que cinq des
plus puissans Souverains se liguent pour
rompre un jour la Societé , & pour envahir
les Etats des dix-neuf autres ; il faudroit
qu'ils devinssent tous en même temps assez
fous pour renoncer pour jamais aux avantages immenses de la Paix perpetuelle , pour
se fier à la parole les uns des autres , & pour
ne demander autre sûreté que cette parole
dans une affaire où il y va de tout pour eux,
& dans le temps même qu'aucun d'eux n'a
nul scrupule de manquer non-seulement à
sa parole & à ses sermens , mais encore aux
engagemens les plus solemnels : or il n'y a
personne qui ne voye qu'un pareil degré de
folie n'est point à craindre , quand il faut
qu'il soit inutile , ou qu'il saisisse en même

temps cinq Souverains de mœurs fort differentes, d'interefts fort opposez & naturellement defians & jaloux les uns des autres.

10 . On ne peut pas craindre que les Souverains trouvent de la difficulté à regler les autres Articles importans pour la fûreté de la Societé, puifque d'un côté le nombre des fuffrages fera reglé par l'article neuviéme, & que de l'autre on fera convenu par l'onziéme article de regler tous ces articles à la pluralité pour la provifion, & aux trois quarts des voix pour la définitive.

110. On ne peut pas craindre qu'il fe rencontre des difficultez infurmontables pour regler les contingens, puifqu'elles fe trouveront tout d'un coup toutes levées, fi l'on convient de l'article dixiéme.

120. Enfin aucun Souverain n'a à craindre qu'on luy ôte jamais rien de ce qu'il poffede, puifque par l'article douziéme tous les autres Souverains s'en interdifent le pouvoir, à moins que luy-même n'y confente. Ainfi l'efperance & la fûreté de s'enrichit par la continuation de la Paix, luy reftent dans tout leur entier, fans aucun mélange de crainte.

Qu'on me dife donc prefentement par

quel moyen, après un pareil Traité signé, la
Guerre pourroit dèsormais rentrer en Europe. Ainsi il ne me reste plus qu'à conclure
que la Société Européenne, *telle que j'en viens*
de proposer les Articles fondamentaux, *procu-*
rera à tous les Souverains Chrétiens sûreté suffi-
sante de la perpetuité de la Paix, *& au-dedans*
& au-dehors de leurs Etats : Et c'est la proposition que je m'étois proposé de démontrer
dans ce Discours.

Dans une affaire de cette importance il
ne suffit pas d'avoir indiqué les Articles *fon-*
damentaux, il me semble que je ne dois rien
negliger pour rendre cet Etablissement de
plus en plus solide & facile dans l'execution;
c'est ce qui m'a obligé de ramasser dans la
seconde partie de ce Discours plusieurs vûës
importantes que j'ay disposées aussi en forme
d'Articles, pour la commodité de ceux qui
voudront examiner l'Ouvrage, & surtout
pour diminuer la peine des Ministres qui
voudroient s'en servir comme d'un écha-
faudage, pour construire eux-mêmes l'édifice de la Paix perpetuelle, c'est-à-dire, pour

former les veritables articles dont les Souverains pourroient convenir, afin de parvenir à un but fi utile & fi glorieux.

ARTICLES IMPORTANS.

La principale difference entre les Articles fondamentaux & les Articles importans, c'eſt que l'on ne changera jamais
rien aux premiers, fi ce n'eſt du confentement *unanime* de tous les Membres, au
lieu que l'on pourra toûjours changer
quelque choſe aux Articles importans
aux trois quarts des ſuffrages. Je ſuis
perſuadé même que l'on pourra peu à
peu augmenter le nombre des Articles
fondamentaux, quand on pourra en convenir d'une voix unanime. Mais quant à
preſent les douze précedens m'ont paru
ſuffiſans pour l'établiſſement de la Societé Européenne. Il ne me reſte qu'à convenir du moins par proviſion à la pluralité des voix des choſes les plus preſſées;
& c'eſt le ſujet des Articles ſuivans.

ARTICLE I.

Le Senat demeurera compofé d'un des Députez de chacun des Souverains votans qui auront figné le Traité des douze Articles cy-deffus, & dans la fuite leur nombre fera augmenté d'un Député de chacun des autre Souverains, à mefure qu'ils le figneront, & l'Affemblée du Senat fe tiendra par provifion à Utrecht.

ECLAIRCISSEMENT.

Je propofe Utrecht pour la Ville de l'Affemblée : je ne la propofe cependant que par provifion, parce que je ne fuis pas fûr que l'on ne puiffe en trouver une autre qui à tout prendre convienne plus à l'Union: mais, à dire le vray, je n'en connois point prefentement qui raffemble tant d'avantages pour la préférence.

1º. Une Ville de Hollande me paroift préferable, en ce que les Hollandois font de tous les Peuples de la Terre ceux qui font le Commerce le plus frequent & le plus étendu, & après tout la Ville de Paix peut-elle

Jamais eſtre mieux placée qu'au milieu du Peuple le plus paiſible de tous les Peuples & le plus intereſſé de tous à la conſervation de la Paix?

2°. Si elle eſtoit au milieu d'une Monarchie ou Frontiere de deux Monarchies, elle ſeroit moins libre, & le Congrès auroit plus à craindre d'eſtre diſſipé en un moment par la crainte d'un Monarque turbulent & inſenſé.

3o. Il faut aux Senateurs un climat laborieux, je veux dire, tel qu'il permette un grand travail : car enfin de leur application & de leur aſſiduité au travail dépend la tranquilité de l'Europe & du reſte de la Terre. Or dans les les Péïs chauds l'eſprit, comme le corps, eſt affoibli & épuiſé une grande partie de l'année, & ſurtout pendant le jour.

4o. Dans les climats froids on eſt rarement affligé de la peſte qui fait deſerter avec raiſon les principaux habitans des Villes, & il faut, s'il eſt poſſible, que les Senateurs ne puiſſent que rarement avoir des raiſons pour abandonner une Ville de laquelle vient par leur canal le bonheur de toutes les autres Villes du Monde.

5º. Entre toutes les Villes de Hollande, Utrecht semble préferable aux autres. Elle est une de celles où les eaux sont les meilleures, & où l'air est le plus sain.

6º. Utrecht peut estre commodement fortifié; on peut même aisement y faire une nouvelle enceinte, où seroient les Palais des Senateurs, les Magazins & les Citadelles.

7º. Le reste des Places de Hollande qui l'environne, luy sert comme d'un premier rampart qui met la Ville en toute sûreté contre la violence & la surprise. Il faut faire en sorte que la sagesse qui produit tant de biens, soit à couvert des insultes de la folie qui cause tant de maux.

8º. Utrecht n'est éloigné d'Amsterdam que de dix lieües que l'on peut faire commodement par divers Canaux. Or Amsterdam est le plus grand Marché de l'Univers, où l'on trouve en abondance toutes les commoditez de la vie, & des Nouvelles perpetuelles de toutes les Parties du Monde, toutes choses fort desirables, & aux Senateurs, & aux Princes dont le Commerce est fort étendu.

9º. Il est à propos que le Territoire de la

Ville de Paix ait quelque étenduë, soit pour les Maisons de campagne des Senateurs, soit pour avoir un peuple suffisamment nombreux, afin que l'on y puisse choisir d'excellens Sujets propres aux Emplois de la Republique de Paix : or le petit Territoire de la Republique d'Utrecht suffira pour cela, & peut ainsi demeurer uni à sa Ville Capitale, pour former le Territoire de la Republique Européenne.

10'. C'est un préjugé pour mes raisons, que les Souverains ayent déja choisi cette Ville pour les Conferences de la Paix : mais c'est une nouvelle raison considerable que presque tous les Souverains d'Europe y ayent déjà actuellement leurs Députez tous assemblez.

11o. Il n'y a point de Nation Chrétienne où l'on trouve, soit parmy les Sçavans, soit parmy le Peuple, une plus grande disposition à tolerer les autres Religions, que la Nation Hollandoise. On ne peut pas disconvenir que le Tolerantisme ne soit une qualité estimable dans une fausse Religion, puisque tolerer comme Citoyens ceux qui ont le bonheur d'estre les veritables Fideles, c'est avoir un procedé honneste, & ce n'est

pas un mediocre avantage pour la Ville de
la Paix, que le Peuple & les Magiſtrats
ſoient la plûpart diſpoſez à tolerer avec
bonté & avec humanité ceux-mêmes dont
il ſont regardez comme heretiques.

Or il eſt difficile, peut-être même n'eſt-
il pas poſſible de rencontrer tant d'avantages convenables à un petit Etat où s'aſſem-
bleront les Etats Generaux de l'Europe, de
trouver tant de choſes neceſſaires à une
Ville qui doit eſtre le centre de toutes les
Villes, la Ville de toutes les Nations & de
tous les Souverains.

Les ſix autres Provinces de Hollande
ne ſeront pas affoiblies par la déſunion
qu'elles ſouffriront de la petite Province
d'Utrecht, puiſque cette déſunion leur
procure une Union incomparablement
plus puiſſante & plus ſolide ; & à l'égard
des Sujets de cette Province, ſoit ceux qui
y exercent des Emplois, ſoit ceux qui n'en
ont point, profiteront au double à tous
égards (comme on verra dans la ſuite) à
recevoir pour Souverains de leur Territoire les Membres du Senat Européen. Ainſi ce ſeroit le plus grand avantage que puiſſent jamais recevoir les Habitans de cette

Souveraineté, de devenir neceſſaires à toutes les autres Souverainetez de la Terre,
& d'eſtre, pour ainſi dire, les Miniſtres perpetuels de la Paix univerſelle.

ARTICLE II.

Le Senat pour entretenir une correſ-
pondance perpetuelle avec tous les Membres de la Societé, & pour les delivrer de
tout ſujet de crainte & de défiance les uns
des autres, entretiendra toûjours non-
ſeulement un Ambaſſadeur chez chacun
d'eux, mais encore un Reſident par chaque grande Province de deux millions de
Sujets.

Les Reſidens demeureront dans les
Villes Capitales de ces Provinces, pour
eſtre témoins perpetuels & irreprocha-
bles à l'égard des autres Souverains, que
le Prince dans l'Etat duquel ils reſident,
ne penſe qu'à conſerver la Paix & la tranquilité.

Ces Ambaſſadeurs & ces Reſidens ſeront pris d'entre les Habitans naturels du
Territoire de la Ville de Paix, ou natura-
liſez dans ce même Territoire.

Chaque Souverain facilitera, autant
qu'il ſera en ſon pouvoir, toutes les infor-
mations des choſes qui ſeront dans les in-
ſtructions des Reſidens, & il ordonnera à

ſes Miniſtres, & à ſes autres Officiers de leur donner ſur toutes leurs demandes tous les éclairciſſemens qu'ils deſireront pour la ſûreté & la tranquilité publique, afin qu'ils puiſſent en rendre compte tous les mois au Senat, & à l'Ambaſſadeur du Senat.

Les Reſidens ſeront du nombre des Commiſſaires que le Senat enverra pour vérifier le Mémoire des revenus & des charges du Souverain & de ſon Etat, afin de regler ſon Contingent pour la définitive.

ECLAIRCISSEMENT.

10. Le but du Diſcours précedent eſtoit de faire ſouhaiter qu'il pût ſe trouver ſûreté ſuffiſante pour rendre la Guerre impoſſible; le but de celuy-cy, c'eſt d'indiquer les moyens propres pour parvenir à cette ſûreté. Or entre ces moyens il me ſemble qu'un des plus importans, c'eſt de faire enſorte qu'un Souverain ne puiſſe ſurprendre ſon voiſin par un Armement grand & ſubit; & que peut-ou imaginer de plus convenable pour cet effet, que d'établir des Reſidens ſur les Frontieres, & dans le milieu des Etats des Souverains les plus puiſſans,

& les plus redoutables, pour veiller, &
pour avertir de tout ce qui aura apparence
d'Enrôllemens, d'amas d'Armes & de Mu-
nitions? Et afin d'estre plus sûr de cet aver-
tissement, rien n'est plus convenable, que
de commettre à ces Emplois des personnes
indépendantes du Souverain, qui ont leurs
parens & leur établissement dans le Territoire de la Paix, & qui sont d'autant plus
incorruptibles, que leur honneur & leur interêt conspirent à leur faire faire leur devoir
avec la plus grande exactitude; car enfin
que deviendroient tous les Sujets du Territoire de la Ville de Paix, si l'Union venoit
à se rompre? Quelle difference pour leur
fortune?

2°. Il y a long-temps que les Princes,
comme les particuliers, sont accoûtumez à
ne point regarder comme offenses les sûretez qu'on leur demande, les précautions que
l'on prend avec eux pour leur faire observer leurs promesses. En effet quand ils se
promettent de licencier leurs Troupes, d'é-
vacuer des Places, d'en raser d'autres,
n'ont-ils pas le soin d'envoyer des Commissaires tant d'un côté que d'autre, pour
voir si les choses s'executent de la maniere
dont

dont elles ont efté promifes ? Il y a long=
temps qu'ils font accoûtumez à ne poin̄
trouver mauvais que chacun prenne fes fû=
retez ; parce qu'il leur eft permis de même.
de prendre les leurs, les ôtages, les ftipula=
tions, que tels Souverains feront garans de
l'execution des promeffes reciproques, &
plufieurs autres femblables précautions,
qu'ils ont coûtume de prendre les uns con=
tre les autres dans leurs Traitez : que font=
ce autre chofe, que des témoignages auten=
tiques qu'on eft en droit de part & d'autre,
tant pour fon intereft particulier, que pour
l'intereft de fon Peuple, de ne fe pas fier à
une fimple parole, à une fimple promeffe
par écrit, quand on peut y ajoûter de plus
grandes fûretez ? D'ailleurs un Prince a
toûjours à dire, je ne me défie pas de vôtre
probité, de vôtre bonne foy, de vôtre exacti=
tude à tenir vôtre parole, à executer vôtre
promeffe ; mais vous n'eftes pas immortel,
& vous qui vivez aujourd'hui, vous pouvez
mourir demain, ou du moins avant que
vous ayez pû executer ce que vous avez
promis ; que fçai-je de quel caractere fera
vôtre Succeffeur, & quel fera fon Confeil ?

3°. Que font les Refidens dans les Pro=

Z

vinces d'un Souverain? Trois choses très-
avantageuses pour luy. La premiere ,
ils font témoins perpetuels & irreprocha-
bles envers les Princes unis, de fa bonne foy , de fa bonne volonté , & de fa
bonne conduite pour la confervation de la
Paix. La feconde , ils le rendent fûr qu'il
ne fe pratique rien contre luy dans les Etats
voifins. La troifiéme, ils augmentent fon
autorité fur fes Sujets, en les faifant fouve-
nir perpetuellement des grandes forces de
l'Union prêtes à accabler tous ceux qui voudroient fe foulever contre leur Souverain.
Ainfi ces Officiers luy affûrent la Souveraineté à l'égard des invafions étrangeres, en
prenant toutes fortes de précautions contre
la Guerre entre les Souverains, & augmentent en même temps fon autorité à l'égard
de fes Peuples, en éloignant de leurs efprits
toute efperance d'impunité dans leur défo-
béïffance.

4°. L'Union eft inutile, fi on ne la regarde pas comme un établiffement inalterable & éternel, & fi chacun la fignant
n'y voit pas une fûreté parfaite. Or quelle
fûreté, fi un Prince peut faire faire fecrete-
ment des Enrôllemens, & créer des Offi-

ciers sous d'autres prétextes, & qui l'en empêchera, si l'Union n'a pas chez luy des Residens? Que s'il n'a aucun dessein semblable,
qui rendra témoignage qu'il demeure en repos
& qui l'assûrera luy-même qu'aucun de ses
voisins ne songe à le troubler & à envahir
ses Etats?

50. Si les autres ont des Residens chez
vous, vous en avez chez les autres : si vous
regardez ces témoins de Paix comme necessaires chez les autres pour vous instruire
de ce qui s'y passe, ne devez-vous pas, pour
les engager à recevoir chez eux ces mêmes
témoins de Paix pour vôtre sûreté, les recevoir vous-même tout le premier chez vous,
pour procurer à vos voisins pareille tranquilité? Voulez-vous qu'on ôte aux autres
le pouvoir de vous tromper, de vous surprendre, & de leur nuire? Ils y consentent,
pourvû que vous vous ôtiez en même
temps le pouvoir de les tromper, de les
surprendre, & de leur nuire. Comme l'U-
nion n'a d'autre but, d'autre interest, que
de tenir tout le monde en Paix, on ne la
sçauroit rendre trop durable, & elle ne
sçauroit prendre trop de précautions contre les perturbateurs du repos public.

6o. Si tous les Refidens font bien leur fonction, fi chaque Souverain leur donne librement & volontiers les facilitez de la bien faire, il eft évident que cette précaution met encore aux environs de chaque Etat comme une efpece de nouvelle Fortification très-confiderable, pour empêcher toutes fortes d'invafions; & qu'y a-t-il de plus équitable, qu'un Souverain qui defire, ou qui demande aux autres Souverains toutes fortes d'éclairciffemens pour n'avoir point à les redouter, leur donne auffi pareille fatisfaction en la perfonne des Officiers de l'Union, afin que de leur côté ils n'ayent aucun fujet de le redouter? N'eft-ce pas une premiere Loy d'équité, de ne pas refufer aux autres pour leur fûreté, ce que nous ne voudrions qu'ils nous refufaffent pour la nôtre?

7o. De deux chofes l'une; ou le Prince qui refufe de confentir à l'établiffement des Refidens de l'Union, veut s'ôter le pouvoir de la renverfer, & d'envahir les Etats voifins, ou il ne veut pas fe priver de ce pouvoie: s'il ne le veut pas, qu'y a-t-il de plus odieux qu'un voifin qui veut envahir tous les autres? Mais s'il veut fincere-

ment se dépoüiller de ce pouvoir, pourquoy ne veut-il pas donner une preuve in-
contestable de sa bonne foy & de sa since-
rité?

8o. Que font en desarmant en même
temps les Princes qui font entr'eux une
Paix de *quelques années*? Ils s'ôtent pour
quelques années ; par ce desarmement
reciproque, le pouvoir de se faire la Guerre. Or il s'agit icy de faire une Paix *inalte-*
rable; il est donc absolument necessaire,
puisqu'ils la veulent inalterable, qu'ils s'ô-
tent tous chacun de leur côté tout pouvoir
de se faire jamais la Guerre, si ce n'est lorsque l'un d'eux sera declaré ennemi de l'U-
nion Européenne.

ARTICLE III.

Quand l'Union employera des Troupes contre son ennemi, il n'y aura point
un plus grand nombre de Soldats d'une
Nation, que d'une autre: mais pour faciliter aux Souverains moins puissans la le-
vée & l'entretien d'un grand nombre de
Troupes, l'Union leur fournira les deniers necessaires, & ces deniers seront
fournis au Tresorier de l'Union par les

Souverains plus puissans qui fourniront
en argent le surplus de leur contingent extraordinaire.

Si quelque Membre de l'Union ne four-
nissoit pas à temps son contingent extraordinaire en Troupes ou en argent , l'U-
nion empruntera , fera les avances , &
se fera rembourser avec les interests de
l'emprunt ou du prest par le Souverain
qui seroit en défaut.

En temps de Paix , après que tous les
Souverains auront signé, le plus puissant
n'entretiendra pas plus de Troupes de
Troupes de sa Nation, que le moins puissant , ce qui sera reglé pour le moins puissant qui a suffrage entier à six mille hommes : mais un Souverain fort puissant
pourra du consentement de l'Union emprunter & entretenir à ses frais dans son
Etat d'autres Troupes pour ses Garni-
sons , & pour prévenir les Séditions ,
pourvû que ce soient tous Soldats & Officiers étrangers, & ni ces Officiers, ni ces
Soldats ne pourront , sur peine d'estre
cassez, acquerir aucune rente, aucun fond,
se marier ailleurs que dans le Peïs de leur
naissance.

ECLAIRCISSEMENT.

Pour oster toute crainte aux Souverains

moins puiſſans, & toute tentation aux Souverains plus puiſſans, rien n'eſt plus ſimple
que de convenir que dans les Guerres qu'aura l'Union, le nombre des Troupes d'un
Souverain ſera égal au nombre de Troupes
de tout autre Souverain, par exemple, que
lorſque la France fournira vingt-quatre
mille hommes, le Duc de Savoye en fournira autant, aidé par l'argent de l'Union qu'-
aura fourni la France; de cette maniere l'égalité qui ſe trouvera entre les Troupes du plus
puiſſant & les Troupes du moins puiſſant,
fera la ſûreté, & produira la confiance reciproque des Nations unies.

Si le Duc de Lorraine entretient ſix mille hommes dans la plus profonde Paix, le
Roy de France en pourra entretenir trente
mille : mais parmi ces trente mille, il n'y aura que ſix mille François, & il pourra y
avoir ſix mille Lorrains, ſix mille Piémon-
tois, ſix mille Suiſſes, &c.

❋

ARTICLE IV.

Après que les Princes unis auront de-

claré la Guerre à un Souverain, si une de
de ses Provinces se revolte en faveur de
l'Union, cette Province demeurera dé-
membrée, & elle sera gouvernée en forme
de Republique, ou donnée en Souveraineté à celuy des Princes du Sang que
cette Province aura choisi pour son Chef
ou au General de l'Union.

Le Ministre, le General ou autre Of-
ficier de l'Ennemi qui se retirera, ou chez
un Souverain Membre de l'Union, ou
dans le Territoire de l'Union, y sera
protegé par le Senat qui luy fournira pendant la Guerre un revenu pareil à celuy
qu'il possedoit dans son Péïs, & la Paix
ne se fera point que l'Union ne soit rem-
boursée de ce qu'elle luy aura fourni, &
jusqu'à ce que l'Ennemi reconcilié ait
fourni à l'Union la valeur des biens que le
Refugié a dans son Péïs, afin qu'il puisse
choisir ailleurs son habitation.

Deux cens des principaux Ministres ou
Officiers de l'ennemi qui ne se seront pas
retirez en Péïs étranger au commencement de la Guerre, seront livrez à l'U-
nion, & punis de mort ou de prison perpetuelle, comme Perturbateurs de la Paix
de la commune Patrie.

ECLAIRCISSEMENT.

La grande crainte qu'aura un Souverain

ambitieux d'eſtre declaré ennemi de l'U-
nion, s'il vouloit s'en ſeparer, eſt une grande ſûreté pour la durée de l'Union & de la
Paix. Ainſi on ne ſçauroit trop agrandir
ſon danger, pour agrandir ſa crainte. Il faut
donc par les Reglemens faire en ſorte d'un
côté que ce qu'il aura à craindre ſoit très-
conſiderable, & de l'autre qu'il ne puiſſe
ſe flatter d'aucune eſperance d'éviter ce
qu'il a à craindre. Au reſte il n'eſt pas à propos de le détrôner entierement; il vaut beaucoup mieux le dépoüiller de partie de ſes
Etats, & le laiſſer aux autres Souverains,
comme un exemple vivant & perpetuel de
ce que doivent craindre ceux qui voudroient ſuivre ſes traces. Il eſt de même utile qu'il puiſſe craindre, s'il eſt declaré Ennemi, que quelqu'une de ſes Provinces ne
ſe revolte, & que quelque Prince ou
Grand de ſon Etat mécontent du Gouvernement, n'aide au ſoulevement, & ne ſe
mette à la tête des Revoltez, dans l'eſperance d'une auſſi grande recompenſe, que
celle de devenir Souverain: eſperance d'autant mieux fondée, que la Souveraineté ſera promiſe par l'Union qui ſera ſûrement le
party victorieux.

Il eft fage d'ouvrir une porte aux gens de bien qui font dans un Etat ennemi, pour en fortir, fans rien rifquer de leurs biens.

Il eft jufte de punir de mort ou de prifon perpetuelle des Miniftres & des Officiers à qui il eft libre de ne point fervir contre leur commune Patrie, c'eft-à-dire, contre la Societé Européenne, & qui pouvant fe retirer, fans rifquer leur fortune, fe jettent neanmoins dans une Guerre criminelle contre l'Union, pour troubler la Paix univerfelle: ils doivent donc eftre traitez comme ennemis & perturbateurs du repos public; ainfi il eft vifible que le Prince qui delibereroit s'il fe feroit declarer ennemi de l'Union, ou en fera détourné par fon Confeil, ou craindra d'eftre abandonné de la plus faine partie de fes Miniftres & de fes Officiers, & cette crainte fera pour luy un fentiment falutaire qui le retiendra malgré luy dans fes vrais interefts.

ARTICLE V.

L'Union donnera des recompenfes utiles & honnorables à celuy qui découvrira quelque chofe d'une confpiration con-

tre fes interefts , & cette recompenfe fera
dix fois plus forte que celle que le Dé-
nonciateur auroit pû efperer en demeurant dans la confpiration.

ECLAIRCISSEMENT.

Rien n'eft plus important que de rendre
impoffibles* les confpirations contre l'U-
nion: or c'eft les rendre impoffibles que d'en
rendre le fecret impoffible , & n'eft-ce pas
rendre ce fecret impoffible , que d'ôter aux
Confpirateurs l'iintereft de refter dans la
confpiration, & de leur donner un grand
motif pour la découvrir.

ARTICLE VI.

Pour augmenter la fûreté de l'Union ,
les Souverains , les Princes du Sang &
cinquante des principaux Officiers &
Miniftres de leur Etat renouvelleront
tous les ans au même jour dans leur Capitale en prefence de l'Ambaffadeur &
des Refidens de l'Union & de tout le
Peuple, leurs fermens, felon les Formu-
les dont on conviendra , & jureront de
contribuer de tout leur pouvoir à main-

tenir l'Union generale , & à faire executer ponctuellement ſes Reglemens, pour
rendre la Paix inalterable.

ECLAIRCISSEMENT.

Par une ancienne formule les Souverains dans les Traitez de Paix declaroient
qu'ils renonçoient à rien faire de contraire au Traité , & que s'ils y contreve-
noient, ils conſentoient que leurs Sujets
demeuraſſent diſpenſez envers eux d'o-
béïſſance & de fidelité.

ARTICLE VII.

Comme il y a beaucoup de Terres en
Amerique & ailleurs qui ne ſont habitéés
que de Sauvages , & qu'il eſt à propos
que les Souverains d'Europe qui y ont des
Etabliſſemens ayent dans ce Péïs-là des
bornes certaines, évidentes & immuables
de leur Territoire , pour éviter les Sujets
de Guerre , l'Union nommera des Commiſſaires qui travailleront ſur les lieux à
l'éclairciſſement de ces limites, & ſur leur
rapport, elle en fera la déciſion aux trois
quarts des voix.

ECLAIRCISSEMENT.

Ces Terres si éloignées, incultes, inhabitées sont de peu d'importance, mais il ne faut, s'il est possible, rien laisser à partager entre les Souverains ; il faut leur ôter tout sujet de division ; & il sera d'autant plus facile de réüssir presentement à ce partage, que ces Péïs ne sont jusqu'icy que d'une très-petite utilité à chaque Souverain, & qu'ils y dépensent plus qu'ils n'en retirent. On peut même dire que quoyqu'il puisse y avoir quelque profit à faire pour quelques pauvres familles qui peuvent aller s'y establir, c'est une porte ouverte pour faire deserter peu à peu le bas peuple d'un Etat: or c'est une perte considerable pour le Commerce, quand ceux qui doivent trafiquer ensemble se trouvent dispersez & fort éloignez les uns des autres, & le Commerce n'est jamais plus grand, plus frequent, plus riche dans un Etat, que lorsque le peuple en est plus rassemblé, témoin les Provinces de Hollande & de Zelande. Le feu Chevalier Petty Anglois a démontré sensiblement cette opinion, & il en concluoit que

les Etabliſſemens de ſa Nation en Amerique, en Irlande même, & dans les Mon-
tagnes d'Ecoſſe devroient eſtre abandon-
nez, pour en raſſembler le Peuple en Angleterre, & que cette tranſmigration en-
richiroit infiniment davantage les Particuliers & le Royaume.

Il y a une eſpece d'évenenement qui arrive dans chaque ſiecle, & qui ſi l'Union
ne le prévoit, pourroit cauſer quelques
troubles dans quelques Etats; c'eſt lorſque
les Maiſons Souveraines viennent à s'éteindre, & lors qu'il n'y a point d'héritiers,
ny mâles, ny femelles habiles à ſucceder.
Or par le Traité d'Union cette incapacité
de ſucceder pourroit encore devenir plus
frequente, à cauſe de l'Article qui rend
non-ſeulement deux Souverainetez in-
compatibles en la perſonne d'un Souverain,
mais encore par un autre Article qui de-
clare qu'aucun Prince de Maiſon Souveraine, quoiqu'il ne ſoit pas luy-même
Souverain, ne pourra poſſeder d'autré
Souveraineté que celle, ou quelqu'une de

celles qui font actuellement dans fa Maifon.

ARTICLE VIII.

Lorfque dans un Etat Membre de l'U-
nion, il ne reftera plus perfone habile à
fucceder au Souverain Regnant, l'Union
pour prévenir les troubles de cet Etat,
reglera, & s'il fe peut, de concert avec
le Souverain quel doit eftre fon Succeffeur, mais toûjours fous la condition qu'il
ne laiffe point d'enfans : & comme il
peut mourir de mort fubite, l'Union ne
perdra point de temps ou à defigner le
Succeffeur, ou à regler le Gouvernement
en Republique, en cas que le Souverain
ne veüille point de Succeffeur.

ECLAIRCISSEMENT.

On voit affez de quelle importance eft
cet Article pour prévenir les malheurs des
Guerres Civiles : peut-être même que
ce Souverain aimera mieux affûrer à fon
Etat un Gouvernement Republicain, que
de fe voir defigner un Succeffeur : & alors
l'Union par fes Commiffaires difpofera
toutes chofes afin qu'à la mort du Souve-

rain tout se puisse executer à peu près sur la
forme que l'Union aura reglée.

Tels sont les Articles les plus importans,
dont les Souverains, qui les premiers si-
gneront les Articles fondamentaux, peuvent encore convenir par provision, & en
attendant que tous les autres signent les
fondamentaux: j'espere que ni dans les uns,
ny dans les autres on ne trouvera rien que
d'équitable, & de très-conforme aux interests communs de la Societé : & après tout
que demande-t-on au Souverain à qui
l'on propose de signer le Traité d'Union ?
Qu'il souffre que les autres joüissent toûjours paisiblement de tout le Territoire
qu'ils possedent actuellement ; qu'il renonce à toutes sortes de prétentions sur ce Territoire, & qu'il donne des *sûretez suffisantes*
de cette renonciation, à condition que les
autres Souverains souffriront que luy & les
siens joüissent toûjours tranquilement de
tout le Territoire dont il est actuellement
possesseur, qu'ils renonceront tous pour
toûjours à toutes sortes de prétentions sur
son

ſon Territoire, & qu'ils luy donneront des
ſûretez ſuffiſantes de leur renonciation.

Que luy demande-t-on ? Que pour la
ſûreté de ſes voiſins il licencie ſes Troupes,
à l'exception du Contingent, qu'il renonce au funeſte pouvoir de prendre les Armes
contre aucun, qu'il ne ſoit declaré ennemi de l'Union, & qu'il delivre une bonne
fois ſes voiſins d'eſtre jamais envahis, ny
par luy, ny par ſes Succeſſeurs, en per-
mettant aux Reſidens de l'Union de rendre
aux autres témoignage de ſa bonne conduite pour le maintien de la Paix, à condition que pour ſa ſûreté ſes voiſins licencie-
ront en même temps leurs Troupes, à l'exception de leur Contingent, qu'ils renonceront au pouvoir de prendre jamais les
Armes contre luy, à moins que ceſſant de
vouloir entretenir l'Union, il n'en ſoit declaré ennemis ; & qu'ils le delivreront
pour toûjours luy & ſa poſterité de pareilles
craintes & de pareilles inquietudes, en per-
mettant de leur côté à ces Reſidens de luy
rendre un témoignage aſſûré de leur bonne
conduite pour la conſervation du repos
public.

Que luy demande-t-on ? Que dans l'im-

A a

poſſibilité où ſont les Souverains, comme
les autres hommes qui ont quelque démêlé, ou quelque choſe à partager, de ſe
faire jamais une juſtice, dont ils ſoient tous
également contens, de convenir que ſes
pareils ſoient les Arbitres des démêlez qu'il
poura avoir dans la ſuite avec ſes voiſins, à
condition qu'il ſera en même temps Arbitre des differens qu'ils pourront avoir entre eux.

Que luy demande t-on ? Que ſes Sujets
dans leurs demandes contre les Sujets des
autres Souverains ſoient jugez par des Juges éclairez, équitables, choiſis par l'U-
nion, à condition que les Sujets des autres
Souverains dans leurs demandes contre les
ſiens, ſeront jugez par les mêmes Juges.

Que luy demande-t-on ? Un contingent
d'argent proportionné à ſes richeſſes, qui
ſerve à maintenir l'Union, & à mettre ainſi tous les autres Souverains en ſûret é contre
ſon inconſtance & celle de ſes Succeſſeurs,
à condition qu'ils donneront un Contingent proportionné, pour le mettre en ſûreté luy & ſa poſteirté, contre l'inconſtance
des autres Souverains préſens & futurs.

Que luy demande-t-on enfin ? Qu'il

s'impose pour la tranquilité des autres & de leurs Succeſſeurs les mêmes Loix, les mêmes conditions qu'il ſouhaiteroit qu'ils s'impoſaſſent eux-mêmes pour luy procurer à luy & à ſes Deſcendans une tranquilité parfaite.

Toutes ces demandes ne ſont-elles pas fondées ſur cette premiere Loy d'équité naturelle, ʒont toutes les autres Loix juſtes dérivent comme de leur ſource, *Ne faites point contre les autres ce que vous ne voudriez pas qu'ils fiſſent contre vous, ſi vous eſtiez à leur place, & qu'ils fuſſent à la vôtre?* Tous ces Articles ſont-ils autre choſe, à proprement parler, que des explications, que des conſequences évidentes de cette premiere Loy? Or qui ne ſçait qu'il n'y a que les Traitez où regne l'équité, qui ſoient durables ? Qui ne ſçait que ceux qui gouvernent les Etats ſoit Republicains, ſoit Monarchiques, ſont fortement intereſſez pour leur propre ſûreté, pour leur propre félicité à ſuivre toûjours l'équité.

Il me paroît donc que pour achever ce Diſcours je n'ay plus qu'à raprocher les propoſitions que je crois avoir démontrées dans le Diſcours précedent, & dans celuy-cy.

Si la Societé Européenne peut procurer à tous les Souverains Chrétiens sûreté
suffisante de la perpetuité de la Paix au-
dedans & au - dehors de leurs Etats, il
n'y a aucun d'eux, pour qui il n'y ait
beaucoup plus d'avantages à figner les Articles propofez pour l'établiffement de
cette Societé, qu'à ne les pas figner.

Or la Societé Européenne, telle qu'on
peut la former, par les douze Articles fondamentaux que l'on vient de propofer,
peut procurer à tous les Souverains
Chrétiens sûreté fuffifante de la perpetuité de la Paix au - dedans & au - dehors
de leurs Etats.

Donc il n'y a aucun d'eux pour qui il
n'y ait beaucoup plus d'avantages à figner
ces douze Articles pour l'établiffement
de cette Societé, qu'à ne les pas figner.
Et c'eft tout ce que je me fuis propofé de
montrer dans cet Ouvrage.

Au refte il me femble que s'il y a pour
tous les Souverains Chrétiens de fi grands
avantages à figner ces douze Articles fondamentaux, ou d'autres Articles équiva-
lens pour l'établiffement de la Societé Européenne, il eft comme impoffible que fi ce
Projet vient à la connoiffance des vingt-
quatre principaux Souverains d'Europe, il
n'y en ait pas au moins deux qui les fignent;

qu'il eſt comme impoſſible qu'avec le
temps ces deux ne perſuadent pas un troiſiéme ; qu'il eſt comme impoſſible qu'avec
le temps ces trois ne viennent pas à bout de
perſuader un quatriéme; qu'ainſi il eſt comme impoſſible que cette Societé ne croiſ-
ſe avec le temps , & qu'elle ne prenne enfin avant un demi ſiecle ſon accroiſſement
total , & ſon entier affermiſſement.

Mais il eſt temps de montrer qu'en quelque état que ſoient les affaires d'Europe, la
propoſition de ce Projet doit faire plaiſir à
tous les Souverains ; & c'eſt ce que je vas
faire voir en peu de pages dans le Diſcours
ſuivant.

CINQUIE'ME DISCOURS.

PROPOSITION

A DEMONTRER.

Si ce Projet est proposé à des Souverains durant la Guerre, il facilitera la Paix.

S'il leur est proposé durant les Conferences de la Paix, il en facilitera la Conclusion.

S'il leur est proposé après la Paix conclüe, il en procurera la durée.

J'embrasse (ce me semble) tous les tems où l'on peut leur proposer ce Projet, & si dans les tous tems il doit leur estre très-avantageux, on ne sçauroit jamais mal prendre son tems pour leur en donner connoissance.

Quant à la preuve de la premiere partie de la proposition, il n'est pas difficile de la tirer de ce qui a esté démontré dans le troisiéme Discours. Il est certain qu'au commencement de la plûpart des Guerres, il y a

un Souverain ou une Ligue qui demande &
qui attaque, & un Souverain ou une Ligue
qui se contente de se défendre, & qui ne demande rien : mais dès que la Guerre est
commencée, celuy-là même qui ne de-
mandoit rien d'abord, commence à devenir demandeur luy-même, à cause des dépenses qu'il a faites & des dommages qu'il
a soufferts. Ainsi chacun demande, ou sa
prétention en entier, ou partie de sa prétention dans l'impossibilité d'avoir le total, ou
enfin un *Equivalent* à ses prétentions.

La prétention, quelque considerable
qu'elle soit en elle-même, diminuë de valeur, à proportion qu'il en doit plus coûter
pour l'obtenir, & à proportion qu'il y a
moins de certitude du succès de la Guerre,
& il y a telle prétention qui, à cause de ces
deux inconveniens, quelque grande qu'elle
soit, ne peut estre contée pour rien ou presque pour rien.

Ainsi on peut dire que les *Equivalens*
pour ceux qui sont en Guerre, varient de
valeur, selon les succez presens & selon les
conjonctures qui ne sont pas fort éloignées,
& qui, selon les apparences, doivent bien-
tôt arriver. Je sçay bien que les meilleurs es-

prits avec des intentions fort équitables,
quelque bien inftruits qu'ils foient de l'é-
tat des affaires de chacun des Prétendans,
ont bien de la peine à pefer jufte la valeur de
ces prétentions, & par confequent la valeur de l'*Equivalent* que l'un doit offrir, &
que l'autre doit accepter.

Il en eft à peu près de même des hazards
de la Guerre, que des hazards du jeu. Il eft
difficile, quand une partie de Trictrac eft
commencée entre deux Joüeurs à peu près
également habiles, de déterminer précifément la valeur de celuy qui a, par exemple, fept trous contre cinq, onze contre
deux; mais enfin on peut en approcher, & en
quelque état que foit la partie, on peut offrir
à celui qui a l'avantage, un équivalent à cet
avantage, & fi on luy offre un peu plus,
il doit l'accepter, s'il connoift fes interefts.

Mais heureufement pour le fuccez du
Projet nous n'avons pas befoin que ceux à
qui je viens offrir des *Equivalens* pour leurs
prétentions, fçachent fi précifément la valeur de ces prétentions; il fuffit qu'ils voyent
que les avantages qu'ils tireroient de la
Paix, pourvû qu'on trouvât le moyen de la

rendre perpetuelle, & que les choses de-
meurassent toûjours en l'état qu'elles sont,
que ces avantages (dis-je) sont beaucoup
plus grands que leurs prétentions mêmes ,
qu'ainsi en signant un Traité de Paix perpetuelle , c'est comme si leur ennemi leur promettoit de les rembourser & au-delà une
somme très-considerable tous les ans, non-
seulement pendant les dix premieres années
de la Paix, mais encore pendant toutes les années que la Paix durera , & ce remboursement est d'autant plus sûr, que chacun le
tirera soy-même , & de l'épargne de la dépense , & de la continuation du Commerce, & des autres sources intarissables que j'ay
indiquées dans le troisiéme Discours ; &
que vous importe que ce remboursement
vienne d'une somme que vous apportera
vostre ennemi , ou qu'il vienne d'un trésor qu'il vous découvre chez vous, & dont
vous ne sçauriez profiter sans sa permission,
sans son consentement, c'est-à-dire, s'il ne
consent à l'inalterabilité de la Paix , & aux
moyens de former pour cet effet un Etablissement qui doit durer à jamais.

Si quelques-uns des Alliez ne sont entrez en Guerre que pour obtenir des sûre-

tez de la durée de leur Gouvernement & de
leur Commerce, ceux-là trouveront dans
le Projet les sûretez qu'ils cherchent inutilement dans la Guerre; ainsi non-seulement ils feront portez vers la Paix, pourvû
qu'elle soit faite à condition qu'elle sera *inalterable*, mais ils serviront encore merveil-
leusement à y porter leur Allié, en luy de-
clarant qu'ils ne veulent plus de Guerre, &
en luy faisant envisager ~~qu'il ne doit pas
envisager~~, qu'il ne doit pas disputer sur le
plus ou sur le moins de conditions, pourvû
qu'il puisse commencer à joüir du trésor in-
épuisable de la Paix perpetuelle.

Quant à la seconde partie de la proposition, la preuve en est encore plus évidente,
puisque les Parties n'entrent gueres en con-
ference de Paix, que lorsque de part &
d'autre elles commencent à se lasser de la
Guerre, & à se rapprocher sur les conditions
de Paix. Or n'est-il pas certain que quand
les prétentions de part & d'autres sont dimi-
nuées, les *Equivalens* qu'on peut leur proposer & qu'ils accepteroient, peuvent estre
de moindre valeur qu'au milieu ou a
commencement de la Guerre: & cepen
dant ces Equivalens que leur propose le

Projet feront également confiderables : ce feront les quinze avantages qui forment tout le troifiéme Difcours : or s'il y eût jamais des Equivalens infiniment plus avantageux que les prétentions , ce font certainement ceux-là ; de forte que l'on peut dire que dès qu'ils feront propofez dans les Conferences, on ne difputera plus de part & d'autre fur le plus ou le moins, ou bien l'on difputera avec bien moins de chaleur , & chacun de fon cofté fe hâtera de contribuer à une prompte & utile conclufion.

A l'égard de la troifiéme partie de la propofition, il fembleroit d'abord que le temps le plus propre pour faire agréer le Projet, ce feroit le temps d'une profonde Paix : mais j'en juge tout differemment ; on ne fent jamais mieux tous les maux de la Guerre, que lorfqu'elle a déja duré plufieurs années, & l'on ne fent jamais mieux tous les avantages de la Paix, que lorfqu'il y a long-temps que l'on en eft privé. D'ailleurs la plûpart des Souverains ont eu le loifir de former des defirs de nourrir des prétentions les uns contre les autres ; quelques-uns même d'entr'eux fe fouviennent d'avoir à la derniere Paix, ou plûtoft à la derniere Treve, cedé malgré eux des Places qu'ils croyent leur appartenir. Ainſi on peut dire que cette apparence de Paix n'eſt réellement qu'une veritable préparation à la Guerre, & pour eſtre ſourde & cachée, elle n'en eſt pas moins réelle, elle n'en eſt même que plus à craindre.

Cependant il me ſemble que malgré ces diſpoſitions des Souverains à prendre les armes, ſi ce Projet vient à leur connoiſſance, ils commenceront à regarder la Paix comme plus importante, les frais de la Guerre comme un mal certain, les ſuccez comme plus douteux; ils commenceront à ſupputer ce que leur pourra réellement produire l'inalterabilité de la Paix, & s'ils viennent une fois à ſupputation, les avantages ſont ſi évidens, ils ſont en ſi grand nombre, ils ſont ſi conſiderables, ils ſont ſi preſen:, qu'il n'eſt pas poſſible que, ſoit d'eux-mêmes, ſoit à la ſollicitation de leurs Miniſtres, de leurs Alliez, de leurs Sujets, ils ne ſe déterminent à prendre pour *Equivalent avantageux* de toutes leurs prétentions le Syſtême de la Paix perpetuelle.

Ainſi il me ſemble que le Lecteur eſt en état de voir *que ſi ce Projet eſt propoſé à des Sou-*

verains durant la Guerre, il facilitera la Paix.

Que s'il leur est proposé durant les Conferences de la Paix, il en facilitera la conclusion.

Et que s'il leur est proposé après la Paix concluë, il en procurera la durée; & c'est ce que j'avois entrepris de démontrer.

FIN DU PREMIER TOME.

www.ingramcontent.com/pod-product-compliance
Lightning Source LLC
Chambersburg PA
CBHW071625270326
41928CB00010B/1782